中华优秀传统文化的传承与发展研究

罗琴棋　李雨薇　许盛瑜◎著

中国纺织出版社有限公司

内 容 提 要

本书从中华优秀传统文化的基础知识出发，对中华优秀传统文化传承与发展的概况、机遇和挑战进行了详细阐述和分析，并分析了中华优秀传统文化与文化自信的关系、中华优秀传统文化自信构建的理论和现实意义、用中华优秀传统文化培育文化自信的实现路径等一系列内容。在此基础上，分析了中华优秀传统文化的现代传承与弘扬的具体方式，中华优秀传统文化传承与发展的原则和作用，并探索了中华优秀传统文化传承与发展的其他路径。

本书结构严谨，内容丰富，层层递进，兼具学术研究价值和实践指导价值，可作为思政课程教材或参考书使用。

图书在版编目（CIP）数据

中华优秀传统文化的传承与发展研究 / 罗琴棋，李雨薇，许盛瑜著 . -- 北京：中国纺织出版社有限公司，2024.6

ISBN 978-7-5229-1794-8

Ⅰ.①中… Ⅱ.①罗… ②李… ③许… Ⅲ.①中华文化－研究 Ⅳ.① K203

中国国家版本馆 CIP 数据核字（2024）第 105322 号

ZHONGHUA YOUXIU CHUANTONG WENHUA DE CHUANCHENG YU FAZHAN YANJIU

责任编辑：苗 苗　　责任校对：高 涵　　责任印制：王艳丽

中国纺织出版社有限公司出版发行

地址：北京市朝阳区百子湾东里A407号楼　邮政编码：100124

销售电话：010—67004422　传真：010—87155801

http://www.c-textilep.com

中国纺织出版社天猫旗舰店

官方微博 http://weibo.com/2119887771

三河市宏盛印务有限公司印刷　各地新华书店经销

2024年6月第1版第1次印刷

开本：710×1000　1/16　印张：13.25

字数：210千字　定价：88.00元

前　言

　　作为四大文明古国中唯一一个历史没有中断的国家，我国至今已有五千多年的历史，在这五千多年里，中华民族通过对自身文化的发扬和对外来文化的吸收，不断发展至今，形成独具特色的中华传统文化。中华优秀传统文化是中华传统文化的重要组成部分，是中华民族的根与魂。

　　中华优秀传统文化博大精深，源远流长。它是中华民族几千年来不断发展壮大的精神支撑，是推动中华文化创新创造的根本动力，同时，也是中华文化能够长期屹立于世界文化潮流中的重要因素。因此，坚定不移地保护和传承中华优秀传统文化，有利于我们坚定文化自信，进而推动实现中华民族伟大复兴的中国梦。

　　当前世界，许多国家不断提高对文化软实力的关注，并将其放在了综合国力中的重要位置。中华优秀传统文化在树立中国人的文化自信的过程中处于基础地位。延绵几千年的中华优秀传统文化，蕴含了中华民族较长时间的发展过程中的精神活动、理性思维等，包含丰富而厚重的集体记忆，建立了科学的思想资源和独特的价值模型。本书将围绕中华优秀传统文化传承与发展展开论述。

　　本书共分为六章。第一章对中华优秀传统文化的内涵、发展历程、主要成就、基本特征、精神内涵进行了详细叙述；第二章主要分析了中华优秀传统文化在国内外的发展概况，传承与发展面临的机遇与挑战；第三章阐述了中华优秀传统文化与文化自信的关系，以及如何用中华优秀传统文化培育文化自信；第四章研究了中华优秀传统文化的现代传承与弘扬；第五章介绍了中华优秀传统文化传承与发展的基本原则及其对社会发展的作用；第六章探索了中华优秀传统文化传承发展的路径。

本书由罗琴棋、李雨薇、许盛瑜三人共同撰写完成，具体分工为：罗琴棋负责本书第一章、第二章、第三章第一节至第二节的撰写工作，共计 10.1 万字；李雨薇负责本书第三章第三节、第四章和第五章的撰写工作，共计 5.2 万字；许盛瑜负责本书第六章的撰写工作，共计 5.2 万字。前言和参考文献由三人共同撰写完成，共计 0.5 万字。

本书在写作过程中参考了众多专家、学者的研究成果，在此表示诚挚的感谢。由于时间和精力的限制，书中难免有疏漏之处，恳请广大读者批评指正，以便后期修改完善。

著　者

2024 年 1 月

目　录

第一章 中华优秀传统文化概述

几千年来，中国在历史上创造了优秀的民族传统文化，因此它一直兴而不衰。文化是一个国家的根和魂。中华优秀传统文化蕴含的民族精神、治世之道、行政原则和道德责任，已成为中国的独特标志。中国依靠自己的文化力量，建立文化信心的基石并指导民族勇敢前进。而时过境迁，随着全球文化多样化的发展，中华传统文化如何形成主体自觉的合力，展现自身的优势地位，以及随着传统社会向现代社会的转型，中华传统文化如何通过现代化转化，既保持原有本质又被赋予时代价值，就显得尤为重要。文化面临现代化问题，各国人民都在严谨地思考自己的传统文化，并力图作出科学合理的改善。今天，我们审视中华优秀传统文化，可以发现和发掘更多、更好的优秀资源，为推动优秀传统文化的传承与发展提供生命动力，也为提升中国人民的文化自信提供活水源头。

第一节 中华优秀传统文化的内涵解析

文化总体来说是人的文化，而人总是生活在特定的自然领域和特定的民族心理环境之中的。由于人群分为不同的族群，所以文化带有鲜明的民族性。中华民族是一个民族共同体、命运共同体，也是一个文化共同体。今天所说的中华文化，或中国文化，实际上就是指中华民族的文化，它是中国从古到今、世代相传的 56 个民族共同创造的文化，是包含和融汇了 56 个民族文化在内的有机整体。

"传，传也，以传示后人也。""统，继也。"所谓传统，是指从历史沿传下来的思想、文化、道德、风俗、艺术、制度及行为方式等。关于传统，德国哲学家黑格尔有一段经典的论述："传统并不仅仅是一个管家婆，只是把它所接受过来的忠实地保存着，然后毫不改变地保持着并传给后代。它也不像自然的过程那样，在它的形态和形式的无限变化与活动里，永远保持其原始的规律，没有进步。"由此可知，传统文化所蕴含的一个民族或国家世代相传的思想观念、思维方式、行为准则、文学艺术、生活风俗，乃至物质形态的建筑、工具等，既具有鲜明的历史性，又具有强烈的现实感。传统文化源自过去，在当今仍然有很强的生命力，对人类的行为和活动有无形的影响和控制作用。优秀的传统对社会发展起促进作用，落后的传统对社会发展起阻碍作用。

综合人们对传统文化的认识和理解，可以将"传统文化"内涵的要点总结为以下四点。第一，传统文化源于过去，但不止于过去。有些传统文化在历史长河的流淌过程中销声匿迹了，但还有一些传统文化会随着时间的推移一直留存至今，甚至流传到未来。第二，传统文化起源于过去，但是"过去的"不等于"过时的""无用的""陈腐的"，并不都是糟粕。虽然我们不否认有些传统文化已经不适应当代和未来的社会发展趋势了，但是也应该看到传统文化中也有永恒的要素，即存在对过去、今天和未来的社会发展产生积极作用的内容。第三，所有的文化都是传统的。传统文化是一个相对的概念，是人们基于某一个时间点对发源于过去（相对比较久远的过去）的文化的类别划分。所谓传统文化，指的是产生于历史，经由历代传承延续下来的文化；所谓当代文化，是指产生于当今时代，并且正在流行的文化。第四，所有的传统文化都是特定民族或国家的，是生活在特定的社会文化心理环境中的特定国家或民族的人民在长期的社会实践和社会生活过程中创造出来的具有鲜明的民族特色的物质财富和精神财富的总和。

中华文化已经有五千多年的发展历史，其中相当大的一部分属于传统文化的范畴。从时间节点上来说，研究者通常把1911年辛亥革命废除帝制作为一个分水岭，此前的中国社会称为传统的中国社会，此后的中国社会称为现代中国社会。据此，我们把1911年辛亥革命以前的中华文化称为中华传统文化，1911年至今的文化称为中华现代文化。详言之，中华传统文化是指中华民族五千多年文明发展史中在特定的自然环境、经济形式、政治结构、意识形态的作用下形成、积累和流传下来，并且至今仍在影响当代文化的"活"的文化。中华传统文化的外延涵盖了中国历史上的一切文化创造。从物态层面来讲，中华传统文化包含衣、食、住、行等物质载体；从行为层面来讲，中华传统文化包括和传统相关的风俗习惯等；从制度层面来讲，中华传统文化包括中国传统的政治、经济、文化、教育等方面的制度规范；从精神层面来讲，中华传统文化包括与传统相关的哲学宗教观念、价值观念、伦理道德、社会心理、民族精神、民族气质以及思维方式等。它们已经内化为中华民族的文化心理和性格，深深融入社会政治、经济、精神意识等各个领域，并积淀为一种中华民族的文化遗传基因，且以巨大的力量影响着中华民族每个人的思想意识和行为，也影响着中国社会历史的发展进程。

中华优秀传统文化，作为中华民族在历史长河中孕育的独特文化体系，构成了其精神血脉和思想源泉。这一文化体系不仅包括语言、思想、道德、艺术、科技等多个领域，更是中华民族智慧和创造力的结晶。其中，儒家思想以其深刻的思想内涵，成为中华优秀传统文化的主干，对中华民族的行为准则和价值观念产生了深远的影响。

儒家思想，作为中华优秀传统文化的重要组成部分，其核心理念包括"仁爱""忠诚""诚信""礼仪"等，这些价值观倡导了人与人之间的和谐相处和人与自然的和谐共生。儒家思想在中华民族文化史上具有重要地位，其思想体系为中华民族的行为准则和价值观念提供了深刻的理论支撑。

中华优秀传统文化不仅注重道德修养和人生追求，更强调"修身、齐家、治国、平天下"，提倡"知行合一"，注重个人的道德品质和人生境界。这种追求不仅体现在个人的修身养性上，更表现在社会和国家的发展上，强调"为政以德"，追求社会公正和民族复兴。

在艺术方面，中华优秀传统文化同样具有很高的成就。诗歌和书法是中华优秀传统文化的重要代表，体现了中华民族的语言美和书法艺术美。此外，中华优秀传统文化还包括科技成就，如《九章算术》《天工开物》等，这些科技成果体现了中华民族的智慧和创造力。

总体来说，中华优秀传统文化是中华民族的精神财富和文化遗产，是中华民族独特的精神标识。在当今世界，中华优秀传统文化仍然具有重要的意义和价值，可以为世界文化多样性和人类文明进步作出贡献。

第二节　中华优秀传统文化的发展历程

讲到中国传统文化，人们最容易想到的形容词就是"源远流长"和"博大精深"。中国传统文化究竟怎样源远流长、博大精深呢？这就需要深入其发展历程中去一探究竟。

人们往往会选择以哲学思想为主线，辅之以文学、历史、艺术、科技等其他文化形式，来探寻中国传统文化曲折悠长的发展历程。一般来说，中国传统文化的发展历程大致可以分为三个阶段：第一，萌芽奠基阶段，对应的历史时期为包含夏、商、周和春秋战国在内的先秦时期（前 21 世纪—前 221 年）；第二，发展定型阶段，对应的历史时期为包含秦汉、魏晋南北朝、隋唐、两宋、元明清在内的封建大一统时期（前 221 年—1840 年）；第三，近代转型阶段，对应的历史时期为 1840 年鸦片战争以来的近现代时期。

一、中国传统文化的萌芽奠基阶段

先秦时期是中国传统文化漫长的萌芽奠基阶段，其中包含文化萌芽（夏、商、周）和文化奠基（春秋战国）两大历史时期。在第一个时期，中国传统文化完成了从"神本"向"人本"的过渡，"德""孝"等一些至关重要的理念开始出现，"礼乐文化"的风貌也开始形成。在第二个时期，随着百家争鸣局面的出现，中国传统文化获得长足而系统的发展，主要特征和基本精神逐渐成形。

（一）夏、商、周时期的文化萌芽

神话是人类童年时期的口头文学作品。哲学、宗教、艺术、历史等人类基本精神活动都是从神话起步的。中国上古时代诞生了许多神话，如盘古开天地、女娲补天、夸父追日、伏羲画八卦、神农尝百草等。这些神话对中国文化的肇始和发展具有深远影响，但它们本身却是零碎的、混沌的，尚无法窥见中国传统文化的特征。公元前 21 世纪前后，夏朝（约前 21 世纪—前 16 世纪）——中国历史上第一个国家政权建立。中国历史正式告别蒙昧进入文明时代，文化也随着政治经济的发展逐渐清晰繁盛起来。

　　殷周时期中国文化的典型特征是从神本主义向人本主义变迁。和世界其他古文明一样，夏以前的中国文化是一种巫觋文化，人们崇拜能够"通神"的巫术。随着人类理性力量的不断发展，在殷商时期，"尊神祭鬼"的祭祀文化开始慢慢代替巫觋文化。周灭商后，为了证明周代商的合理性，周人强调"天命"会因为人事而转移，天随时都在寻找适合做君主的人，君主必须"以德配天""修德配命""敬德保民"。"人"的价值由此得到凸显。西周的文化也就逐渐过渡到更重人本的"礼乐文化"。❶《说文解字》中说："巫，祝也。女能事无形，以舞降神者也。"巫也就是能够以舞降神的人。巫分男女，女性为巫，男性为觋。

　　西周时期中国文化最突出的特征是"礼乐文化"风貌的形成。"乐者，天地之和也；礼者，天地之序也。和，故百物皆化，序，故群物皆别。"（《礼记·乐记》）所谓礼乐文化，就是根据自然规范设定社会规范（礼乐），进而要求人们遵从这些由自然规范而来的社会规范（礼乐）。孔子说："周监于二代，郁郁乎文哉！吾从周。"（《论语·八佾》）意思是说，西周的礼乐制度借鉴了夏、商两代的为政得失而制定，已经非常完备，值得作为万世龟鉴，因此他遵从这种制度。"礼乐文化"被以孔子为代表的儒家继承并发展，对随后两千年间中国传统文化的发展产生了深远影响。

（二）春秋战国时期的文化奠基

　　春秋战国时期是五霸七雄云起争霸、礼崩乐坏的战乱时代，也是百家争鸣的思想自由时代。在这一时期，中国传统文化得到了系统发展，出现了儒、墨、道、法、名、阴阳、杂、农等学派。其中，儒、墨、道、法四家的哲学思想对后世文化的影响最大。

　　诸子百家中的百家是个约数，形容其多也，按照有些学者的观点，当时可能有近200家甚至上千家。不过，有重要影响并且其思想能够系统流传下来的流派并不多。司马迁的父亲、西汉史学家司马谈在《论六家要旨》中把先秦、汉初思想流派分为阴阳、儒、墨、名、法、道德六家。西汉后期，经学家刘歆在司马谈所说的六家基础上又加上纵横家、

---

❶ 陈来. 古代宗教与伦理——儒家思想的根源 [M]. 北京：生活·读书·新知三联书店，1996：4.

杂家、农家和小说家四家，凑成十家。这个观点后来被东汉史学家班固写入《汉书》，之后被人们普遍接受。

1. 儒家

先秦儒家学派是春秋战国时期影响最大的思想流派之一，其代表人物有孔子、孟子、荀子等。

孔子的文化思想涉及诸多方面，其中最突出的是"礼"和"仁"。孔子一生都在致力恢复"周礼"。他认为，诸侯纷争的源头在于"礼崩乐坏"，因而只要能够恢复周代的礼乐文化，以礼治国，就能够改变政治环境，恢复盛业。要恢复周礼，仅仅恢复外在"礼"的制度是不够的，还要有促使人们自觉践行"礼"的内在基础，即"仁"。这是孔子以后中国传统文化最核心的部分。孔子讲，"人而不仁，如礼何？人而不仁，如乐何？"（《论语·八佾》）意思就是没有仁，人就不会自觉践行礼乐制度，再好的礼和乐都是没有用的。除了"仁"和"礼"外，孔子还提出了"德治""中庸"等主张，对后世中国传统哲学的发展产生了重要影响。

孔子之后的先秦儒家思想发生分化，其中最重要的是孟子和荀子的思想。

孟子，名轲，字子舆，战国时期邹城（今山东邹城市）人。孟子进一步发展了孔子的"仁学"思想，提出"性善论"，认为人皆有"恻隐""羞恶""辞让""是非"这内在的"四心"对应"仁""义""礼""智"四端，这"四端"并非由外在加于人身，而是人本来就有的，所以人性生来是善的。基于"性善论"，孟子提出了"民贵君轻""先义后利""施行仁政"等主张，对后世政治产生了积极影响。

荀子，名况，字卿，战国末期赵国人。荀子在继承儒家学说的同时，还批判吸收了墨、道、名、法等家的学说，形成了自己独特的思想体系。荀子不赞成孟子的"性善论"，认为"性"指人的自然欲望，而人的欲望是无限的，任其发展只能导致"恶"的结果；所以应当"隆礼重法"，对人加以后天礼义法度的教化，使人先天的"恶性"转化为后天的"德性"，即"化性起伪"。荀子还提出了"天行有常""天人相分""制天命而用之"的天道观，对后世认识人与自然的关系有着重要影响。

由孔子创立，后经孟子、荀子等人继承和发展的儒家学派对中国传统文化的发展具有至关重要的奠基作用。在其后的两千多年里，儒家思想一直占据着中华传统文化的主导地位，影响着传统文化的方方面面，成为中国传统文化最重要的组成部分。

2.道家

道家学派是春秋战国时期的另一大思想流派，其代表人物是老子和庄子。

现在一般认为老子姓李名耳，字伯阳，楚国苦县厉乡曲仁里人。胡适评价："老子是中国哲学的鼻祖，是中国哲学史上第一位真正的哲学家"。❶中国道教的神话故事中有一位家喻户晓的神仙——太上老君，其原型就是被神化了的老子。老子的哲学思想主要体现在《道德经》（又称《老子》）一书中。《老子》仅有短短五千多字，但却是全球被译为外国文字出版发行量最大的著作之一。鲁迅认为："不读《老子》一书，就不知中国文化，不知人生真谛。"❶由此可见，老子哲学思想对后世中国文化的深远影响。

"道"是老子哲学思想的核心，也是道家哲学的最高范畴。老子认为："道生一，一生二，二生三，三生万物。"（《老子·四十二章》）意思是说，"道"是天地万物存在的源头，是天地之始、万物之宗。"道"具有哪些特征呢？老子认为，首先，"道"具有"独立而不改，周行而不殆"的永恒性和运动性规律；其次，"道"能生天地万物之"有"，但"道"本身却不是事物，"无"才是其本体，因而道兼具"有""无"，具有辩证性特征。在"道"的思想主导下，老子进一步提出"道常无为，而无不为"（《老子·三十七章》）。意思是说，"道"是顺其自然、不妄为的，同时，"道"又是无所不能为的。因此，老子建议，应当"道法自然"，实行"无为而治"，以"无为"达"有为"。老子的思想对后世的政治、哲学、宗教等都产生了重要影响，汉初黄老之学、魏晋玄学以及中国本土化的道教，都是在借鉴其基础上形成和发展起来的。

唐诗云："庄生晓梦迷蝴蝶，望帝春心托杜鹃。"这个"庄生"就是与老子并称"老庄"的庄子。

---

❶ 李世东，陈应发，杨国荣. 老子文化与现代文明［M］. 北京：中国社会出版社，2008：270.

庄子（约前369—前286），名周，字子休（一说子沐），是当时诸侯国宋国的蒙人（现在安徽省蒙城县），是老子之后道家学派最重要的代表人物。司马迁《史记·卷六十三·老子韩非列传第三》说："庄子者，蒙人也，名周。周尝为蒙漆园吏，与梁惠王、齐宣王同时。其学无所不窥，然其要本归于老子之言。故其著书十余万言，大抵率寓言也。"庄子注重精神世界的开拓，他将老子思想中的两极辩证、自然无为等观念融入人的精神世界，从而发展出超脱世俗、万物齐一、逍遥无我的自由境界。他说："天地与我并生，而万物与我为一。"（《庄子·齐物论》）又说："乘天地之正，而御六气之辩，以游无穷。"（《庄子·逍遥游》）这种天马行空、无所限隔的心灵世界，不仅成为后世道教人士追寻的道境，也成为中国艺术家探寻的艺术境界。庄子对中国文学的影响同样十分深远。郭沫若指出："秦汉以来的每一部中国文学史，差不多大半是在他的影响之下发展的。"❶"以思想家而兼文章家的人，在中国古代哲人中，实在是绝无仅有。"❷

道家思想与儒家思想相伴相长、共生互补，一同构成了中国传统文化不可或缺的两大主线。

3. 法家

春秋战国时期礼崩乐坏有两个结果：一是平民的解放；二是君主的集权。❸ 平民的解放造就了百家争鸣的自由繁荣局面，促进了儒家、道家等学说的兴起和发展；君主的集权则推动了政治的发展、历史的进步，为提倡从君主出发的法家学说的发展提供了巨大空间。

法家是先秦诸子之中对于刑名赏罚的法制理念最为重视的一派，代表人物有商鞅、申不害、慎到、韩非子等。

商鞅（约前395—前338），战国时期卫国人，他在秦国施行改革，使秦国成为战国后期最强大的诸侯国。他重"法"，即主张用严刑峻法

❶ 郭沫若. 庄子与鲁迅 [M]. 郭沫若. 郭沫若全集（文学编）·第十九卷. 北京：人民文学出版社，1992：64.

❷ 郭沫若. 庄子与鲁迅 [M]. 郭沫若. 郭沫若全集（文学编）·第十九卷. 北京：人民文学出版社，1992：67.

❸ 冯友兰. 中国哲学史（上）[M]. 上海：华东师范大学出版社，2000：234.

来推行法令。他认为"刑"乃"义"之本，"以刑治则民威（畏），民威则无奸，无奸则民安其所乐"（《商君书·开塞》）。只有刑法才是治国的根本之道。

申不害（前385—前337），战国时期郑国人，他在韩国推进改革，15年便使韩国强盛起来。他重"术"，即强调御下要有方法和技巧。他认为明君驾驭天下的关键在于掌握刑名之术，以君主之"无为"御臣下之"有为"。

慎到（前390—前315），战国时期赵国人，他长期在齐国的"稷下学宫"讲学，门徒众多，享有盛名。他重"势"，即强调权势。他认为"贤不足以服不肖，而势位足以屈贤矣"（《慎子·威德篇》）。君主只有贵势、任法才能够保持自己的权位，并使天下人臣服。

韩非（约前280—前233），战国时期韩国都城新郑（今河南省郑州市新郑）人，法家学派的集大成者。韩非子曾师从荀子。他在继承荀子"性恶论"的基础上提出，人皆有"欲利之心"，皆是为利而生，是自私的。因此，人不可能心悦诚服地出让自己的利益给君主，君主须用法治来维护自己的统治地位。但只讲"法"，不讲权术和势力是不够的，君无"术"则不知"奸"，君无"势"则臣下乱，因此，法、术、势三者，在君主治理国家时，缺一不可。落实于操作层面，于"法"而言，就是在制定成文法令时，既要严厉，又要公正；于"术"而言，就是在操纵臣下时，既要知人善任，又要论功行赏；于"势"而言，就是要独掌权力，处"制人"之至高无上的地位。在重法、用术、贵势的基础上，君主便可进一步加强中央集权统治推行法治。《史记》记载，秦王见到韩非子所著的《孤愤》《五蠹》等书时，曾感慨道："嗟乎，寡人得见此人与之游，死不恨矣！"由此可见秦始皇对韩非子的赞赏。秦始皇治国思想很大程度上正是受益于韩非子等人的法家学说。

法家从政治角度出发的法治思想契合了战国时期的政治需求，因而成为当时的显学，在中国大一统国家的形成过程中发挥了重要作用。汉武帝"独尊儒术"后，法家不再是显学，但它并没有退出历史舞台，而是以外儒内法的隐秘方式继续存在并对传统中国的国家治理产生持续影响。

4.墨家

墨家是战国时期的另一门"显学"。

墨子（生卒年不详），名翟，东周春秋末期战国初期宋国人，一说鲁阳人，一说滕国人，墨家学派的创始人和代表性人物。墨子的思想主要体现在《鲁问篇》记载的十个方面，即"国家昏乱，则语之尚贤、尚同；国家贫，则语之节用、节葬；国家憙音湛湎，则语之非乐、非命；国家淫僻无礼，则语之尊天、事鬼；国家务夺侵凌，则语之兼爱、非攻"。

"兼爱"是墨子十大主张的核心，也是墨家区别于其他各家学说的标志。在墨子看来，"凡天下祸篡怨恨，其所以起者，以不相爱生也"（《兼爱中》）。如果人人都能够待人如待己，不分亲疏远近、贫富贵贱，兼爱所有人，那么人人相爱、天下太平的理想将指日可待。与儒家亲亲有差、尊贤有等的"差等之爱"主张不同，墨子强调，要用平等的无差别的爱来代替有差别的爱，人人去爱他人之"亲"，则自己之"亲"也会得到相同的回报。"非攻"是由"兼爱"延伸而来的国际交往原则。一方面，非正义的攻伐战争对于交战双方而言，都是百害而无一利的；另一方面，实行"兼爱"原则后，人人友好，天下一家，攻伐战争也就没有必要了。因此，墨子大力倡导"非攻"，反对非正义的攻伐战争，这在很大程度上契合了时人对战争的厌恶和对和平的期盼心理，因而受到民众的普遍欢迎，一度影响巨大。他的这些思想即便在两千多年后的今天，依然具有不可磨灭的价值。

二、中国传统文化的发展定型阶段

公元前 221 年，秦灭六国，建立了中国历史上第一个统一的专制帝国。此后近两千年的封建大一统时期是中国传统文化的定型期，其中又可以分为秦汉、魏晋南北朝、隋唐、两宋、元明清等发展阶段。秦汉时期，中国传统文化的政治、经济、民族、心理等基础均基本形成，文化的主体形态也基本定型；魏晋南北朝时期，中国传统文化在政治动荡、经济发展、民族融合进一步加强等因素的共同推动下，进入一个多彩纷呈的多元发展阶段；隋唐时期，国力的强盛和对外交流的加强将中国传统文化推进开放包容、繁盛辉煌的鼎盛阶段；两宋时期，中国传统文化转而呈现出内省、成熟、细腻的特征，这种气象的出现与政治的动乱、军事的孱弱以及市民经济的繁荣不无关系；元明清时期，中国传统文化逐渐由多元开放走向专制保守，但黑暗孕育着光明，新的思想启蒙悄然出现。

（一）秦汉时期

公元前 221 年，秦王嬴政（前 259—前 210）灭六国，建立了中国历史上第一个统一的专制帝国。秦帝国的建立是中国历史上一个承前启后的转折点。为了维护中央集权，秦始皇施行"车同轨""书同文""度同制""行同伦""地同域"等措施，强力推进经济、社会、思想、文化的统一。我们可以抨击秦始皇行暴政，但绝不可以抹杀秦始皇上述施政的重大历史意义，因为正是这些措施实实在在地增进了当时人们在经济、政治、文化生活和心理上的共同性，为中华文化共同体的形成奠定了坚实基础。

秦二世而竭，它开创的各项事业为后续的两汉所继承和完善。中国传统文化的主体形态在两汉时期基本定型。西汉初年，文景两帝崇尚黄老之学，即道家思想，主张清静无为、与民休息，使因长期战争而耗竭的国力、民力得到恢复，为汉武帝刘彻（前 156—前 87）后来施展文治武功、创立"四海承平"的盛世奠定了基础。景帝后期，哲学家、政治家董仲舒（前 179—前 104）提出应用儒家的"大一统"思想来巩固中央集权。这一思想不为景帝所喜，却契合了汉武帝刘彻大一统的需要，于是汉武帝接受董仲舒的建议，"罢黜百家，独尊儒术"，尊《诗》《书》《礼》《易》《春秋》为五经，奉儒学为官学，儒家学说由此兴盛，并在其后两千多年的中国文化历史中持续占据主导地位。

汉代的历史学、文学及文化交流等也都成就斐然。司马迁（前 145—前 90）创作的"究天人之际，通古今之变，成一家之言"的《史记》，被誉为"史家之绝唱，无韵之《离骚》"。辞藻华丽的汉赋对后世文学的发展具有重要影响。张骞（前 164—前 114）两次出使西域，开辟丝绸之路，促进了东西方文明的交流与交融，对中国乃至世界文化的发展都作出了巨大贡献。

（二）魏晋南北朝时期

公元 220 年，东汉灭亡。此后近四百年的魏晋南北朝时期是中国历史上政权更迭最频繁的时期。长期的封建割据、连绵不断的战争、不断加强的民族融合以及西方文化的羼入，使这一时期的文化发展呈现出多姿多彩、多元多样的特征。

　　玄学是魏晋南北朝时期发展起来的文化新潮。《老子》说："玄之又玄，众妙之门。"当时的玄学家王弼（226—249）解释说："玄，谓之深者也。"所以，玄学可以理解为研究幽深玄远问题的学说。魏晋玄学以道家思想为骨干，结合儒道、会通孔老。魏晋玄学经历了贵无论、崇有论、独化论几个阶段，对有无、言意、自然与名教等问题进行了深入的讨论。曹魏早期，何晏（？—249）、王弼提出了"天地万物皆以无为本"的"贵无"主张，强调"名教本于自然"。曹魏晚期，以嵇康（224—263，也说223—262）、阮籍（210—263）为代表的"竹林七贤"，集悲天悯人的胸怀与闲适旷达的风骨于一体，提出了"越名教而任自然"的主张。西晋时期，玄学的代表人物裴頠（267—300）、向秀（约227—272）、郭象（252—312）等人有感于"贵无"误国，转而立足现实，提出"崇有"的理论，主张"名教即自然"，调和了"自然"与"名教"的关系，促成了儒道合流。张岱年（1909—2004）认为，玄学谈玄析理的抽象思维为中国传统哲学注入了生机勃勃的活力；其在现实人生中追求无限的体验，更是促成了"重神理而遗形骸""重自然而轻雕饰"的魏晋美学精髓的形成。玄学对后世中国知识分子的心灵世界产生了深远影响，中国士人玄、远、清、虚的生活情趣就铸造于此。❶

　　如果说春秋战国时的诸子百家奠定了中国传统文化的基调，那么，魏晋南北朝时期的玄、佛、儒家思想则成就了唐以后中国传统文化的格局。除玄学外，魏晋南北朝时期的文化对中国传统文化的影响之大，还表现为道教的创建以及佛教的传入。根植于中国本土的道教初创于东汉，在魏晋时期得到了极大的发展，成为我国本土文化中的重要组成部分，并间接地促进了我国古代医药、冶炼、音乐等科学文化的发展。起源于印度的佛教于东汉初年传入我国，到南北朝时期得到广泛传播。唐诗有语云："南朝四百八十寺，多少楼台烟雨中。"当时佛教之兴盛由此可见一斑。自此以后，儒学与佛教、道教在相互冲突与融合中不断发展，形成了多元碰撞、多向度发展的魏晋南北朝文化格局，为唐以后以儒学为主，儒、佛、道等多元发展的中国传统文化格局奠定了基础。

　　魏晋南北朝时期的文学艺术也得到了极大的发展。云冈石窟、龙门石窟、敦煌石窟的雕像，顾恺之（348—409）的绘画，王羲之（303—

---

❶ 张岱年，方克立. 中国文化概论［M］. 北京：北京师范大学出版社，2004：72.

361，也说321—379）的书法等，代表了当时艺术的最高水平。

（三）隋唐时期

"天下大势，分久必合，合久必分。"经历了魏晋南北朝的分裂，隋文帝杨坚（541—604）重新实现了国家的大一统，随后的李唐王朝相继开疆扩土，开创了足以与横跨亚非欧的阿拉伯帝国分庭抗礼的大唐盛世。

隋唐时期文化最显著的特征是开放包容。"有容乃大，正是唐文化超轶前朝的特有气派，是唐文化金光熠熠的深厚根基。"❶首先，唐朝是我国多民族国家进一步发展的重要时期，突厥、回纥、吐蕃、南诏等少数民族在被汉文化同化的同时，也深刻影响了汉族书法、绘画、诗文、音乐等文化艺术的发展。其次，唐朝是我国对外交往的重要时期，通过通往中亚和西方的丝绸之路，南亚的佛学、音乐和美术，中亚的音乐和舞蹈，西亚乃至西方世界的宗教、建筑等涌入中国，为中华文化添新加彩。最后，中华文化传入东亚诸国，深入影响了整个东亚的文化和政治，对朝鲜、日本、越南等周边国家文化的发展产生了深远的影响。汉学家崔瑞德指出："在隋唐，中国对东亚广大地区的密切的文化影响就这样确立了，并且直至近代那里还受中国文明的支配。"❷

隋唐时期中国传统文化发展的另一显著特征是宗教的盛行。佛、道两教在这一时期皆进入极盛时代。唐朝大力扶持道教发展。同时，佛教也在统治者的支持下进入鼎盛时期，形成了天台宗、唯识宗、律宗、华严宗、密宗、净土宗、三论宗、禅宗等佛教宗派。其中，天台宗、华严宗，尤其是禅宗吸收了中国本土的儒、道等哲学思想，逐渐发展成为中国化的佛教、道教宗派。佛、道两家在发展中不断论争、融合，对唐以后的中国文化产生了深远的影响。

"论文与诗，莫盛于唐。"❸诗歌是中国文学的代表，唐代则是中国诗歌艺术的巅峰时期。唐诗的数量并不算特别多。唐诗的伟大成就主要体现在风格多样和名家辈出上。从"初唐四杰"到盛唐"诗仙"李白和

---

❶ 张岱年，方克立. 中国文化概论［M］. 北京：北京师范大学出版社，2004：75.

❷ 崔瑞德. 剑桥中国隋唐史［M］. 北京：中国社会科学出版社，1990：34.

❸ 柳诒徵. 中国文化史（下）［M］. 上海：上海古籍出版社，2001：521.

"诗圣"杜甫，从边塞诗派的高适、岑参到山水田园诗派的王维、孟浩然等，这些著名的诗人用珠玉般的诗句照耀了中国文坛，也内化为每一个中国人血脉中的文化积淀。

唐代的书法、绘画等也成就巨大，尽显盛唐风采。

（四）两宋时期

907 年，唐朝大将朱温（852—912）废黜唐朝皇帝，自立为后梁皇帝，自此历史进入五代十国的分裂割据时期。960 年，赵匡胤（927—976）发动"陈桥兵变"，建立北宋政权，终结分裂割据，重建大一统的封建国家。为了避免重蹈五代十国的覆辙，两宋统治者采取了"重文轻武"的政治策略，一方面重用文官，标榜"与士大夫共天下"，在客观上为文化的繁荣发展创造了有利条件；另一方面抑制武官权力，以文驭武，在有效维护中央集权的同时，也导致了军力下降、外交失利，国家气象趋于萎靡，文化类型转向封闭内省。

道学是两宋时期哲学思想文化的主要标志。宋代道学主要分为理学与心学两派。周敦颐（1017—1073）、张载（1020—1077）、程颢（1032—1085）和程颐（1033—1107）、朱熹（1130—1200）等人以儒家思想为主体，在吸收佛道思想的基础上对儒学进行了大改造，建立了"程朱理学"体系。其中，朱熹是理学研究的集大成者。朱熹提出："天下之物皆有其所以然之理"，"理"是最高的范畴。而人之"天理"常被"人欲"所蔽，因此要格物致知，自律修身，以"灭人欲"而"存天理"。与朱熹同时，陆九渊（1139—1193）另立一派，提出"心学"范畴，与"程朱理学"相对。陆九渊强调："吾心即道"，心外无物，只需任其自然，心自能自作主宰。"理学是中国后期封建社会最为精致、最为完备的理论体系，其影响至深至巨。"❶ 一方面，理学诸家探究宇宙原理的专注、推崇师道和人格教育的热情，在一定程度上推动了哲学的进步和教育的复兴，直接影响了后世中国哲学和教育的发展；另一方面，虽然理学派别不同，修养功夫各异，但诸儒皆注重躬行实践，明体达用，在很大程度上强化了中华民族注重气节、勇担责任的文化性格，张载的"四句教"、顾炎武（1613—1682）的"天下兴亡、匹夫有责"等，无不彰

---

❶ 张岱年，方克立. 中国文化概论 [M]. 北京：北京师范大学出版社，2004：77.

显理学的这种精神价值与道德节操。柳诒徵认为："上下千古，求其学者派别孔多，而无不讲求修身为人之道者，殆无过于赵宋一朝。故谓有宋为中国学术最盛之时代，实无不可。"❶

宋词是两宋文学的最高成就。词，形成于唐代，五代十国后开始兴盛，至宋代达到顶峰。与"唐诗"的大气、豪迈不同，宋词更多地表现出精致、细腻的文化风格。首先，这与诗词的体裁差异有关。王国维（1877—1927）在《人间词话》中说："词之为体，要眇宜修。能言诗之所不能言，而不能尽言诗之所能言。诗之景阔，词之言长。"其次，这也与两宋动荡的时局、纤弱的国家气象不无关系。此外，随着商品经济的发展，市民文化逐渐兴起，极大地推动了绘画、戏剧、科技等文化形式的发展。中国传统文化发展到两宋已渐趋成熟、精密。

（五）元明清时期

元朝时期的中国文化最大的特点是多元化。"多元文化的构成及其相互影响，是10~14世纪中国历史的显著特征。"❷13世纪，蒙古族入侵，先后灭辽、夏、金、南宋等国，建立了统一的元朝，中国的疆域得到空前的扩大，多民族融合也达顶峰。与之相随的，是汉族文化与少数民族文化、中国文化与外域文化的交流融合也空前加强。"在忽必烈时代的中国能遇到的这些服装、举止、仪式、食物、艺术、技艺、哲学和学说的多样性，是自7~8世纪唐代长安的盛况以来从未见过的。"❸"程朱理学"的官学地位、元杂剧散曲的空前成就、数学天文等科技的遥遥领先等，无不佐证元朝文化的多元性。

与元朝文化的多元化和开放性不同，明清文化呈现出专制沉暮与启蒙觉醒并存的特征。一方面，随着封建专制统治的加强，文化专制空前严厉，文字狱时有发生，文人的思想自由空间狭窄，训诂考据之学蔚然成风；另一方面，在愈加专制的文化统治压迫下，市民反叛意识逐渐

---

❶ 柳诒徵. 中国文化史（下）[M]. 上海：上海古籍出版社，2001：570.

❷ 傅海波，崔瑞德. 剑桥中国辽西夏金元史 [M]. 史卫民，译. 北京：中国社会科学出版社，1998：2.

❸ 傅海波，崔瑞德. 剑桥中国辽西夏金元史 [M]. 史卫民，译. 北京：中国社会科学出版社，1998：735.

觉醒，早期的启蒙思潮开始出现，哲学思想和文学艺术都有了一定的开新。在哲学思想方面，王守仁（1472—1529）提出"心即是理"的心学主张，认为追求最高的理不必向外探求，而只需反观内心，"致良知"即可，为明清之际人文思潮的兴起奠定了哲学基础；其后，明清之际的黄宗羲（1610—1695）、顾炎武（1613—1682）、王夫之（1619—1692）等思想家从各个方面与作为封建正统文化的"程朱理学"展开论战，反对理学中的禁欲主义，高扬人的主体性。在文学艺术方面，市民文学兴起，以《三国演义》《水浒传》《西游记》《红楼梦》四大名著为代表的小说发展繁盛，古典小说成就达到顶峰。此外，《永乐大典》《康熙字典》《四库全书》等大型图书典籍的编修，也代表着中国古典文化的成熟，对传统文化的传承起到了重要作用。

明清时代的中国虽已出现了启蒙思想的萌芽，但当时的封建专制制度并没有发生根本的变化。随着封建专制统治的加强，文化禁锢愈演愈烈，中国传统文化也逐渐呈现出保守与衰败的趋势。

三、中国传统文化的发展转型阶段

1840年，鸦片战争爆发。战争以英国这个世界上第一个工业化国家的胜利告终。中国传统文化陷入近两千年来的最大危机，迫使中国人睁开眼睛看世界、学西方，从此踏上探寻中国传统文化近代转型的艰难之路。

中国传统文化的近代转型实际上是中国人救亡图存民族运动的一个有机组成部分，其核心与本质是如何对待西方文化、如何处理中西方文化的关系。对于长期处于东亚文化圈核心领导地位的中国来说，放下既有的优越感，平等地接受、吸收西方文化，无疑是艰难的。因此，中国传统文化的近代转型大致经历了三个变革期：第一个是洋务运动前后"中体西用"的器物文化变革期；第二个是戊戌变法前后"即中即西"的制度文化变革期；第三个是辛亥革命之后"新文化运动"中的观念文化变革期。这是中国知识分子在中华民族内忧外患的危机不断加深的背景下，被迫层层递进、深入转型的三个时期。

（一）"中体西用"的器物文化变革期

中国传统文化的近代转型首先是从最浅层的器物文化变革开始的。

所谓器物，是指具体存在的事物。《易·系辞上》说："形而上者谓之道，形而下者谓之器。"道是本质，器物是实存。"朴（道）散则为器"（《老子》）。较之于器物，中国传统文化显然更重视道。鸦片战争之前，中国人并没有意识到世界历史进程已经发生重大进展，没有意识到曾经长期处于文化领跑者位置的中国已经落后于西方，依旧盲目乐观地认为中国不论是道还是器都比西方优越、先进。不料，鸦片战争让中国人猛然发现，西方军事、地理、科技文化之先进，已非中国人所能想象。林则徐（1785—1850）、魏源（1794—1857）等有识之士率先意识到了中国传统文化"重政轻艺"的不足，迈出了近代中国人"开眼看世界"的第一步。

为了让中国人知道何为"世界"，林则徐主持编译了《四洲志》，魏源编撰了《海国图志》，向国人系统介绍世界历史地理知识。林则徐和魏源等人这么做的目的其实很简单，就是知道而后超越西方。用魏源的话说："是书何以作？曰：为以夷攻夷而作，为以夷款夷而作，为师夷长技以制夷而作。"❶魏源同时提醒那些视西方现代科技为"奇技淫巧"的同时代人注意，"有用之物，即奇技而非淫巧"，中国人只有学习并掌握这些"奇技"，才能战胜西方，即"善师四夷者，能制四夷"。魏源的观点表明中国人已经打破"外来文化皆粗鄙"的偏见，开始思考中国传统文化的不足及转型问题。随后，林则徐的学生冯桂芬（1809—1874）向清政府提出"以中国之伦常名教为本，辅以诸国富强之术"的改革建议。此建议后来被张之洞（1837—1909）提炼成了"中学为体，西学为用"的主张，成了"洋务运动"的指导纲领。

19 世纪 60~90 年代，清政府中的洋务派和早期改良派在"中体西用"纲领的指导下，兴办洋务，创办机器制造局，鼓励西学翻译，创办西式学堂，选送留学生，办西学，等等，大大拓宽了国人看西方、学西方的视野。不过，洋务运动并没有改变中国。这是为什么呢？清政府兴办洋务运动是假定"中体"（中国的纲常名教和封建统治）和"西用"（西方的先进科学技术）以"中体"为基础实现结合，并将"西用"吸收同化到"中体"来来。郑观应在《盛世危言·道器》中曾对此进行过详细阐释，认为以中国的"道"来合西方的"器"，就能富国强兵，最终"由强企霸，由霸图王，四海归仁，万物得所，于以拓车书大一统之

---

❶ 柳诒徵. 中国文化史（上）[M]. 上海：上海古籍出版社，2001：329.

宏规而无难矣"！而历史已经证明，经济基础决定上层建筑，以自然经济和封建统治为核心的"中体"不可能同化建立在工业革命基础上的资产阶级文化（"西用"）。中国传统文化的近代转型必须另寻他途。

（二）"即中即西"的制度文化变革期

中国传统文化近代转型的第二个阶段是戊戌变法前后的制度文化变革阶段。

1895 年，甲午战争中国惨败，宣告了只"师夷长技"而不变"中体"的洋务运动破产。同样是向西方学习，为什么长期落后于中国的日本会战胜中国？当时的有识之士意识到问题的症结在于向西方学习的方式方法，中国不仅要学习"西技"，更要学习"西政"，即像日本那样学习西方健全的政治制度和体制模式，只有这样才有可能改变中国落后挨打的现状。据此，以康有为（1858—1927）、梁启超（1873—1929）等为代表的维新派发起"公车上书"，要求清政府自上而下地进行资产阶级民主改革，推行君主立宪制，发展资本主义工商业，推进变法维新。

鉴于中国当时的历史状况，康有为深知公然推行西方资产阶级民主改革是不现实的。梁启超后来评论说："盖当时之人，绝不承认欧美人除能制造、能测量、能驾驶、能操练之外，更有其他学问，而在译出西书中求之，亦确无它种学问可见。"[1] 于是，康有为"托古改制"，用儒学的酒瓶来装西学的新酒，力图让传统文化变成社会变革政治变革的理论资源。他提出，西方的经济、政治、文化等制度都符合儒家经义，而清末当时的制度反倒不符合，因此应当用合乎"圣人之道"的西方资产阶级学说来指导变法维新，改良清廷既有的政治、文化。为宣扬西方资产阶级政治学说，康有为等人创办了众多的报纸、学会以及新式学堂等，促进了中国资产阶级新文化的兴起。这种"儒表西里"的维新文化未能将西方资产阶级文化贯通到底，最终形成了一种"不中不西，即中即西"的风格。

1898 年 6 月 11 日至 9 月 21 日，维新派推动光绪帝进行变法改革，不到百日即告失败。戊戌变法的失败证明维新文化并不能为中国传统文

❶ 崔瑞德，鲁惟一. 剑桥中国秦汉史［M］. 杨品泉，等译. 北京：中国社会科学出版社，1992：54.

化的近代转型提供真正的出路。但我们必须看到的是，较之"中体西用"观而言，维新派这种"即中即西"的文化主张已经超越浅层的器物文化，触及制度文化这个根本的"体"层面，在进一步瓦解封建政治统治的同时，极大地撼动了其赖以生存的封建礼教文化基础，为其后到来的思想、观念文化的解放撕开了一个大豁口。

（三）"新文化运动"中的观念文化变革期

1911 年，辛亥革命爆发，以孙中山为首的资产阶级革命派推翻了中国长达两千年之久的封建君主专制统治，取得了制度革命的突破性胜利。然而，辛亥革命的成果不久后为袁世凯所篡，复辟帝制事件两度兴起。这让当时的先进知识分子意识到，没有"国民的自觉"作为前提的"立宪政治"是不可能成功的，仅有政治体制的变革远远不够，只有对国民的思想、观念进行彻底的文化改革，才有可能实现真正的民主共和。由此，新文化运动兴起，文化转型进入思想观念文化变革的关键阶段。

1915 年，陈独秀（1879—1942）、李大钊（1889—1927）等一批受过西方教育的知识分子，在上海创办《新青年》杂志，高扬"民主"与"科学"的旗帜，发起"批判旧文化"的新文化运动。《新青年》原名《青年杂志》，第二卷起改称《新青年》。自 1915 年 9 月 15 日创刊至1926 年 7 月终刊共出 9 卷 54 号。十月革命后，《新青年》逐渐发展成为宣传马克思主义的刊物。陈独秀指出，只有"民主"与"科学"，才能救治中国政治、道德、学术、思想上一切的黑暗；要拥护民主，就不得不反对"孔教、礼法、贞节、旧伦理、旧政治"；要拥护科学，就不得不反对"国粹和旧文学"。鲁迅（1881—1936）更是直指封建纲常名教是"吃人的礼教"，只有"打倒孔家店"，才能解放国民的思想、唤醒国民的自觉。其他"新文化运动"的先驱者纷纷在《新青年》上发表论说，全面抨击孔子和以儒家为代表的传统旧文化、旧道德，弘扬民主与科学的新文化、新道德，在文化领域掀起了激进的反传统主义思潮。由此，"新文化运动"将革命的战火由制度领域延展到文化领域，掀起了新旧文化、中西文化空前激烈的争论，并逐渐围绕"中国传统文化往何处去"的问题，形成了"全盘西化"和"文化保守主义"两大思潮。

1."全盘西化"

"全盘西化"派主张，中国传统文化已经不足以救治中国，中国必须全面吸收西方全部的而非部分的文化，才能找到文化转型的出路。而所谓的"全面"吸收，不仅是经济上走资本主义道路、技艺上学习西方科学技术，还包括政治上实行民主宪政、教育与文化上强调自由与现代化、价值观上提倡个人主义等。

"全盘西化"派的代表人物有胡适、陈序经等人。陈序经是最早也是最坚定的"全盘西化"论者。在陈序经看来，中国文化有复古、折中、全盘西化三条出路，但是折中的办法办不到，复古的途径行不通，唯一的办法只能是全盘接受西化。"我们觉得中国目前的急需，是要格外地努力去采纳西洋的文化，诚心诚意地全盘接受她，因为她自己本身上是成一种系统，而她的趋势，是全部的，而非部分的。"❶因此，折中是办不到的，全盘西化是势在必行的。胡适也是全盘西化思潮的重要代表人物，他在 1929 年也曾使用过"全盘西化"一词来表达他的文化观点，虽之后将其修正为"充分世界化"。胡适对于"全盘西化"思潮的扩散起到了重要的推动作用。

作为社会历史文化发展的产物，"全盘西化"思潮的历史进步性不容抹杀。一方面，"全盘西化"思潮激烈的反传统特征有力地驳斥了当时一度兴起的尊孔复古逆流思潮，起到了振聋发聩地反封建、反专制的作用；另一方面，"全盘西化"论者关于中西文化的比较研究深化了对西方先进文化的认识，进一步推进了学习、借鉴西方文化的可能，也反向刺激了传统文化近代转型的进程。与此同时，"全盘西化"论的历史局限性也不容忽视。一方面，"全盘西化"的主张忽略了文化本身所固有的民族性和传承性。传统是现代的根基，在中国这样一个有着两千多年深厚文化根基和民族特性的国家，意图完全抛开传统，抛开国情，去照搬照抄西方的文化，不可能行得通。另一方面，"全盘西化"见物不见人，忽视了文化交流交融过程中主体的选择作用。正如毛泽东所评价的那样，"一切外国的东西，如同我们对于食物一样，必须经过自己的口腔咀嚼和胃肠运动，送进唾液胃液肠液，把它分解为精华和糟粕两部

❶ 张岱年，方克立. 中国文化概论［M］. 北京：北京师范大学出版社，2004：75.

分，然后排泄其糟粕，吸收其精华，才能对我们的身体有益，决不能生吞活剥地毫无批判地吸收"❶。第一次世界大战后，西方资本主义文化遭遇危机，这从一个侧面佐证了"全盘西化"的不可行性。

2. "文化保守主义"

五四时期，除了主张以西方文化替代中国文化的"全盘西化"派外，也有为保存和昌明中国传统文化而大声疾呼的文化保守主义派。文化保守主义论者主张，以中国传统文化为本位，取西方近代物质文明及民主与科学文化之所长，补中国传统文化之所短，调和中西，最终重建中华民族文化的主体地位。清末的国粹派、张之洞等人的"中体西用"论、康有为晚年的"孔教运动"等，都是文化保守主义的早期形态。至五四时期，随着中西文化双重危机的加深，文化保守主义思潮一度高涨，形成了东方文化派和学衡派，前者的代表人物有杜亚泉（1873—1933）、梁启超、梁漱溟等，后者的代表人物有梅光迪（1890—1945）、胡先骕（1894—1968）、吴宓（1894—1978）等。

文化保守主义派有两个基本主张。一是主张要正视中国文化的价值。梁启超曾质问："那沉醉西风的，把中国什么东西，都说得一钱不值，好像我们几千年来，就像土蛮部落，一无所有，岂不更可笑吗？"❷文化保守主义不仅反对"全盘西化派"以西方文化为中心、照搬西方文化的主张，更反对其抹杀中国文化一切价值的论点。二是主张以中国文化为主体，调和中西方文化。杜亚泉认为："正统整吾固有之文明，其本有系统者则明了之，其间有错出者则修整之。一方面尽力输入西洋学说，使其融合于吾固有文明之中。西洋之断片的文明，如满地散钱，以吾固有文明为绳索，一以贯之"❸。梁启超也说："拿西洋的文明，来扩充我的文明，又拿我的文明去补助西洋的文明，叫他化合起来成一种新文明。"❹五四时期文化保守主义阵营中的大多数论者实际上都有游学国外的经历，对西方文化持开放态度，他们真正反对的不是"西化"，而是

---

❶ 崔瑞德. 剑桥中国隋唐史 [M]. 北京：中国社会科学出版社，1990：34.
❷ 柳诒徵. 中国文化史（下）[M]. 上海：上海古籍出版社，2001：521.
❸ 张岱年，方克立. 中国文化概论 [M]. 北京：北京师范大学出版社，2004：77.
❹ 柳诒徵. 中国文化史（下）[M]. 上海：上海古籍出版社，2001：570.

"全盘西化"。

历史地看，"文化保守主义"对于发扬中国文化固有价值、提升中华文化之自信有着重要的意义。近代以来，中国传统文化虽一度显出落后于西方近代文化之势，但传统文化本身依然是有其独特的价值与内在活力的。如学衡派的吴宓、梅光迪等人主张的那样，历史文化包含"变"与"常"两种属性，"变"主发展修正，"常"主沉淀发扬。中国传统文化之"常"，如儒家内在的文化精神等，是可以超越历史而长存的，是具有世界意义的，因而应当维护和弘扬。同样地，文化保守主义也有其缺陷和不足。例如，其主张中确实有一些"守旧"的倾向；对中西文化之间的时代差距缺乏清醒认识；虽主张中西文化汇通，但却并没有给出一个调和中西文化的真正可施行的方案，没有为中国传统文化的现代化提出切实可行之出路，等等。

在"全盘西化"派和"文化保守"派论辩难解时，随着马克思主义传播的深入，陈独秀、李大钊、毛泽东等一批马克思主义者逐渐从文化论争中分化出来。他们跳出了既有的"非中即西""即中即西"的文化转型思路，开辟了一种新的无产阶级文化建设视角，提出了"民族的、科学的、大众的"文化建设思路，为中国文化的现代转型指明了方向。

第三节　中华优秀传统文化的主要成就

中华优秀传统文化是我国五千多年历史沉淀的瑰宝，它包括了丰富的思想、艺术、科技、教育、道德等方面的内容，为中华民族的发展作出了巨大贡献。中华优秀传统文化的主要成就可以从以下几个方面进行概括。

一、哲学思想成就

哲学思想是中华文明的核心，它反映了我国古代先哲们对世界本质和人类命运的深入思考和探索。在哲学思想上，中华文明的主要成就是儒家、道家、墨家等诸子百家学派的发展和贡献。

儒家思想。儒家思想是中国传统文化的主干，以孔子、孟子、荀子等为代表。儒家主张仁、义、礼、智、信等道德伦理观念，强调家庭伦理、社会秩序和政治道德。儒家学派强调人与人之间的关系，认为人与人之间应该相互尊重、关爱和帮助，提倡仁爱之道，倡导"己所不欲，勿施于人"的道德观念。这种思想影响了中国古代社会的发展和演变，成为中国古代社会最为重要的伦理思想之一。

道家思想。道家思想以老子、庄子等为代表，主张道法自然，强调无为而治，倡导顺应自然、返璞归真的生活态度。

墨家思想。墨子是墨家的创立者，主张兼爱、非攻、节俭等观念，强调平等、互利的社会关系。

法家思想。法家以商鞅、韩非子等为代表，主张法治、权谋、功利等观念，强调社会秩序和权力控制。

名家思想。名家以公孙龙、惠子等为代表，主张辩论、逻辑、名实等观念，强调语言逻辑和思维技巧。

兵家思想。兵家以孙子、吴子等为代表，主张兵法、战略、战术等观念，强调战争艺术和军事智慧。

农家思想。农家以许行、陈良等为代表，主张农本、节用、亲耕等观念，强调农业生产和农民地位。

杂家思想。杂家以吕不韦、刘向等为代表，主张兼容并包、综合各家之长，强调博采众长和调和思想。

这些哲学思想成就不仅对中国的传统文化产生了深远的影响，而且在世界范围内具有广泛的影响力。许多哲学观念和道德伦理原则至今仍然具有重要的现实意义。

二、文学成就

中华优秀传统文化中的文学艺术成就斐然，诗歌、散文、小说、戏剧等文学形式都取得了极高的成就。

在诗歌方面，中华优秀传统文化诞生了许多脍炙人口的经典作品，如《诗经》《楚辞》等，这些作品不仅展示了中华民族独特的审美情趣，还反映了当时社会的历史变迁和民众的生活状态。特别是《诗经》，它是中国古代诗歌的奠基之作，共收录了305篇诗歌，分为风、雅、颂三部分，既有描绘自然风光、表达个人情感的作品，也有歌颂历史人物、倡导道德伦理的作品，展现了中华民族丰富的想象力和审美创造力。唐代的杜甫、白居易、李商隐等诗人的作品具有极高的艺术价值，他们的诗歌作品体现了对生活的热爱、对社会的关注、对人生的思考。

在散文方面，如《左传》《战国策》等作品以其独特的叙事手法和丰富的想象力，成了中国古代散文的经典之作。特别是《左传》，它以历史事件为背景，以人物形象为载体，描绘了春秋战国时期的政治、军事、外交等方面的生动场景，展示了中华民族独特的叙事艺术和审美观念。唐代的韩愈、柳宗元等文人的散文作品具有很高的文学价值，他们的散文作品体现了对人性的深刻剖析、对社会的批判、对人生的思考。

在小说方面，明清时期的《红楼梦》《西游记》《水浒传》《三国演义》等作品具有极高的文学价值。

在戏曲艺术方面，中华优秀传统文化也取得了举世瞩目的成就。如京剧、豫剧、川剧等，这些剧种在中国文学艺术史上具有举足轻重的地位。京剧作为四大剧种之首，被誉为"东方戏曲艺术的明珠"，它以高度的艺术表现力和丰富的情感内涵，展现了中国传统文化的独特魅力。豫剧、川剧等地方戏曲，虽然源自不同地区，但它们都深受观众喜爱，成了中国文学艺术宝库中的一颗璀璨明珠。

三、艺术成就

中华优秀传统文化中的艺术成就丰富多彩，绘画、雕塑、建筑、音乐、舞蹈等艺术形式都取得了极高的成就。在绘画方面，唐代的阎立本、吴道子，宋代的张择端、王希孟等画家的作品具有极高的艺术价值。例如，张择端的《清明上河图》、王希孟的《千里江山图》等作品以其精湛的技艺和丰富的表现力，展现了中国绘画艺术的独特韵味。特别是《清明上河图》，它是中国古代绘画的巅峰之作，通过细腻的笔触和生动的描绘，展现了北宋时期汴京的繁华景象，成为一部具有历史价值、艺术价值和文化价值的传世之作。在雕塑方面，有秦代的兵马俑、汉代的石雕等；在建筑方面，有中国古代的宫殿、寺庙、园林等；在音乐方面，有琴、瑟、箜篌、编钟等乐器以及《高山流水》《广陵散》等；在舞蹈方面，有《霓裳羽衣曲》《燕子翩翩舞》等舞蹈，都具有极高的艺术价值。

四、科学技术成就

中华优秀传统文化是我国历史文化的瑰宝，自古以来在科学技术领域取得了举世瞩目的成就。从古代的四大发明到现代的科技进步，中华文明为世界科技发展作出了重要贡献。在古代，四大发明是中华文明的象征。造纸术的发明使书写、传播知识变得更加便捷，为世界文化的传播奠定了基础。火药的发明则极大地改变了战争方式，推动了世界军事科技的进步。指南针的发明为航海事业带来了新的突破，促进了世界贸易的发展。而印刷术的发明，使书籍的大量印刷和传播成为可能，为人类文明的传播提供了有力支持。

在天文学方面，中国古代的天文学家有深厚的理论基础和观测能力。他们发明了许多观测仪器，如浑天仪和地动仪等，这些仪器在当时的世界上处于领先地位。此外，中国古代的天文学家还提出了许多重要的天文学理论，如"天圆地方"和"天体运行"等，这些理论对后世的天文学研究产生了深远的影响。

我国古代的农业科技也成就非凡。自古以来，我国就重视农业生产和科技创新。从北魏时期的《齐民要术》到唐代的《农书》，再到明清时期的《农政全书》，这些农学著作都是我国农业科技的宝贵遗产。《齐民要术》总结了我国北方农业生产经验，为后世农业生产提供了重要参考。此外，我国古代的医学科技也取得了辉煌的成就。例如，扁鹊、华佗、孙思邈等著名医学家不仅总结了一套完善的医学理论体系，还发明了许多医疗工具和治疗方法。例如，华佗发明的麻沸散是世界麻醉史上的创举，孙思邈的《千金方》则是一部具有世界影响力的医学巨著。

中华优秀传统文化在科学技术领域取得的成就，反映了我国古代科技发展的卓越成就。这些成就不仅对我国古代科技的发展产生了深远影响，也为世界科技发展作出了重要贡献。中华文明以其独特的智慧，为世界科技发展提供了丰富的经验和启示。我们应该继续发扬中华优秀传统文化，为世界科技发展贡献更多中国力量。

五、传统工艺成就

传统工艺，是指在传统社会中，人们运用自己的技能和经验，通过手工劳动制造出各种物品的技术和艺术。它不仅具有实用价值，还具有很高的艺术价值和文化价值。中华优秀传统文化中的传统工艺成就，表现在陶瓷、刺绣、剪纸、木雕、漆器、金银器、玉器、骨雕、草编、编织、钩针、钩编、编织、刺绣等多个方面。

我国传统工艺成就非常丰富，具有悠久的历史和独特的技艺。以下是一些主要的传统工艺成就。

陶瓷工艺：中国被誉为"瓷器之国"，陶瓷工艺历史悠久。从唐代的青瓷、宋代的汝瓷、元代的青花瓷到明清时期的景德镇瓷器，都展现了中国陶瓷工艺的卓越成就。

丝绸工艺：中国是丝绸的故乡，丝绸工艺具有很高的艺术价值。古代的丝绸之路，使中国的丝绸和织锦等纺织品传播到了世界各地，对世界文化产生了深远影响。

刺绣工艺：刺绣是中国优秀的民族传统手工艺之一，具有很高的艺术价值和经济价值。例如，苏绣线条细腻、色彩丰富、形象逼真，以双面绣、乱针绣等技艺著称；粤绣色彩鲜艳、图案繁复、立体感强，以金线绣、盘金绣等技艺著称，具有浓郁的地方特色；湘绣线条粗犷、色彩鲜明、形象生动，以狮虎、人物等题材的作品著称；顾绣绣法出自皇宫大内，绣品使用的丝线细如头发，针刺纤细如毫毛，配色精妙，强调形似和神韵的表现，做工精细，技法多变；京绣用料讲究、色彩富丽、图案大气，以龙袍、官补等作品著称；蜀绣线条细腻、色彩丰富、形象逼真，以熊猫、花鸟等题材的作品著称；等等。

木工艺：中国的木工艺包括家具、建筑、雕刻等多种形式。明清家具以其精美的榫卯结构和红木材质闻名于世，展现了中国木工艺的高超。

玉石工艺：中国玉石工艺历史悠久，和田玉、翡翠等玉石制品深受人们喜爱。例如，玉石雕刻、玉器制作等技艺代代相传，形成了独特的玉石文化。

金属工艺：中国的金属工艺包括青铜器、铁器、金银器等。例如，古代的青铜器铸造技术、唐代的金银器制作等具有很高的艺术价值。

印刷工艺：中国的印刷工艺历史悠久，活字印刷术被誉为"天下第一奇术"。印刷术的发明对世界文化发展产生了深远影响。

美术工艺：中国的美术工艺包括绘画、书法、篆刻等多种形式。例如，国画、书法等艺术形式具有独特的表现手法和审美价值，深受人们喜爱。

音乐工艺：中国的音乐工艺包括传统乐器的制作和演奏技艺。例如，古琴、二胡、琵琶等传统乐器制作精良，音乐演奏技艺高超，形成了独特的中国音乐文化。

这些传统工艺成就不仅展现了中国人民的智慧和创造力，而且为世界文化宝库增添了丰富的内涵。在现代社会，我们应当珍视和传承这些宝贵的文化遗产。

六、礼仪制度成就

作为一种重要的社会制度，礼仪制度在中国古代的日常生活中无处不在，涵盖了人们的衣、食、住、行、言、貌等方方面面。在古代社会，礼仪制度不仅是一种行为规范，更是一种对文化传承和对价值观念的表达。它既体现了古代社会的等级制度，又反映了古代社会的道德观念和审美观念。

中华优秀传统文化在礼仪制度方面的主要成就之一就是礼仪的规范化和系统化。这一过程是通过一系列的礼仪规范和礼仪书籍实现的。其中，《周礼》《仪礼》《礼记》等礼仪规范和书籍是古代礼仪制度的重要组成部分，也是中华礼仪制度成就的重要体现。

在《周礼》中，礼仪制度被分为"五礼"，即祭祀礼、宾客礼、军礼、婚礼、丧葬礼。这五礼分别涵盖了人们日常生活中的不同方面，如祭祀祖先、接待宾客、参加宴会、结婚、丧葬等。这些礼仪规范不仅规定了人们在不同场合下的行为准则，还规定了人们在礼仪过程中的动作和姿态，如跪、拜、揖、拱等。

在《仪礼》中，礼仪制度被进一步细化和具体化。它较为详细地规定了人们在各种场合下的具体行为和姿态，如在宴会上如何举杯、如何夹菜、如何敬酒等。这些规定不仅体现了古代社会的等级制度和礼仪规范，还反映了古代社会的道德观念和审美观念。

在《礼记》中，礼仪制度被进一步解释和发挥。它通过对礼仪规范的解释和发挥，进一步深化了人们对礼仪制度的认识和理解，也为后人留下了丰富的礼仪知识和礼仪智慧。

七、民族风俗成就

民族风俗是指一个民族在长期的历史发展过程中，形成的独特的风俗习惯和传统活动。中华优秀传统文化中的民族风俗成就，丰富了中国人民的精神生活，展示了中华民族的独特魅力。以下是一些主要的民族风俗成就。

节日风俗：中国的传统节日如春节、端午节、中秋节等，都具有丰富的文化内涵和独特的庆祝方式。例如，春节贴春联、放鞭炮等，端午节赛龙舟、包粽子等，这些节日风俗体现了中华民族的民族精神和文化传承。

婚丧嫁娶：中国的婚丧嫁娶等人生礼仪也有丰富的民族风俗。例如，婚礼中的拜堂、喝交杯酒等，葬礼中的守灵、披麻戴孝等，这些风俗体现了中华民族对人生重要时刻的重视和独特的礼仪文化。

饮食文化：中国的饮食文化博大精深，各地区、各民族都有独特的饮食风俗。例如，北方的面食、南方的米饭、少数民族的特色美食等，这些饮食风俗体现了中华民族的包容性和多元性。

服饰文化：中国的服饰文化包括汉服、唐装、旗袍等传统服饰，以及各民族的特色服饰。这些服饰风俗体现了中华民族的审美观念和礼仪文化。

艺术文化：中国的艺术文化包括书法、绘画、音乐、舞蹈等，这些艺术形式具有独特的民族风格和艺术价值。

礼仪文化：中国的礼仪文化包括礼节、礼貌、礼俗等，这些礼仪体现了中华民族尊老爱幼、谦和有礼的传统美德。

八、教育成就

中华优秀传统文化中的教育成就举世闻名，儒家教育、道家教育、墨家教育、法家教育等教育体系为后世教育发展提供了丰富的经验。儒家教育注重伦理道德的培养，强调人与人之间的和谐相处，提倡"修身、齐家、治国、平天下"的理念。道家教育注重无为而治、清静无为、养生延年等思想，强调个性自由发展，对后世道家、道教的发展产生了深远影响。墨家教育注重兼爱、非攻、节俭等，强调公平正义，对后世墨家、墨学的发展产生了重要作用。法家教育注重法治、权力集中、以法治国等，为后世封建社会的统治提供了理论依据。

九、中华优秀传统文化传承取得的成就

（1）传统文化市场不断扩大。随着喜爱传统文化的群体不断壮大，人们开始打造文化产品市场，文化市场呈现空前繁荣的景象。过去，我

们主要依靠物态文化来推广传统文化，如用中国的瓷器、丝绸等来吸引国内外群体的目光。然而，随着技术和文化需求的改变，传统文化艺术在海内外大放异彩。例如，利用戏曲、舞蹈、文学、电影等形式全面弘扬传统文化，根据受众群体需求不断提高的情况，传统文化产品和作品也不断地丰富，中华优秀传统文化的弘扬扩大了文化市场。

（2）传统文化的开发和保护相辅相成。中华文明历史悠久，拥有丰富的文化资源和历史遗址。我们既不能让古遗址被遗忘，也不能因过度开发而使古文化失去灵气。传统文化的开发和保护过程应合二为一，既实现保护社会效益，又实现开发经济效益。既能在开发过程中实现经济创收，又能激励游客了解中华优秀传统文化。例如，长城、敦煌莫高窟、丽江古城的申遗成功，这都是在进一步挖掘和弘扬我国的传统文化，在无形中散发我国传统文化的魅力。

（3）传统文化艺术活动日益丰富。为满足精神生活的需求，我国相继开展了多种多样的文艺演出和文艺节目。近年来随着中华文化散发的独特魅力，越来越多的人喜欢中国话，有人认为穿汉服也是一种美，"国学热"逐渐兴起。在此背景下，为了更好地传承中华优秀传统文化，电视台举办了多种多样的文艺节目，如《舌尖上的中国》《中国诗词大会》等。新节目改变了以往枯燥乏味的故事模式，采用竞赛式的对决形式进行擂台争霸赛。这样的形式深受年轻人的喜爱，中华传统文化借此走进大众视野，散发出独特的魅力。这不仅是竞争下的较量，而且是对传统文化的继承。

此外，在新时代背景下，我国也积极推动中华优秀传统文化在国外的传播。通过举办各类国际文化交流活动，如国际艺术展览、国际演出、国际学术研讨会等，让国外的观众能够更深入地了解和欣赏中华优秀传统文化。同时，我国也鼓励国外的艺术家和学者来我国学习和研究中华优秀传统文化，以促进中外文化交流和互鉴。

总体来说，在新时代背景下，我国积极推动中华优秀传统文化"走出去"，通过市场的扩大、文化的开发和保护、艺术活动的丰富以及国际交流的加强，使中华优秀传统文化在现代社会得到了更好的发展和传承。这对于提升我国的文化软实力，增强国家形象，以及推动我国文化产业的发展都具有重要意义。

第四节　中华优秀传统文化的基本特征

中华民族在漫长的形成和发展过程中，孕育成了优秀的传统文化。中华优秀传统文化产生于民族形成过程中，又反作用于民族的形成和发展的过程，显示出与世界上其他民族文化不同的一些基本特征。主要体现在以下几个方面。

一、悠久统一

中国是世界上由多个民族共同缔造的历史最悠久的统一国家。英国历史学家汤因比指出，在近六千年的人类历史上，出现过 26 个文明形态，其中只有中国的文化体系是长期延续发展而从未中断过的文化。我们常说的"中华文明上下五千年"，其实是一个不确切的说法。如果以文字的出现为标志，则中国的历史至少有六千多年，其标志就是考古学家在半坡遗址发现的六千年前半坡人在彩陶上创造的具有文字性的刻画符号和绘画、雕塑、装饰品等艺术作品。这些刻画的符号，就是最早的中国文字。如果承认中国早期著作（如《易经》《史记》等）中记载的关于神农、黄帝、尧、舜、禹"三皇五帝"等改造自然环境、造福中华人民的故事的真实性，则中华文明的历史还将大大提前。

中华文明不仅历史悠久，而且持续至今，生命力强大。在人们熟知的世界四大文明古国中，古埃及、古巴比伦、古印度三大文明在发展过程中都发生了断裂，唯独中国文化一直延续下来，未曾中断。在文明古国出现的人类最早的文字体系中，古埃及的圣书文字、古巴比伦的楔形文字等都已逐渐消亡，但是中国的汉字却一直使用到今天，不但没有消亡，而且还发展成为世界上影响力最大的文字之一。

在漫长的历史发展过程中，中华民族还形成了崇尚统一、反对分裂的优秀传统。秦朝建立大一统的中央集权国家之后，秦始皇采取了一系列巩固国家统一的政策，如书同文、车同轨、统一货币和度量衡，在军事上北击匈奴、修筑长城、统一东南和岭南地区，以及兴修灵渠等，在国家统一方面奠定了坚实的基础。汉武帝时期，采用了董仲舒提出的"罢黜百家，独尊儒术"（废弃诸子杂说，专门推行儒家学说）的文教政策，儒家思想从此成为中国古代社会主流的社会价值观。思想文化的统一，体现了中华优秀传统文化的连续性，也是中华优秀传统文化绵延数千年而不绝的重要原因。纵观中华民族的发展历史，自秦朝建立起，统一始终是发展的主流，分裂都是短暂的，"大一统"思想根深蒂固，世代相传。

二、人本主义

中华传统文化贯穿着一个看重人和注重对人的研究的特征。周朝时已有了"天视自我民视，天听自我民听"之说。到了春秋时期，人们已经能做到把自然界看成一种与人相通、为人而存在的环境了。"天""地""人"并称为"三灵"，同时强调人是"万物之灵"，是天地的"心"，把人看成宇宙的中心和主宰。到了孔子那里则变成了"仁者人也"。其学说强调"仁"，也即强调"人"。因此有人称孔子的学说就是关于人的学说。正是由于先秦时期开始形成的这样一种注重"人"、看重"人"的传统文化特征，并在以后的历朝历代不断完善和强化。中国传统文化重"人"的特征还表现在重家庭上，把家庭视为人一生活动的一个中心，把家庭和谐融洽的关系扩大而推广至社会国家。之所以这样，客观上是因为中国古代建立在封建小农经济与宗法制度基础上的家庭，不但是一个生产单位、一个教育单位、一个活动单位，而且是一个法律单位，即在家长或父母的带领下，家庭成员一起劳作以求衣食之源；子女的教育主要从家庭内开蒙；祭祀祖宗，以求避祸降福也主要以家庭为单位进行，遇到纠纷也由家长或族长来裁决。家庭、宗族成为一个小社会，是人安身立命的基础。于是家国难分、家国一体。要"治国、平天下"，先得"修身、齐家"；君被称为君父，臣自称臣子，地方官成了父母官，治下百姓自认子民，老师被尊为师，"天下一家""四海之内皆兄弟"成了人们追求的理想的人际关系，"老吾老以及人之老，幼吾幼以及人之幼"，也是由家庭关系推广于社会的。几千年的中国封建社会之所以能够稳固与发展，与传统家庭的地位、人们重视家庭的观念及传统文化对这种家庭关系、观念的推崇是有极大关系的。而传统文化对家庭及其稳固的重视，乃是与它致力于社会、人生的安定与和谐相一致的，仍然是一种重"人"，或者可以说是人本主义文化的反映与体现。

三、博大精深

充满智慧的中国人民在悠久的历史中创造了内容博大、思想深厚的中华优秀传统文化体系。早在春秋战国时期，我国思想界就兴起了百家争鸣的文化论争。在以后的社会发展过程中，儒、释、道三家的价值观相映生辉，影响着中国古代的政治、经济、文化和中国人的日常生活。此外，我们的祖先创造了旨趣各异的教育思想和方法、蔚为大观的文学艺术（如诗、词、赋、曲、楚辞、骈文、小说等）、独树一帜的中华医学、丰富多彩的风俗习惯、贯穿古今的饮食文化……"天人合一"的哲学认识、积极入世的伦理观念、以人为本的治国理念、刚柔并济的人生道理、积极乐观的生活态度等，无不体现着中华优秀传统文化的深邃内涵和精妙取向。而更令人称奇的是，这些博大精深的文化，往往又是通过微小而简明的方式体现出来的，如传世经典大多言简意赅、微言大义，令人读后思绪万千。此外，中国传统绘画艺术中的"留白"、京剧等戏剧的舞台造型，也都是以小见大、以简驭繁，达到了画龙点睛的精妙效果。

四、伦理为本

中国古代是典型的伦理型社会，重视伦理规范和道德教化是中华优秀传统文化的重要特征，这种特征表现在哲学、史学、教育、文学、艺术等诸多领域。伦理道德对中国传统社会影响之深远，是其他民族所不能比拟的，而数千年来中国社会的主流价值观——儒家思想在其中发挥了重要的作用。在国家治理方略方面，儒家提倡的是"德治"。

传统文化，特别是儒家文化，推崇看轻物质享受而追求道德修养与精神境界升华的行为，强调人具有社会性，因而人的道德还应表现在处理人际关系中能遵礼守义，自觉与他人、与社会保持和谐与安定；更进一步的要求则是把个人的品德修养与实现理想社会的目标联系起来，使个人的品德修养成为首要的条件，"修身、齐家"不仅是为了独善其身、独善其家，更重要的是为了"治国、平天下"，把"修身"与"平天下"联系在一起，从而将造就道德人格的意义上升到了最终实现建功立业的出发点与先决条件的高度，使这种道德行为具有了宏大的气魄。孔子说："三军可夺帅也，匹夫不可夺志也。"把普通人的道德志向不能丢掉这一点提到了相当的高度。曾子告诫"士不可以不弘毅，任重而道远"，责任使之然。孟子认为，有远大抱负的人、可担当大任的人，更应当刻苦磨炼自己的道德意志，提高自己的道德修养，否则就会经受不住考验，一切都难以实现。"天将降大任于是人也，必先苦其心志，劳其筋骨，饿其体肤，空乏其身，行拂乱其所为，所以动心忍性，曾（增）益其所不能"，传统文化中推崇的最高道德境界是"贫贱不能移，富贵不能淫，威武不能屈"，直至"杀身成仁""舍生取义"。这无论是对一般人、有志向的人，还是对准备担当大任的君子，传统文化都提出了一个应该怎样注重并搞好个人品德修养的问题，而且将此问题摆到了一个极为重要的位置上。

中华优秀传统文化还以道德作为自己的基础，让道德观念渗透于自己的各个方面，并以道德观念为标准判断当褒还是应贬，判断世事的是与非。例如，对好的政治称为"德政"；好的军队誉为"仁义之师"；文学讲究"文以载道"；做人要求重自我约束，将心比心地与人交往，"己欲立而立人，己欲达而达人，己所不欲，勿施于人"；等等。这样，传统文化形成了以伦理为本位，辐射整个文化各个层次、各个领域的道德体系，使之对社会的引导力、凝聚力也大幅增加。

东汉许慎在《说文解字》中对"育"的解释"养子使作善也"，可以说道出了中华传统文化的根本取向。在儒家伦理思想体系中，"孝"是一切道德规范的基石，由孝道延伸出忠君、敬长、尊上等伦理观念和行为规范。这种伦理文化重视与人之间的情感因素，具有浓郁的人情味儿，具有极强的民族凝聚力，养成了中华民族的整体观念和家国情怀。即使是人与自然的关系，在文学艺术作品中，中华优秀传统文化也赋予了它们浓厚的道德色彩。这在中国古代思想家的一些名言中，如老子的名言"上善若水"（圣人的言行有类于水，而水德是近于道的）、孔子的名言"仁者乐山，智者乐水""诗三百，一言以蔽之，曰'思无邪'"都有鲜明的体现。

五、崇尚中和

"中"，即中庸；"和"，即和谐。中国人民历来重视中和之美。早在原始社会的"三皇五帝"时期，尧就要求舜"允执其中"真诚地坚持中庸之道，为人处世真正地做到恰到好处。孔子也多次提出"中庸之德"的观点，如"中庸之为德也，其至矣乎"（中庸之德是最高的道德境界）；《礼记·中庸》集中阐发了人的中和之美。中是天下最为根本的，和是天下共同遵循的法度。达到了中和，天地就会各安其位，万物便生长发育了。中的意思，就是无声无息、无动无为、寂然不动，所以说"中"是"天下之大本"。喜、怒、哀、乐表现出来全都适度，叫作和。和的意思，就是受感应而能贯通天下，所以说"和"是"天下之大道"，这与孔子"和为贵"的思想是一脉相承的。对于人的个性塑造来说，中和要求每个人个性的适中、恰当，达到中和之美、中庸之美。达到了这样的境界或水准，个人的修身养性就实现了道德的最高标准。对于治国理政来说，中和要求用礼约束社会各阶层的行为规范和人际关系。致"太和"，就可以万国安宁，民族昌盛。由此，中和成为国家统治的根本法则。关于这一点，《论语》中也有明确的阐述："礼之用，和为贵。先王之道，斯为美，小大由之。"（礼的功用，以遇事做得恰当和顺为可贵。以前的圣明君主治理国家，最可贵的地方就在这里。他们做事，无论事小事大，都按这个原则去做）除了儒家，其他各家也都重视中和思想。道家的老子主张"无为""不争""贵柔""守雌"；庄子主张万物齐一，强调统治者要"无为而治"，让万物自己去生息；墨家强调"尚同""兼爱"。这些思想引领和规范着中华民众的行为，有效地培育了中华优秀传统文化中的中和精神。

在中华传统文化中占有一定地位的我国古代最早的一部哲学著作《周易》中，就体现出这种注重"和"、追求"和"的宇宙观。《周易》用乾、坤、震、巽、坎、离、艮、兑八卦，分别代表天、地、雷、风、水、火、山、泽，以包罗世界万事万物。八卦的每一卦自相重叠，又推演出八八六十四卦，用以说明宇宙间纷繁复杂、运动多变的自然现象及其相互间的关系。并且八卦又是以阴爻与阳爻互相重叠而成的，以此来表示万物的对立与统一，即"和"与"失和"的因果关系。以《周易》的观点来看万物之所以能生成变化，是因为阴阳的相互组合即相互作用的结果，如果这种相互作用的结果趋于平衡，那么自然界、人类社会或相互作用的对象就能获得和谐发展的根本条件；但如果这种阴阳相互作用的结果失和，则必然招致灾祸或失败。这自然要求人们凡事应当关注一个"和"字。

人类社会和自然界在内的整个宇宙为一个和谐的生命统一体；认为

事物内部相互对立的双方，必须贯通、联结、趋和、平衡，事物才能顺利发展；认为对立面的和谐，表现于不断地运动、变化和更新的过程之中，即所谓的"刚柔相推而生变化""日月相推而明生焉""寒暑相推岁成焉"，而贯穿一个"和"，突出一个"和"的宇宙观，也极大地影响了传统文化，并成为其精神内核。

在追求人生的和谐方面，古代的思想家，一是实现个体生命与宇宙生命的和谐，即人生应当追求与自然界高度和谐统一的精神境界，而不在于什么与躯体同朽的功名利禄之类；二是强调以中庸为准则的处世哲学，即人生在处理各种需要面对的问题与矛盾的过程中，要避免"过"或"不及"这样两种失"和"的偏向，而保持一种恰当的、中庸的或者说是"和"的态度待人处事，以保持各种矛盾与关系的和谐统一。当然，这种中庸也好、"和"也罢，正如孔子所要求的"君子和而不同"。"和"是和谐，"同"则是苟同，二者是完全不同的。"和"贯穿于待人处事中，是积极地保持矛盾的和谐统一，而苟同不过是一种消极地维持矛盾的办法而已。正是由于中国古代这种重"和"的人生观，使中华民族形成了注重个人品德修养，待人处事讲礼仪、讲谦恭、讲宽厚的品格，使中华民族具有了崇尚和平的精神；并且我们的传统文化中也特别推崇那些能实现政通人和、开太平盛世的贤君明主，因为他们在治理社会中实现了"和"的要求，创造了社会的和谐统一。

此外，在器物的制造、建筑物的设计与建造、中国画、中国园林、中医药学等方面，追求和谐、重视和谐的例子更是不胜枚举。

六、兼容并包

中华优秀传统文化之所以能历万世而不绝，在今天仍然是我们治理国家和处理国际关系的重要依据之一，就在于其具有极强的包容性。任何一种优秀文化，一定是具有很强的包容性的文化。中华优秀传统文化在其发展过程中，从不故步自封，而是通过不断地学习和借鉴其他文化的优点，然后转化为自己的新内容，从而不断地丰富自我、完善自我。中华优秀传统文化对外域文化具有极强的吸纳力，其中最为典型的例证就是佛教在中国的传播和转变。佛教始于古印度（今尼泊尔、印度一带），通行的说法是于公元 1 世纪前后开始传入中国。佛教在中国的传播，不仅没有改变中国本土文化，反而与中国的本土文化有机地融合起来，使中国的宗教、哲学、伦理、雕像、语言、文学乃至日常生活等发生了巨大的变化，大大地丰富了中国的本土文化，而佛教本身也演变为中国式的佛教，如中国人根据自己的价值体系和生活习惯将印度佛教中的比丘变为中国佛教中大慈大悲的观世音菩萨，佛教的经典也被冠名为《中华大藏经》，其中的部分内容消融于宋明理学中，成为中国文化的一部分。中华优秀传统文化对内部不同民族的文化也具有极强的融合力。从文化的角度来说，中国历史就是中国境域内不同民族文化之间相互碰撞、相互渗透、相互融合的历史。中华优秀传统文化，就是中国境域内各民族优秀文化的集大成者，也是在发展过程中不断广泛吸收、借鉴世界其他国家和民族的优秀文化的结果。

第五节　中华优秀传统文化的精神内涵

一、充满深情的爱国精神

以爱国主义为核心的伟大民族精神是中华民族世世代代、生生不息的力量源泉，是中华民族悠久历史文化的灵魂与传统，是五千多年历史发展过程中积淀形成的核心价值观。

爱国主义在古代仁人志士的身上得到了深刻的体现。例如，苏武在匈奴的囚禁中，坚守节操，坚持对汉朝的忠诚，最终成功返回汉朝，他的"持节南望"代表了中华民族对自由的向往和对国家的忠诚。岳飞的"精忠报国"体现了他对国家的忠诚和对民族的热爱。屈原的"吾将上下而求索"，体现了中华民族对知识的追求和对真理的探索，他的爱国主义精神推动了中华民族的科学进步。陆游的"位卑未敢忘忧国"，体现了中华民族对国家的忧虑和对民族的担当。文天祥的"人生自古谁无死，留取丹心照汗青"和林则徐的"苟利国家生死以，岂因祸福避趋之"，体现了中华儿女对正义的追求和对民族尊严的捍卫。

在现代社会，爱国精神仍然具有重要的意义。随着全球化的加速发展，中国在国际舞台上的地位越来越重要。作为中华民族的一员，每个人都应该具有强烈的爱国情感，为祖国的繁荣和发展贡献自己的力量。

爱国精神不仅是对祖国的热爱和忠诚，更是一种责任和担当。爱国精神要求我们热爱祖国，更要关心祖国的发展和命运。

爱国精神是中华优秀传统文化的精髓之一，是中华民族精神的核心。我们应该弘扬和传承这种精神，让它成为我们前进的动力和信仰。只有这样，才能真正成为中华民族的一员，才能为实现中华民族伟大复兴而不懈努力。

二、仁者爱人的人本精神

仁者爱人，是孔孟思想即儒家学说的最高道德观念。《论语》中关于"仁"的表述达 109 次。那么，究竟什么是仁者爱人？《论语》中这样记载，孔子的学生樊迟请教老师什么是仁，老师简明扼要地回答了两个字"爱人"。在孔子的心目中，仁者是充满慈爱之心、满怀爱意的人；在孟子的心目中，仁者是具有大智慧、人格魅力、善良的人。"爱人者，人恒爱之；敬人者，人恒敬之。""爱人"是仁的核心内容，是人之所以为人的根本，是顶天立地的人间大爱。仁者爱人理念，是建立在人的生命价值高于一切的逻辑上，是"以人为本"价值观的集中体现，对于当今时代构建和谐社会、打造人类命运共同体有着积极的现实意义。

孔子是中国历史上第一位真正意义上的教育家，作为中华传统文化的象征，获得了世界人民的广泛敬重。瑞典物理学家、诺贝尔奖获得者汉内斯·阿尔文大声疾呼："人类要在 21 世纪生存下去，就必须回到 2500 多年前，去汲取孔子的智慧。"截至 2022 年 12 月 31 日，中国已在 160 个国家（地区）建立了 492 所孔子学院和 819 个中小学孔子课堂，进一步促进了中国文化与世界各地文化的交流与融合，极大地提升了中国的文化软实力。

三、厚德载物的伦理精神

厚德载物的伦理精神是中华优秀传统文化的重要内容之一，体现了中华民族对道德品质的追求和坚守。

厚德，意指具有高尚的品德和道德修养。这种道德修养，既包括个人的道德品质，也包括对家庭、社会、国家等的责任与担当。厚德，是中华民族的传统美德，是每个人应该具备的基本素质。

载物，意指承载万物，即包容万物，关爱万物。这种精神体现了中华民族对自然和生命的尊重，对人与自然和谐共处的追求。在现代社会，这种精神仍然具有重要的现实意义，它提醒我们要珍惜自然资源，关爱生态环境，实现人与自然的和谐共生。

厚德载物的伦理精神，体现了中华民族对道德品质的追求和坚守。它告诉我们，要做一个有品德、有道德的人，不仅要注重自身的修养，还要关注家庭、社会、国家等的发展，为人类的进步贡献自己的力量。

在家庭中，厚德载物的伦理精神表现为孝道、亲情、友情等，这种情怀在《论语》《孝经》《三字经》《千字文》《曾子家训》等传统典籍中得到了生动的诠释。孝道是中华民族的传统美德，是子女对父母、长辈的尊重和关爱。亲情是家庭的基础，是家庭成员之间相互扶持、相互关爱的情感纽带。而友情是人际关系中最为珍贵的一种，是人与人之间相互信任、相互尊重的情感桥梁。

在社会中，厚德载物的伦理精神表现为职业道德、社会公德等。职业道德是每个职业人员应该遵守的道德规范，是提高职业人员职业素质、树立行业形象的重要途径；社会公德是社会成员应该具备的道德品质，是维护社会稳定、促进社会进步的重要力量。

德治是中华优秀传统文化的重要内容。德治作为社会主流统治的理想状态，在中华优秀传统文化中得到了长期的奉行。孔子言"己所不欲，勿施于人"，孟子提出"老吾老以及人之老，幼吾幼以及人之幼"，吕坤宣称"肯替别人想是天下第一等学问"。这些思想将心比心、推己及人、与人为善、设身处地为他人着想，是中华优秀传统文化中厚德载物精神的最好写照。在国家中，厚德载物的伦理精神表现为国家精神、民族精神等。国家精神是国家的核心价值观，是民族的精神支柱，是推动国家发展、维护国家利益的重要力量。民族精神是民族的精神内核，是民族文化的灵魂，是激发民族自豪感、凝聚民族力量的重要纽带。

四、兼容并蓄的和合精神

中华民族的壮大不仅来自内部族群的和谐发展，更来自不同民族的融合优化，"民族大义"与"国家意识"的概念交叉汇合、更新互补，成为中华各民族共同的精神信念与行为范式。"海纳百川，有容乃大"是中华优秀传统文化的精神内核，这一观念充分体现了我国文化包容与融合的特质。汉民族内部的文化多样性，如巴蜀文化、楚文化、吴越文化等，都在这一观念的指导下得以融合与创新；而域外文化的引入与改造，如印度的佛教文化，以及西方的自然科学知识等，都使中华文明得以拓宽"视野"，丰富内涵。"和合包容"是中华传统文化的独特内核，这一观念对中华文化的形成、发展具有极大的促进作用。它不仅是中华文明传承几千年而不衰、一脉相承而不断的根本依据，更是解决当前中国和世界面临的种种问题的有力依据。

和合精神强调的是各个个体、各个民族、各个文化之间的和谐共生，追求的是人类社会的和平与繁荣。在古代社会，这种精神主要体现在封建统治阶级的治国理念中，他们提倡"民为邦本""君民共治"，强调统治者和被统治者之间的和谐关系；在现代社会，这种精神得到了进一步的传承和发展，如我国提出的"和平发展""和谐社会"等理念，都充分体现了和合精神的实质。

在当前全球化的大背景下，中华文明的"和合"观念对于解决国际文化冲突，促进各国文化的交流与融合具有重要的参考价值。在全球经济一体化的进程中，各国文化之间的交流与碰撞日益频繁，如何保持自身文化的独特性，同时能吸收借鉴其他文化的优秀成分，是我们面临的一个重大课题。

此外，"和合包容"观念对于解决我国内部的文化问题，如地域文化差异、民族文化冲突等，也具有重要的指导意义。我国是一个统一的多民族国家，各民族文化之间存在一定的差异，如何在这些差异中找到共同点，实现文化的和谐发展，是我们需要深入思考的问题。

中国历史上有过两次少数民族入主中原——蒙古族和满族，但并不意味着中华传统文化的中断。相反，经过数百年的消融同化，蒙古族文化和满族文化就像江河流入大海，早已融入汉文化当中，成为中华文明的一部分。中华文化的"和合精神"是独特的，其深厚底蕴就是多元文化的统一，具有强大的同化力和融合力。世界上其他三个古老文明被其他民族入侵后几乎毁灭了，只有中华文明延续至今，并不断向前发展。

五、自强不息的进取精神

《周易》乾卦中的"天行健，君子以自强不息"一句，揭示了中华民族的核心精神。它意味着大自然永恒不息地运行着，其刚健强劲的特性象征着人类也应如此，积极向上，永不停息，追求自我提升，避免惰性侵蚀。这种自强不息、刚健有为的思想，集中体现了中华民族奋发向上、朝气蓬勃的生命力，反映了中华民族百折不挠的开拓与进取精神。

自强不息的进取精神，既是对个人命运的坚韧抗争，也是对国家民族未来的执着追求。这种精神内涵丰富，影响深远，是我们每一个人都应该传承和发扬的宝贵财富。

自强不息的进取精神体现在对个人命运的抗争上。自古以来，我国历史上有许多英勇顽强、自强不息的人物。他们在逆境中不屈不挠，奋发向前，用自己的实际行动诠释了自强不息的进取精神。例如，岳飞、文天祥、郑成功等，他们面对强敌入侵，始终坚守民族大义，英勇抗争，最终以身殉国，成为中华民族的英雄。正是这种自强不息的精神，使中华民族虽历经磨难，但始终屹立不倒。

自强不息的进取精神体现在对国家民族未来的执着追求上。自古以来，许多先贤志士，他们以国家民族利益为重，为了国家的繁荣富强孜孜以求。例如，诸葛亮、范仲淹、王阳明等，他们不仅关注国家政治经济，还关心文化教育，致力培养一代又一代的人才，为国家的未来发展奠定基础。这种对国家民族未来的执着追求，正是自强不息的进取精神在国家层面上的具体体现。

自强不息的进取精神还表现在对自身能力的不断追求和提升上。我国古代的许多文人志士，他们以"学无止境"为座右铭，始终保持着对知识的渴求和对自我提升的执着。例如，孔子、孟子、颜渊等，他们不仅博学多才，还注重修身养性，不断追求道德品质的完善。这种对自身能力的不断追求和提升，正是自强不息的进取精神在个人层面上的具体表现。

在当前全球化的背景下，我们应借鉴和学习世界各国优秀文化，同时，也要坚守和传承我国的优秀传统文化。在这个过程中，自强不息的进取精神是我们每一个人都应该继承和发扬的。通过学习和实践，我们可以更好地理解和把握自强不息的进取精神，将其融入我们的日常生活和工作中，为实现国家富强、民族振兴、人民幸福的伟大事业贡献我们的智慧和力量。孔子作为积极有为并身体力行的思想家，极力倡导自强不息、刚健有为的精神。他反对"饱食终日，无所用心"，主张"学而不厌""发愤忘食"。这与孟子提出的观点："天将降大任于是人也，必先苦其心志，劳其筋骨，饿其体肤，空乏其身，行拂乱其所为"相呼应。这些观点都强调了中华民族自强不息、刚健有为的精神品质。

中华文明的形成，既包括宏大丰厚的物质文明，也包括丰富多彩的精神文明。这些文明都是通过不断进取、奋斗，历经积淀而形成的宝贵结晶。进取奋斗是中华文明兴盛之源。几千年来，中华民族以坚韧不拔的精神，不断开拓创新，建设美好家园。从开垦广袤良田，治理江河湖海，到增进民生福祉，都展现了中华文明的繁荣与活力。

这些努力形成了一幅幅多姿多彩、意象万千、欣欣向荣的生产生活画面，推动了中华文明的绵延旺盛，引领我们走向未来。这种自强不息、刚健有为的精神品质，不仅是中华民族的核心精神，也是我们继续前进的动力源泉。

在新时代，我们更要弘扬这种精神，坚定信念，勇往直前，为中华民族的繁荣昌盛而努力奋斗。我们要以科学的态度，继承和发扬中华优秀传统文化，让这种精神品质在新的历史条件下焕发出更加璀璨的光芒。

在中华文明的瑰宝中，我们不仅要珍视那些物质文明，更要重视那些精神文明。我们要以自强不息、刚健有为的精神品质，去创造更加美好的未来。只有这样，我们才能在新时代中，继续推动中华文明的繁荣发展，让我们的民族永远屹立于世界民族之林。

六、继往开来的创新精神

中华优秀传统文化的精神内涵，是中华民族的精神瑰宝，对于指导我国社会的发展具有深远的影响。其中，继往开来、勇于创新是中华民族最宝贵的精神财富，最丰沛的精神力量。这种精神力量，既体现在中华民族几千年的历史长河中，也体现在现代社会的发展过程中。

自古以来，中华民族就是一个崇尚创新、创造的民族。这种精神力量，体现在我们的文化传统中，体现在我们的制度创设中，更体现在我们的思想争鸣和文化繁荣中。我们的文明成果，如汉字、中医、儒学、道学等；我们的制度创设，如科举制度、郡县制、三省六部制等；我们的思想争鸣，如诸子百家、儒道争鸣等；我们的文化繁荣，如诗词、绘画、音乐、戏曲等，都是中华民族创新、创造精神的生动体现。

创新求变、开放改革，从来都是中华文化的精髓。正如《周易》所说："穷则变，变则通，通则久。"《周易》的"易"就是改变的意思，就是中华文化的创新精神。《周易》告诉我们，只有不断地改变，才能使事物发展，才能使事物长久。这种创新精神，在中华民族的历史长河中，一直起着重要的作用。

长久以来，我们的创新精神得到了充分的体现。如汉唐盛世，是当时最开放的朝代。汉代通西域，带来了中亚和西亚文明，丝绸之路，形成双向交融的文化格局，中华文化既得向外进行广泛传播，也得从外面得到启示和丰富。明代郑和下西洋，成为中华文明对外开放、创新求变的壮举。这些都是中华民族创新、精神的体现。

在当代社会，中华民族依然需要以更加强大的创新精神，去开创新生活、创造新奇迹。面对"一带一路"倡议和构建人类命运共同体的宏大愿景，我们要久久为功、孜孜不懈，推进理论创新、制度创新、科技创新、文化创新等，让创新贯穿一切工作，成为新时代中华民族改革发展的亮丽底色。

第二章 中华优秀传统文化传承与发展的现状与挑战

中华优秀传统文化的生成和发展是一个具有悠久历史的过程，它记录着中华民族的历史，塑造着中华民族的性格和精神，体现着中华民族的世界观、历史观和人生观，凝聚着中国人民的共同理想，是中华民族五千多年文明历史发展的强大精神动力。传统文化对于保存中华民族特性，维持中华民族生生不息、社会稳定团结、文明延续和发展起着不可或缺的作用。

第一节 中华优秀传统文化在国内外的发展概况

一、中华优秀传统文化的创造性转化和创新性发展

20 世纪 80 年代，改革开放后的中国兴起了一股"文化热"，中西文化再一次发生碰撞，"现代化"的概念流行，西方的自然科学方法如信息论、控制论、系统论也开始被中国知识分子引入人文社会科学研究领域，可以说，20 世纪 80 年代这股"文化热"主要表现为"西学热"，而追寻中华文化根脉、守护传统文化的思潮也在兴起。例如，由中国著名哲学史学家冯友兰先生与北京大学哲学系张岱年、朱伯昆和汤一介等对传统文化有深入研究的学者共同发起成立了中国文化书院，他们以同情的、肯定的态度研究、传承传统文化，即使在进行中西文化比较研究的过程中，他们也总是试图遵循中国文化自身的逻辑，而不再简单地采用西方话语体系。在这一时期，海外新儒家学说也被逐步介绍到中国。随

着传统文化的热度不断上升，20 世纪 90 年代初，"国学热"兴起，又经过近二十年的发展，进入新时代之后，中华优秀传统文化被正式提升到实现中华民族伟大复兴的战略高度，全社会对中华传统文化的认识全面深化。如何处理好继承与创新的关系，使中华优秀传统文化成为实现中华民族伟大复兴的精神力量，如何推动中华优秀传统文化实现创造性转化和创新性发展成为新时代中国文化发展的重要议题。

（一）中华传统文化的复兴（1992—2012 年）

从 1992 年到 2012 年，中华传统文化的复兴以"国学热"的形式呈现出来。"国学"实际上是一个为人熟知但又有歧义的概念。这个词在近代才开始使用，因使用者对中国固有之学术文化的态度不同，对这个词汇的理解也就不同。当时，有学者将国学与中华学术前途和民族命运联系在一起，认为应该弘扬；也有学者将国学与尊孔复古、封建糟粕联系在一起，因而主张摒弃。至于"国学"具体包含哪些内容更是众说纷纭。而 20 世纪 90 年代初我国兴起的"国学热"也即本节要论述的重点，尽管用到的仍然是"国学"一词，但是其意蕴与近代史上的"国学"并无关联，20 世纪 90 年代初兴起的"国学热"中的"国学"，政府、学界以及社会有识之士所倡导的"国学"，其初衷是复兴传统文化中能够激励中华民族前进的优秀内容。从这一意义上来讲，与近十年我国所倡导的"中华优秀传统文化"的内涵基本一致。

1. "国学热"兴起

从 1992 年到 2012 年党的十八大召开之前，传统文化升温的现象主要可以归为以下几类：

其一，大学纷纷成立与传统文化相关的教学科研机构。例如，自 1992 年北京大学成立中国传统文化研究中心（1993 年改为国学研究院）之后，中国人民大学在 2005 年 5 月成立了国学院，并逐步建立了完整的学生培养体系，招收本科生、硕士生和博士生；湖南大学在 2005 年 7 月成立了岳麓书院国学研究基地；首都师范大学在 2007 年成立了国学传播中心；上海财经大学在 2009 年 3 月成立了国学研究所；华中科技大学在 2009 年 4 月成立了国学研究院；清华大学在 2009 年 11 月成立了国学院，等等。大学生学习传统文化的热情随之高涨，许多和传统文化有关的学生社团在各大学也陆续成立。

其二，民间办学机构推崇传统文化。随着传统文化的复苏，中国古典文献受到重视，社会上出现了一股"读经"热潮，尤以民间办学机构最为活跃。他们多以周末兴趣班的形式招生，其名字多冠以"国学班""经典班""经典学堂"等，教育目标以训练儿童的记忆力、专注力，培养儿童儒雅风度，以及尊师爱亲的美好品德为主，受到家长和学生的追捧。除了周末开设的读经班外，这一时期还出现了不少全日制国学教育机构，被人们称为现代"私塾"，这些私塾在教材选择和学习方式上基本延续了中国古代传统私塾的做法，教学过程也刻意追求古典情调，如塾师穿儒士长衫、室内悬挂孔子画像等。这些全日制"私塾"因为与义务教育相抵触，后来受到了限制。

其三，传统节日回归百姓生活。从2004年开始，便有人大代表提出将部分中国传统节日纳入国家法定节假日的建议，建议案的主体在2007年底被国务院采纳，2008年，我国政府正式将清明节、端午节、中秋节设为国家法定假日。这不仅是休假安排的调整，更意味着传统节日所负载的中国传统价值观念得到了全社会的认可，以休假的方式落实到百姓的生活中，实际上发挥了在中国民众中普及、推广、强化传统价值理念的作用。

其四，各类纪念中国历史文化名人的庆典纷纷举办。以"祭孔"为例，2005年9月28日，以曲阜孔庙为中心，全球十多个城市的孔庙所在地联合祭孔，首次实现了"世界文庙同祭孔"的盛典，中央电视台新闻频道为此做了专题直播。从2008年开始，山东曲阜恢复春季祭孔，这是中华人民共和国成立后首次恢复传统的春祭。祭孔活动由民间组织走向政府主导，规模不断扩大，引起社会各界人士的普遍关注。

其五，媒体聚集传统文化。报纸、杂志、电台、电视台纷纷开办"国学""儒学"等相关的专栏，邀请专家、学者等来讲述国学意蕴、古典名著、历史趣闻等。例如，这一时期《光明日报》推出的"国学版"、中央电视台开设的《百家讲坛》等都引起过很大反响。除传统媒体之外，新媒体也迅速跟进，当时的大型门户网站、搜索引擎、博客、手机短信等也纷纷加入传播传统文化的行列。

其六，传统文化主题开放活动受到大众热捧。人民群众在那一时期对传统文化的热情从以下两个公开报道的事例即可可见一斑。事例一：

2006年初，为了满足广大市民学习传统文化的需求，长春市图书馆与吉林省孔子学会、长春文庙等单位联合推出了"城市热读"国学大讲堂系列讲座，吸引了吉林省内外的大批听众，为了不局限于长春文庙及图书馆等课堂，"国学大讲堂"还办到了长春市多所中小学校、部队、社区等，反响热烈，用活动主办方的话来讲就是"效果超出预期，需求超出想象"。事例二：在图书市场上，国学类书籍经常被立于畅销书之列，据《齐鲁晚报》报道，国学经典在2009年8月的山东省潍坊市图书文化节上成为最受欢迎的图书种类，参展国学书籍达到120多种，一些合订本的"四书五经""唐诗宋词""易经批注"等，早上刚开门不到1小时就卖出了二三十套。当然，热潮中也有乱象，当时颇被人诟病的主要有三点。其一，抱着娱乐心态对待传统文化，有些人借着国学热潮出风头，作秀、恶搞，试图用传统文化做"遮羞布"，来达到吸引眼球、迎合低级趣味的低劣目的。其二，以功利态度利用传统文化，将传统文化作为牟利的工具。例如，有些人哗众取宠、不扎扎实实地挖掘传统文化培养优秀道德、提高精神修养、净化社会风气的正面价值，却曲解文本，企图在传统思想中挖掘所谓的升官发财之道或所谓的封建糟粕，以满足部分人的需求，进而牟利；有些人打着研究《周易》的旗号算命、卜卦、看风水，实则宣扬封建迷信；有些人利用群众对传统文化的热情，举办一些低劣的国学班、出版一些错漏百出的国学读物，尤其在青少年教育方面，一些打着传统文化旗号的教育机构高额收费、教学内容芜杂，甚至采用不恰当的教育手段造成恶果的事件也屡见不鲜。其三，在学术研究领域，有些学者过分拔高儒学的现代价值，非理性地认为儒学以及传统文化可以解决现代中国社会中的一切问题，存在文化心态偏狭等问题。

对上述以"国学热"的形式表现出的传统文化复兴的诸多现象，当即引发了全社会的广泛讨论。抛却报纸、网络上不计其数的杂文、短评不谈，单就学术研究来看，仅据中国知网期刊数据库统计，从1995年到2012年，直接以"国学热"或"儒学热"作篇名的学术论文有近300篇，在其他相关主题的学术论文中涉及这一话题的更是丰富。从这一角度也可以看出传统文化在这一时期的热度。

2. 中华传统文化复兴的原因

从 1992 年到 2012 年，传统文化的复兴以"国学热"的形式呈现出来，全社会给予了传统文化较多的肯定评价，并将其提高到中华文化长远发展、重建中华民族共有精神家园、振奋民族精神的高度。这一时期，"持续升温的'国学热'，具有民间发动、学院响应、媒体助阵、官方谨慎认可并力图用社会主义核心价值体系积极引导的特点"。在"国学"诸种组成要素中，"儒学"受到的关注度最高。这一时期以儒学为主体的传统文化之所以会受到人们的重视，既与传统文化的自身特质有关，也与中国社会的变革与发展有关，是内因和外因综合作用的结果，是历史的必然。

从内因来看，传统文化的复兴要归功于传统文化本身包含着历久弥新的特质。以儒学为例，儒学作为我国传统文化的主干，自孔子以来已经走过了两千五百多年的发展历程。它上承夏商周文明之精华，下开两千年中国思想之正统，具有历经千年而不衰的特点。它积淀了中华民族几千年来的历史经验和优良传统，包含着中华民族对社会人生的深刻认识，是中华民族的文化创造和智慧结晶，是一种具有社会行为规范作用和道德感召力的文化力量。

在新时代背景下，儒学中的那些契合现代社会的思想智慧有可能重新绽放出光芒。例如，儒学强调的"仁、义、礼、智、信"等价值观，对于构建和谐社会，维护社会秩序，提升人们的精神境界具有重要的指导意义。特别是"仁"的观念，强调人与人之间的和谐相处，提倡仁爱之心，这对于解决当前社会人际关系紧张，提高人们的社会责任感具有积极的推动作用。此外，儒学还强调"天人合一"的理念，认为人与自然应该和谐共处。这与现代生态伦理学的观点相契合，可以为我国生态文明建设提供理论依据。儒学还提倡"君子和而不同，小人同而不和"的观念，强调尊重差异，包容多样，这对于构建多元文化和谐共存的社会具有重要的指导作用。然而，要实现中华传统文化的复兴，还需要我们深入挖掘和理解儒学的内涵，摒弃其中的封建糟粕，取其精华。只有这样，儒学才能在现代社会焕发新的活力，为构建社会主义和谐社会，实现中华民族伟大复兴的中国梦提供有力的精神支撑。

从外因来说，以儒学为主体的传统文化的升温得益于中国社会发展的需要。具体来讲，主要与以下几个因素有关：

其一，文化身份认同的需要促使中国人重视以儒学为代表的中华传统文化。文化身份认同是指人们对自己的文化归属感和认同感。对于中国人来说，中华传统文化是他们的文化身份认同的重要组成部分。在中国人的心中，中华传统文化代表着中华民族的精神面貌和文化特征，是中华民族的身份标识。因此，对于中国人来说，中华传统文化的复兴，不仅是对传统文化的继承和发展，更是对自身文化身份认同的维护和强化。

中华传统文化复兴的原因，其中文化身份认同的需要促使中国人重视以儒学为代表的中华传统文化。儒学是中国传统文化的代表之一，具有深厚的文化底蕴和历史渊源。儒学强调人的道德修养和社会责任，提倡仁爱、诚信、谦虚、礼义等价值观念，这些价值观念不仅是中国传统文化的精髓，而且是中华民族精神的重要体现。在改革开放的时代背景下，中国的对外交往越来越频繁，走出国门的中国人越来越多。首先，从国家层面来看，改革开放以来我国的综合国力迅速提高，已经被公认迈入大国行列。但是"大国"不仅需要强大的经济、政治、军事实力，也需要强大的文化实力与之相匹配。中国必须建设有自身特色的先进文化，确认自己的文化身份，才能有能力和底气应对西方文化的挑战，才能在国际交往中与世界其他文明游刃有余地对话，也才能进一步地增强我国的国际影响力。其次，从个体层面来看，面对异域文化，中国人迫切需要找到自己的精神归属，才能更从容地进行对外交往。我国综合国力和世界影响力的提高，大大增强了中华民族的自信心，伴随民族自信心的提升，民族意识也进一步觉醒。中国人之所以是中国人，不仅因为有黄皮肤、黑眼睛，更重要的是因为有中国人的思维方式、中国人的价值取向和处世特点，这才是中华民族真正的基因。蕴含这种基因的载体就是以儒学为代表的中国传统思想文化。

在国际文化交流中，中国人的文化身份是什么，特色是什么？类似这样的问题，人们发现还是需要到儒学中、到传统文化中去寻找，以儒学为代表的传统文化是中国人走向世界的文化凭证。这是当时以儒学为代表的传统文化升温的一个重要原因。

其二，市场经济的负面影响，促使人们向以儒学为代表的传统思想文化寻找医治现实困境的药方。当市场经济的原则影响心灵领域和人际关系时，有可能给处于其中的人带来困惑、焦虑、紧张、压抑等不良情绪，进而影响整个社会的有效运转。例如，市场崇尚竞争，讲究效率，但如果"竞争"被过度地扩大到人际交往中，就有可能导致人际关系紧张，身心疲惫。再如，等价交换原则适合商品交换，但却不一定适合社会生活的其他领域，一个人在工作中、生活中、人际交往中的许多付出，受条件所限，往往得不到立竿见影的对等回报，这时如果总想着等价交换，就极有可能陷入心理失衡状态，对社会和人生感到灰心失望。

此外，如果过分注重经济利益而不加以节制，就有可能沦为拜金主义，凡事利字当头，带来的必然是人情的冷漠、公心的丧失和社会道德的滑坡。而儒学对和谐的重视、对人伦亲情的重视、对群体利益的重视以及重义轻利等价值理念恰好可以对市场经济的诸多原则起到理性导航的作用。中国人逐渐意识到传统文化中有"医治"现实困境的药方，古代哲人的谆谆教导具有平衡人的心理、和谐人际关系、安定社会秩序的功效，于是，以儒学为代表的传统文化受到重视也就成了顺理成章的事。

儒学强调和谐。在市场经济中，竞争和效率是重要的价值取向，但是过度的竞争和追求效率可能导致人际关系紧张，甚至引发社会冲突。儒学强调和谐，提倡人与人之间的和睦相处，强调在竞争中保持公正和公平，避免过度竞争导致的社会不公。

儒学重视人伦亲情。在市场经济中，人们追求个人利益的最大化，有时可能导致亲情、友情等人际关系疏远。儒学强调亲情、友情的重要性，提倡人们以家庭为重，以亲情为纽带，建立和谐的家庭关系。

儒学注重群体利益。在市场经济中，个体利益往往被放在首位，这可能导致对社会整体利益的忽视。儒学强调群体利益的重要性，提倡人们以社会为重，以集体利益为重，建立和谐的社会关系。

儒学倡导重义轻利。在市场经济中，人们往往过分追求经济利益，而忽视了道德和伦理。儒学倡导重义轻利，提倡人们在追求经济利益的同时，也要注重道德和伦理，保持良好的道德品质。

总体来说，儒学对市场经济的诸多原则起到了理性导航的作用。它强调和谐、重视人伦亲情、注重群体利益、倡导重义轻利等，这些价值理念可以帮助人们建立正确的世界观、人生观和价值观，引导人们在市场经济中保持理性和道德，实现个人价值与社会价值的和谐统一。因此，儒学在现代社会仍然具有重要的指导意义。

其三，以儒学为代表的传统文化所包含的诸多价值理念与中国共产党的执政方针相契合。以儒学为代表的传统文化，强调"仁爱""诚信""礼仪"等价值观念，这些价值观念与中国共产党所倡导的"以人为本""执政为民""廉洁奉公"等执政方针有紧密的联系。例如，"仁爱"是儒家思想的核心，强调人与人之间的和谐相处和关爱，这与中国共产党所倡导的"以人为本"的理念相契合。在这种情况下，可以说，中华优秀传统文化找到了发挥自身优势的平台。也正因为优秀传统文化与党的执政方针的深度契合，党和政府对传统文化的重视程度也就不断提高。例如，2006 年《国家"十一五"时期文化发展规划纲要》、2007年党的十七大报告等把传统文化的传承和保护放到了突出位置，明确提出要"加强中华优秀传统文化教育，运用现代科技手段开发利用民族文化丰厚资源"，官方主流媒体如《人民日报》、《光明日报》、中央电视台等加大了对传统思想文化的宣传力度，各地纪念历史文化名人的各类庆典也大多得到了政府的支持，中小学教科书中有关传统文化的内容也有增多的趋势。以儒学为代表的中华传统文化在当时能够得到大力传播，并在社会上产生广泛影响，这在很大程度上得益于党和政府的认可和扶持。

因此，中华传统文化中所包含的诸多价值理念与中国共产党的执政方针相契合，为传统文化的复兴提供了有力的支撑。在现代社会，需要进一步发掘和传承这些优秀的传统文化，将其与现代社会的实际情况相结合，推动传统文化的创新和发展。

在实践中，可以将传统文化中的价值理念与现代社会的实际相结合，推动传统文化的创新和发展。例如，在教育领域，可以将儒家思想中的"礼仪"与学校的管理制度相结合，制定出更加规范、有序的教育管理制度，提高教育质量。在企业管理中，可以将儒家思想中的"诚信"与企业的经营理念相结合，推动企业的可持续发展。

其四，学者、电视、网络等对传统文化的普及，拉近了民众与传统文化的距离，推动了传统文化深入人心。中华传统文化的复兴，既是一种历史的必然，也是一种时代的选择。在新的历史时期，传统文化复兴的原因有很多，其中学者、电视、网络等对传统文化的普及，无疑是推动传统文化深入人心的重要力量。

学者是传统文化复兴的重要推动者。他们通过学术研究，挖掘传统文化的内涵和价值，为传统文化的传承和发展提供了有力的理论支持。学者不仅关注传统文化的学术研究，还注重传统文化的实践应用，将传统文化融入现代生活，让传统文化在现代社会焕发新的活力。

电视是传统文化普及的重要载体。电视作为一种大众传媒，具有广泛的影响力和传播力。电视节目可以通过影像、声音、文字等多种形式，生动形象地展现传统文化的魅力，让广大观众可以更深入地了解和认识传统文化。同时，电视节目还可以通过访谈、讲座等形式，邀请专家、学者对传统文化进行深入解读，进一步推动传统文化的普及。

网络是传统文化普及的新平台。网络作为一种新兴的传媒形式，具有传播速度快、覆盖面广、互动性强等特点。网络平台可以为传统文化提供更加广阔的传播空间，让更多的人接触到传统文化。同时，网络平台还可以通过社交媒体、网络直播等形式，实现传统文化的实时传播和互动交流，进一步拉近民众与传统文化的距离。

总之，20世纪末21世纪初，中国把目光重新投向传统文化尤其是儒家思想，是对现实问题的批判和矫正，具有很强的现实针对性。通过"国学热"，中国人开始重视中华传统文化，认识到中国在走向现代化的道路上，不可能彻底背离自身的文化传统。在这股热潮的推动下，中华传统文化以新的面貌、带着新的历史使命重新进入中国的社会生活中。这股热潮以及从这股热潮中暴露出的问题，为中国人更加深入地理解中华传统文化，更加客观、理性地评估中华传统文化的现代价值，更好地处理中华传统文化与中国特色社会主义之间的关系奠定了基础。

（二）新时代对中华优秀传统文化的深化认识

2012年党的十八大之后，中国特色社会主义进入新时代，中国社会对中华传统文化的认同再上新台阶。"国学"的提法被弱化，取而代之的是性质更为确切、更具认同感、更富凝聚力的"中华优秀传统文化"。中华优秀传统文化凝聚着中华民族普遍认同和广泛接受的道德规范、思想品格和价值取向，作为中华传统文化的精华部分，从性质上来看，是指那些在中华民族发展历程中，经过实践检验和历史选择被积淀下来，在历史上发挥过积极作用，迄今仍然具有传承价值，能够提升新时代中华民族思想觉悟、道德水平、文明素养，能够助力中华民族更好地走向未来的文化。党的十八大之后，中华优秀传统文化被大力倡导。

党的十八大以来，习近平总书记多次强调要"讲好中国故事，传播好中国声音"。

2018 年 12 月，中共中央办公厅印发了《关于实施中华优秀传统文化传承发展工程的意见》，明确提出了"弘扬以爱国主义为核心的民族精神和以改革创新为核心的时代精神""弘扬以伟大建党精神为源头的中国共产党人精神谱系"等 12 项重点任务。

2019 年 9 月，中共中央办公厅、国务院办公厅印发了《关于实施中华优秀传统文化传承发展工程的意见》（以下简称《意见》）。《意见》提出："要推动中华优秀传统文化创造性转化、创新性发展，以时代精神激活中华优秀传统文化生命力""要充分挖掘和运用我国古代丰富的哲学思想、人文精神、道德规范等，结合新的时代条件和实践要求进行创造性转化、创新性发展""要推动社会主义核心价值观融入法治建设和社会治理，把社会主义核心价值观要求融入法治建设和社会治理"。

中国特色社会主义进入新时代之后，中华优秀传统文化迎来了近百年来最好的发展机遇。

二、中国特色社会主义文化是传统文化的当代形态

（一）中国特色社会主义道路是由中华民族的历史传统、文化积淀和特殊国情铸就的

中国是一个历史悠久、文化底蕴深厚的国家，其历史文化传统为中国特色社会主义道路的形成提供了重要的思想基础和理论支撑。中国特色社会主义强调以人民为中心，强调社会公平正义，这与中华民族传统文化中的"民为邦本""天人合一"等思想有密切的联系。同时，中国特色社会主义也注重发挥国家在经济发展中的主导作用，这与中华民族历史上"天下为公"的理念相吻合。

中国是一个拥有 14 亿多人口、幅员辽阔、经济文化发展不平衡的国家，其特殊国情为中国特色社会主义道路的形成提供了重要的实践基础和现实依据。中国特色社会主义强调发展的可持续性和全面发展，这与中国的特殊国情密切相关。中国经济发展迅速，但城乡、区域、贫富差距仍然较大，这就需要通过发展特色产业、促进区域协调发展、加大对贫困地区的扶持力度等手段，实现中国经济社会的全面发展。

中国特色社会主义道路的形成和发展，既符合中国国情和民族传统，又具有鲜明的时代特征和中国特色。

　　中华民族伟大复兴内在地包含着中华文化的复兴，然而这种复兴并非复古，而是对中华优秀传统文化进行现代转化和创新发展。党的十九大报告指出："中国特色社会主义文化，源自中华民族五千多年文明历史所孕育的中华优秀传统文化，熔铸于党领导人民在革命、建设、改革中创造的革命文化和社会主义先进文化，植根于中国特色社会主义伟大实践。"这就使中国特色社会主义文化与中华传统文化的关系问题成为当代的热点问题。探究中华优秀传统文化的现代转化和创新发展问题，实际上是要求从根本上解决"我是谁？从哪儿来？向哪儿去？"的文化主体性问题。从历史角度看，中华民族有着五千多年的文明历史，其中孕育了丰富的传统文化。这些传统文化，既包括古代的哲学、道德、文学、艺术等，也包括现代的科学、技术、教育、政治等。这些传统文化是中华民族的瑰宝，是中国特色社会主义文化的重要来源。然而，这些传统文化如何在现代社会得到继承和发展，是一个亟待解决的问题。在这个过程中，我们需要深入挖掘中华优秀传统文化的内涵，理解其现代价值，并将其与现代社会的发展相结合，以实现中华优秀传统文化的现代转化和创新发展。同时，我们还需要加强对革命文化和社会主义先进文化的学习和研究，以丰富和发展中国特色社会主义文化的内涵。

　　社会存在决定社会意识，这是历史唯物主义解释社会历史的一条基本理论。这一理论强调，我们在理解和处理"双创"（创新与创业）问题时，应站在我国当前的中国特色社会主义立场审视传统文化，而不是用传统文化去解读当下文化，更不能回归过去。

　　这一理论实质上关系着对"双创"问题的理解。我们应关注当下中国特色社会主义，而不是用传统文化去"裁剪"当下文化，更不是回归过去。中国共产党要完成新使命，必须以马克思主义为指导，坚持中国特色社会主义先进文化，同时保持中华民族的文化传统。这实质上也是强调，马克思主义要想中国化、大众化，必须与中华传统文化有机结合，才能落地生根并得到人民群众的心理认同。中国社会的最大特点，最能表现中国和中华民族特质的就是中华传统文化，中华传统文化是对中国社会存在最稳定的真实反映。所以，中华传统文化就是中国社会实际的有机组成部分，不理解中华传统文化，就无法全面把握中国社会的真实状况。

　　实际上，改革开放以来，中国社会发展目标和发展理念的表达，诸如全面建成小康社会、坚持以人民为中心、构建社会主义和谐社会，以及世界层面的和谐世界、人类命运共同体理念等，都体现着中华传统文化的"小康社会""君轻民贵""大同世界""和而不同"的传统精髓，闪耀着中华文明的光辉。

这一观点在许多学术文献中都有体现。例如，《马克思主义中国化研究》一书中指出："马克思主义中国化是马克思主义理论发展的必然要求，也是中华民族文化发展的历史使命。马克思主义中国化必须与中华优秀传统文化有机结合，才能实现真正的落地生根和深入人心。"《中国特色社会主义文化发展道路研究》一书中也明确指出："中国特色社会主义文化发展道路，是马克思主义中国化、民族化的具体体现，是中华民族文化复兴的必然选择。"

因此，我们要深入理解和把握这一理论，才能更好地理解和推动中国特色社会主义文化的发展。只有坚持以马克思主义为指导，同时保持中华民族的文化传统，我们才能真正实现新使命，才能推动中国特色社会主义文化走向更加繁荣、更加富强的康庄大道。

（二）中国特色社会主义文化是中华传统文化的当代发展和创新

中国特色社会主义文化，作为中国共产党领导下的一种新型文化形态，是在继承和发扬中华优秀传统文化的基础上，吸收借鉴世界各国的优秀文化成果，形成的一种具有中国特色、反映时代特征、适应人民群众需求的文化。这种文化形态既具有中国特色，又具有社会主义意识形态属性，是相较于经济、政治而言的全部精神活动及其物质产品中包含的精神因素的意识形态形式。

社会主义制度的建立使中国社会形态发生了根本性的变化，这是同中国长达两千多年的封建制度相较而言的。社会主义制度是社会形态的根本变革。中国共产党对于中华民族的首要的历史贡献就是使中国人民站起来了，实现了社会形态的革命性变革。完成这一革命行动的理论指导只能是作为革命理论的马克思主义，是马克思主义的革命理论照亮了处于危亡之际的中国，为中国共产党人找到了解决问题的世界观和方法论。

中国特色社会主义文化是中国共产党领导下的一种新型文化形态，是在继承和发扬中华优秀传统文化的基础上，吸收借鉴世界各国的优秀文化成果，形成的一种具有中国特色、反映时代特征、适应人民群众需求的文化。这种文化形态既具有中国特色，又具有社会主义意识形态属性，是相较于经济、政治而言的全部精神活动及其物质产品中包含的精神因素的意识形态形式。

（三）经济基础决定上层建筑

经济基础是社会发展的物质基础，是生产力和生产关系的总和。生产力是社会发展的基础，决定着生产关系的发展，进而决定着上层建筑的发展。生产关系是人们在生产过程中相互之间的社会关系，是经济基础的组成部分。生产关系的发展又影响着经济基础的发展，从而进一步影响上层建筑的发展。

在中国特色社会主义文化中，经济基础决定上层建筑的表现形式是多角度、多方面的。

在经济方面，中国特色社会主义文化强调发展生产力，推动经济增长。通过发展生产力，提高人民群众的生活水平，增强国家的经济实力，为上层建筑的发展提供坚实的基础。

在政治方面，中国特色社会主义文化强调政治体制改革，推进民主政治建设。政治体制改革是经济基础发展的必然要求，只有通过政治体制改革，才能更好地适应经济基础的发展，进而推动上层建筑的发展。

在文化方面，中国特色社会主义文化强调发展文化产业，推动文化繁荣。文化产业是现代经济的支柱产业之一，通过发展文化产业，可以为经济基础的发展提供新的动力，进而推动上层建筑的发展。

在经济基础决定上层建筑的基础上，中国特色社会主义文化强调社会主义核心价值观的引领。社会主义核心价值观是中国特色社会主义文化的灵魂，是推动中国特色社会主义文化发展的根本指导思想。通过弘扬社会主义核心价值观，可以引领中国特色社会主义文化的发展，进而推动上层建筑的发展。

三、中国式现代化新道路丰富优秀传统文化

中国式现代化新道路涵盖广泛，既吸收借鉴了中国革命和建设的有用经验，又能与时俱进创新性地发展；既内含经济、政治、文化、社会、生态领域，又将"人"性一以贯之。

（一）民本思想

民本思想是中国优秀传统文化的重要组成部分，它源于古代先民们的智慧，历经千年的沉淀和积累，已成为中国式现代化建设的重要指导思想。民本思想的核心是以人民为中心，强调人民是国家政治、经济、文化发展的根本力量，国家政治制度、政策制定和实施的根本目的是服务人民、造福人民。

民本思想体现了中国政府的人民立场。在中国共产党的领导下，中国政府一直坚持人民立场，把人民放在心中最高位置，始终代表最广大人民的根本利益。中国政府将人民的需求和利益放在首位，制定和实施各项政策，努力满足人民日益增长的美好生活需要。例如，中国政府大力推进基础设施建设，加大对教育、医疗、养老等民生领域的投入，不断改善人民生活水平。

民本思想强调政府的服务功能。在中国传统文化中，政府被认为是一个服务型政府，其职责是为人民服务，保障人民的利益。中国政府积极履行服务型政府的职责，努力为人民提供高效、便捷、优质的服务。例如，中国政府积极推进"互联网＋政务服务"，让人民群众可以足不出户办理各项事务，提高了政府服务的效率和便捷性。

民本思想还强调政府与民众的互动。在中国传统文化中，政府与民众之间的互动被视为一种民主和法治的体现。中国政府一直致力于推进民主和法治建设，加强与民众的互动和沟通，提高民众的政治参与度和获得感。例如，中国政府积极推进政务公开，让民众可以随时了解政府的工作情况和政策制定过程，增强了政府与民众之间的互动和信任。

（二）共富思想

共富思想，作为中国共产党领导下的一种社会主义发展理念，强调全体人民共享发展成果，实现共同富裕。这一思想源于我国优秀的传统文化，是社会主义核心价值观的重要组成部分。共富思想根植于我国古代的民本思想。儒家思想强调"民为邦本"，认为国家的根本在于民众，国家要繁荣富强，必须先富民。这一思想为我国共富思想的形成提供了理论基础。

共富思想汲取了道家思想的精华。道家主张"无为而治"，强调自然、和谐、平衡。共富思想倡导的是一种平衡发展、可持续发展的新模式，旨在实现人与自然的和谐共生，实现全体人民的共同富裕。共富思想与我国传统的"天下为公"理念相辅相成。这一理念强调天下是大家的，国家利益应该为全体人民共享。共富思想正是这一理念在新时代的体现，它强调的是全体人民共享发展成果，实现共同富裕。

自中华人民共和国成立以来，我国政府一直秉持共富思想，致力于实现共同富裕。从土地改革到改革开放，从社会主义市场经济体制的建立到全面建设社会主义现代化国家，我国政府始终秉持共富思想，推动全体人民共享发展成果。在实践中，共富思想得到了丰富和发展。

（三）和合思想

在中华文明的发展过程中，和合思想作为一种独特的智慧，源自古代中国的儒家、道家、佛家等多元文化思想体系，并逐渐演变为一种具有普遍意义的哲学观念。作为一种重要的文化精神，和合思想对于中华民族的道德观念、价值取向以及社会伦理具有深远的影响。

和合思想强调人与人之间的和谐相处。在古代中国，人们普遍认为宇宙万物都是相互联系、相互影响的，因此人与人也应当和谐共处。儒家认为，仁爱、礼义是维护社会和谐的基础，而道家主张无为而治，强调顺应自然，避免人为干预。佛教则认为，一切事物都是缘起而生，相互依存，只有达到内心的和谐，才能真正实现人与人之间的和谐。

和合思想强调人与自然之间的和谐共生。在中国古代，人们普遍认为天地万物都是相互依存、相互制约的，人类应当尊重自然，与自然和谐共生。儒家认为，人与自然应当和谐共处，人类应当遵循天地之道，敬畏自然。道家则主张人与自然和谐共生。佛教则认为，人类应当从内心去认识自然，达到内心的和谐，从而实现人与自然的和谐共生。

和合思想强调社会内部的和谐。在中国古代，人们普遍认为社会应当是一个和谐共处的大家庭，各种社会关系应当相互协调，相互促进。儒家认为，社会应当是一个和谐共处的大家庭，君臣、父子、夫妻等各种社会关系应当相互协调，相互促进。道家则主张无为而治，强调社会应当和谐共处，各种社会关系应当相互协调，相互促进。佛教则认为，社会应当是一个和谐共处的大家庭，各种社会关系应当相互协调，相互促进。

和合思想强调个人内心的和谐。在中国古代，人们普遍认为，个人的内心和谐是实现人与人、人与自然、社会内部和谐的基础。例如，儒家认为，个人的内心和谐应当以仁爱、礼义为基础，从而实现人与人之间的和谐。

以和为贵不应仅单纯地倡导"和合"观念，更应辅以与之相配的制度。和合思想既体现了在中华传统文化熏陶下国人相互尊重、包容互补的民族个性，又体现了我们能够推己及人、兼济天下的平等理念。在新时代背景下，我们要继续弘扬和合思想，以实现人类命运共同体的构建，为全球和平与发展作出更大的贡献。

（四）公平正义

在全面审视我国现代化建设的过程中，中国式现代化新道路彰显了公平正义的特质。然而，提及中国社会，我们往往联想到"熟人社会"这一特定现象。许多中外学者认为我国是一个熟人社会、世俗社会，缺乏法治观念，这种观点并不准确。在马克思的《关于费尔巴哈的提纲》中，他阐述过一个著名命题："人的本质是一切社会关系的总和。"这一观点揭示了中国社会群居性的特点，这一特点与我国历史文化紧密相连。

自"家天下"的王权国家出现，血缘、亲缘、地缘便成为衡量人与人关系的重要标准。因此，我国民众历来高度重视祖先崇拜，这种观念至今仍然深入人心。传统文化对我们中国式现代化新道路的影响是双向的。一方面，传统文化为我们民族提供了归属感和荣誉感，使全体中华儿女团结一心、共筑未来；另一方面，它也导致了西方社会对我们的误解，认为我们重视礼仪而忽视法制，这其实并非事实。

管子提倡法治，强调立法的重要性，更强调法治的实施。在《管子·法法》中，他详细阐述了如何运用法律手段执行国家的法令制度，主要有两点：一是"赏罚分明"，即在执行法令过程中，必须信守承诺、坚决执行，对邪恶行为进行严厉惩处，对善行进行褒奖；二是"法令至上"，即无上的法令一旦制定，便不可随意更改，即使是君主也不能破坏。这样，法令便具有了无上的权威，成为全民的行为规范，从而最大限度地维护公平正义。

由此可见，通过深入挖掘传统文化中的法治元素，我们可以将其与现代法治理念相结合，为中国式现代化新道路的发展提供有力的支撑。

公平正义是社会主义核心价值观的核心内容之一，体现了社会主义制度的基本特征。公平正义是社会发展的基本要求，也是人民群众的共同心声。在中国特色社会主义事业中，公平正义始终占据着重要地位。

中国式现代化新道路丰富着优秀传统文化，将公平正义的理念融入国家治理和社会发展的各个方面。例如，在经济发展领域，中国坚持共同富裕的目标，努力实现全体人民共同富裕。通过完善社会保障制度，加大对贫困地区和贫困人口的扶持力度，促进区域协调发展，使全体人民共享发展成果。在教育领域，中国致力于实现教育公平，努力使每个孩子都能接受良好的教育。通过加大对农村和贫困地区教育的投入，推进教育改革，提高教育质量，促进教育公平。在医疗领域，中国坚持为人民健康服务，努力实现全民健康。通过完善医疗保障制度，加大对基层医疗卫生事业的投入，推进医疗改革，提高医疗服务质量，使全体人民享有基本的医疗保障。在司法领域，中国坚持公正司法，努力实现司法公正。通过完善司法体制，加强司法队伍建设，提高司法公正性，维护社会公平正义。在环境保护领域，中国坚持绿色发展，努力实现人与自然和谐共生。通过完善环境保护法律法规，加大环境保护力度，推动生态文明建设，实现可持续发展，使全体人民共享绿色发展成果。

在实现民族复兴的伟大征程中，我们应继续弘扬传统文化，同时借鉴国际先进法治理念，努力构建一个公平正义、以法治国的美好未来。

（五）创新思维

我国现代化发展的新道路，在新时代中更加凸显出其独特的"新"特性。这里的"新"，不仅是名词的内涵呈现，更是动词的实践路径，意味着我国现代化发展的新道路需要在各方面进行创新，这也是其不断发展的根本动力。

在新时代，我们要不断深化对中国传统文化的理解，将优秀传统文化与现代社会相结合，以创新思维推动中国式现代化进程。

创新思维是推动社会进步的重要力量。在传统文化中，我们可以找到许多具有哲理性的思想。例如，《道德经》中的"道法自然"，提倡人与自然和谐共处，强调顺应自然规律，这与现代生态文明理念不谋而合。又如《庄子》中的"无为而治"，强调政府要少干预、尊重自然规律，这与现代市场经济理念相吻合。这些传统文化中的哲学思想，为我们提供了宝贵的经验，有助于推动社会进步。

创新思维是实现中国式现代化的重要途径。中国式现代化，既继承了传统文化的优秀成分，又注重吸收世界各国的先进文明成果。我们要在创新中传承，在传承中创新，将中国优秀传统文化与现代化建设相结合，形成具有中国特色的现代化道路。例如，在科技创新方面，我们可以借鉴古代科技发明家的智慧，结合现代科技手段，推动科技创新，为现代化建设提供强大动力。

创新思维是推动全球文明交流互鉴的关键。在全球化的背景下，文化交流日益密切，创新思维成为各国共同发展的关键。我们要以开放的心态对待传统文化，以包容的姿态借鉴世界各国文明成果，推动全球文明交流互鉴，实现共同繁荣。例如，我们可以借鉴西方文明的法治理念，结合我国的实际情况，构建中国特色社会主义法治体系，为现代化建设提供有力保障。

创新思维是应对当前挑战的有效手段。当前，世界正经历百年未有之大变局，我国发展也面临许多困难和挑战。我们要在创新思维的指导下，积极应对挑战，推动我国经济社会发展。例如，在经济发展方面，我们可以借鉴"一带一路"倡议的成功经验，结合我国实际，推动国内外市场深度融合，实现高质量发展。

四、中华优秀传统文化在国外的发展概况

中华优秀传统文化是中华民族的"根"与"魂"，是中华民族最深沉的精神追求，也是中国特色社会主义根植的文化沃土。中国改革开放以来，中华优秀传统文化在国外的发展历程主要分为四个阶段。

（一）启蒙期（20世纪70年代末至80年代中期）

改革开放之初，中国政府就十分重视与西方国家的外交关系。这一时期，中国政府在对外交往中充分考虑到了双方在政治、经济、文化等方面的相互需要，根据各自的优势与特点开展双边和多边国际合作。在外交关系中，中国坚持独立自主的外交政策，反对霸权主义和强权政治，以维护世界和平与发展为宗旨。

（二）融入期（20世纪80年代中期至90年代中后期）

改革开放后，中国开始全面融入经济全球化的进程，在世界范围内积极拓展对外贸易和国际交往。

一方面，中国引进西方先进技术、设备、人才等资源，促进了中国经济的发展；另一方面，中国在引进西方先进技术和人才的同时，也引进了西方先进的管理制度、思想观念等文化成果，促进了中国社会的快速发展。在这个过程中，西方发达国家的价值观念、生活方式等文化成果也逐渐融入中国社会。

在20世纪80年代中期至90年代中后期，随着改革开放的深入发展，中华优秀传统文化开始被越来越多地吸收、借鉴和传播。这一时期主要是将西方先进文化成果与中国传统文化相结合，向世界展示中华优秀传统文化的独特魅力和时代价值。例如，在这一时期，美国就多次举办过《孔子》纪录片展映活动；英国举办过"中国文化周"等。并且随着中国经济实力的不断增强，国际社会对中国的认识逐步深化。

（三）影响期（20世纪90年代中后期至21世纪初期）

这一阶段，中国与其他国家在经济上的交流与合作日益频繁，中国对国外的经济影响越来越大。随着中国与世界各国的交往日益增多，中国文化开始"走出去"。这一阶段，"孔子学院"在世界各国纷纷设立，孔子学院成为世界了解中国的重要窗口。截至2019年，中国已在162个国家（地区）建立550所孔子学院和1172个中小学孔子课堂。此外，中国传统文化的输出还体现在教育方面。1992年，北京外国语大学成立了首家孔子学院——法国巴黎"中法语言文化中心"。2015年教育部首次公布了中国海外办学机构和项目名单，包括25个国家和地区的75所高校。

（四）创新期（21世纪初期至今）

21世纪初期，随着中国国力的增强和国际影响力的提高，中华文化逐渐成为世界范围内的一种"时尚"。特别是在经济全球化背景下，中国的发展速度与发展质量引起了世界各国的关注，中华文化也逐渐走出国门，进入世界各国。

新加坡举办"中国文化展""孔子学院文化节"等活动，积极推进中华优秀传统文化在新加坡的传播。2012年后，随着中国国力的增强和国际地位的提高，中华优秀传统文化在海外传播越来越广泛。特别是2015年《"一带一路"建设愿景与行动》发布之后，越来越多的国家和地区通过多种形式参与到中华优秀传统文化建设中。据统计，目前已经有 50 多个国家和地区将中华优秀传统文化作为其重要的精神支撑。

（五）未来展望

一是要坚持社会主义核心价值观引领，提高文化传播的针对性。当前，中华优秀传统文化在国外发展中还存在内容空洞、方式单一、手段老套等问题，如何将中国特色社会主义核心价值观融入其中，提高中华优秀传统文化在国外传播的针对性是需要解决的问题。

二是要加快中华优秀传统文化海外传播体系建设，提升中华优秀传统文化国际话语权。中华优秀传统文化在国外的发展过程中，要通过重视发挥政府主导作用、借助国际组织力量、开展国际交流合作等方式，实现中华优秀传统文化海外传播体系建设。

三是要积极构建海外传播矩阵，扩大中华优秀传统文化国际影响力。通过海外多语种传播、海外机构和人员推广等方式，进一步提升中华优秀传统文化在国外的影响力。同时，在海外建立更多的平台和渠道，使更多国家了解中国的发展历程和发展成果。

第二节　中华优秀传统文化传承与发展面临的机遇

一、新时代中华优秀传统文化传承与创新面临的机遇

当今世界不可阻挡的发展趋势是多极化和全球化。在全球化这柄"双刃剑"面前，各国各民族的文化都要承受狂风暴雨般的洗礼，在排斥与接纳、保守与融入、消解与重塑中做出抉择。中华优秀传统文化的继承与发展虽然也面临巨大的压力和挑战，但它开放包容、兼容并蓄、自我进化的文化自信性格特征决定了它完全有能力在继承自己优秀文化基因的基础上，衍生出一种有别于当今西方国家文化体系的东方文化体系。这种文化体系的建立将给未来的人类带来新的选择和更加和谐、舒适、平衡的感受。互联网时代给中华优秀传统文化复兴带来的不仅是挑战，更多的是机遇。

（一）强大国力为中华优秀传统文化复兴奠定了物质基础

随着我国经济的快速发展和国际地位的日益提高，中华优秀传统文化得到了越来越多人的重视和传承。强大国力为中华优秀传统文化复兴奠定了物质基础。一方面，经济的繁荣为中华优秀传统文化的复兴提供了必要的物质支持。经济的快速发展提高了人民生活水平，同时，也提高了人们对于文化的需求。中华优秀传统文化作为我们国家的文化遗产，具有很高的文化价值和历史价值，它的复兴不仅能够满足人们对于文化的精神需求，还能够促进文化产业的发展，提高国家软实力。另一方面，国际地位的提高也为中华优秀传统文化的复兴提供了良好的外部环境。随着我国在国际事务中的影响力越来越大，中华优秀传统文化逐渐被世界各国认可和尊重。这种认可和尊重，不仅有利于中华优秀传统文化的传播和交流，还能够为中华优秀传统文化的复兴提供更多的机遇和挑战。

在中国共产党的坚强领导下，经过 70 余年的艰辛奋斗、砥砺前行，中华民族已经跨越了从站起来到富起来的历程，正向强起来的方向大步迈进，取得了令世人瞩目的成就。可以说，中国的崛起与复兴，将是 21 世纪最引人注目的世界巨变之一。国家富裕了，综合国力提升了，中国人的民族自信心增强了。但无论对个人还是对一个民族，最长远、最深刻的自信不是来自经济的强盛或军事的强大，而是来自文化的自信。只有自信地、永远地传承自己的优秀传统文化，中华民族才有可能以独特的面貌始终屹立于世界民族之林，在互联网时代尤其如此。

然而，若中华民族的崛起与复兴仅仅停留在经济层面上，将注定经不住历史的冲刷和时间的磨砺，因为复兴是全方位的，最终还是离不开文化的发展。文化影响力的大小与国势强弱有密切关系。纵观世界历史，不论是古代四大文明的出现，还是近现代欧美文化的流行，文化的广泛传播与备受关注，无不与所属国的强大国力有关。无疑，我国日渐增强的综合国力和由此带来的世界影响力，为中华优秀传统文化的复兴奠定了物质基础。

中华民族的文化自信，源于对自身优秀传统文化的深入理解和传承。只有深入理解和传承，我们才能更好地发挥文化的力量，推动国家的繁荣发展。中华优秀传统文化是中华民族的精神瑰宝，是我们民族自信的源泉。我们要以更高的文化自觉和历史责任感，保护和传承好这一宝贵的文化遗产，使之在新时代焕发新的生机和活力。

在全球化的背景下，中华优秀传统文化面临着挑战与机遇。我们要把握机遇，积极参与国际文化交流，让更多的人了解和欣赏中华优秀传统文化。同时，我们也要认识到，中华优秀传统文化的发展和传承，需要我们每个人的共同努力。我们要将中华优秀传统文化的精神内核融入我们的生活，使之成为我们行为的准则和信仰的力量。

（二）新时代人们对中华文化复兴的社会责任感显著增强

新时代是我国经济快速发展的时期，也是民族文化交融、碰撞和冲突的时期。经济上的融合和生活方式上的趋同，使各种民族文化在交流中产生博弈、碰撞和冲突。这种现象不仅带来了文化认同危机，也使中华优秀传统文化面临前所未有的挑战。互联网的普及，使各种外来文化不断涌入我国，外来文化不仅冲击着我国人民的思维方式、生活方式和待人接物的方式，更重要的是冲击着我国人民的文化信仰。

这种冲击虽然一度使一些人在纷繁的文化万花筒中迷失方向，但最终唤醒了人们对中华优秀传统文化的深入思考和深刻解读，让人们开始在文化的交流冲突中寻求自身的文化定位，探寻本民族文化的复兴之路。这种思考和解读，使人们开始重新审视中华优秀传统文化，重新认识和理解其价值和意义。

在新时代的背景下，中华优秀传统文化复兴的重要问题——传统文化的传承与创新已成为当代中国人思考的核心。这种思考源于对中华优秀传统文化与现实关系的深入思考。新时代对中华优秀传统文化的存续和发展所产生的种种冲击，不仅没有让我们对坚守并且传承中华优秀传统文化产生怀疑，反而成为一种基于文化识别需要和文化定位需要的、努力实现中华优秀传统文化复兴的内在动力。

在这种动力的作用下，中国人对自身传统文化的态度发生了很大的转变。从忽视走向重视，从不置可否到主动学习，从泛泛而谈到深入研究，从而为中华优秀传统文化的现代化复兴打下了坚实的民众基础。这种转变不仅体现在个人层面，也体现在社会层面。越来越多的社会力量参与到中华优秀传统文化的传承和创新中，形成了一种全社会共同推动中华优秀传统文化复兴的态势。

近年来，中央电视台策划并播出的《中国诗词大会》《经典咏流传》等节目广受欢迎，就是很好的例证。这些节目充分展示了中华优秀传统文化的再生能力，显示了自己能够与时俱进又保持独特魅力和民族性的能力，也增强了新时代人们对中华文化复兴的社会责任感和历史使命感。

（三）互联网为传播中华优秀传统文化构造了一个全新场域

新时代，借助传播技术的发展、传播工具的普及和迅速崛起的移动社交媒介，个人及群体接触、搜集、交换和传播信息的自主性、即时性、多样性得到了极大的激发，为重构社会信息资源注入了新的活力。中华优秀传统文化的传播顺应了时代的要求。广泛、及时地运用以互联网技术为核心的传播平台，极大地拓宽了中华优秀传统文化传播的时域空间和地域空间。如果说在互联网出现之前，由于传播空间和传播条件的限制，中华优秀传统文化的普及率还不尽如人意，甚至在某种程度上还存在"养在深闺人未识"的状态，那么在现代社会，互联网所具有的强大的传播力和影响力，则为传播中华优秀传统文化构建了一个全新场域。因此，在中华优秀传统文化的传承与创新过程中，我们应该更好地发挥各种网络技术平台和工具的作用，将互联网作为重要的传播媒介和载体，更多地创造出主流文化主导、大众喜爱、形式多样、门类齐全的文化产品，以实现中华优秀传统文化与现代技术的有效融合，为广大人民陶冶民族情操、培育家国情怀、增强文化自信提供更为丰富的支撑。

（四）新时代互联网为学习借鉴世界优秀文明成果创造了更为有利的条件

我们知道，不同民族之间的相互学习和借鉴是民族文化发展的一个必要条件，因为每一个民族的文化都有自己的民族特色和独到优势。中华优秀传统文化不仅需要在自我进化中衍生新文化，也需要来自其他文化的润泽，以达到共同发展的目的。新时代人们会越来越多地面对迥异于自身文化的其他文化。在这样的文化冲击面前，一方面，人们会对自身拥有的文化有更多的反思，会重新审视传统文化的优点和缺点，抛弃其中的糟粕，将精华保留下来；另一方面，人们也将不可避免地学会"睁眼看世界"。互联网为我们打开了一扇"睁眼看世界"的窗户，使我们可以快速地认识其他文化，了解其他文化，并与拥有其他文化的主体进行交流。这样，通过对自身传统文化糟粕的抛弃，对其他文化精华的吸收、借鉴，中华优秀传统文化必将进一步丰富和完善，在新时代具有旺盛的生命力。

（五）开放的中国为中华优秀传统文化的全球传播构筑了平台

随着我国社会经济的快速发展和全球化的推进，中华优秀传统文化传承与创新的重要性日益凸显。文化是鲜活的、有生命的，它的发展和传承离不开不断的兼容并蓄、吐故纳新。在新时代背景下，中华优秀传统文化如何在保持其独特性的同时，与现代社会相适应，提升其影响力，成了一个亟待解决的问题。

首先，我们要认识到，经济发展不能闭关锁国，文化的复兴同样不能故步自封。我们不仅要吸收国外的先进文化，还要让中华优秀传统文化走出去。在互联网的推动下，文化传播和交流的方式发生了翻天覆地的变化。例如，通过社交媒体、网络平台等，中华优秀传统文化得以迅速传播，吸引了越来越多的西方人士的注意。这为我们扩大中华优秀传统文化的影响创造了有利条件。

其次，我们需要借助现代科技手段，如大数据、人工智能等，对中华优秀传统文化进行深入挖掘和整理。通过这种方式，我们可以更好地理解和传承中华优秀传统文化，使其在现代社会焕发新的活力。中华优秀传统文化借助这些先进技术，得以跨越国界、跨越时空，以更为便捷、更为快速的方式传播到世界各地。例如，中华优秀传统文化可以通过网络平台、手机应用、社交媒体等渠道，向全球观众展示其魅力。同时，数字技术也为传统文化的保护、传承提供了新的途径，使濒临失传的非物质文化遗产得以保存、传承和发扬光大。

此外，我们还需要加强国际文化交流，推动中华优秀传统文化走向世界。通过举办各类文化活动，如文化节、艺术展览等，我们可以让世界更好地了解和欣赏中华优秀传统文化，从而提升我国的国际话语权。在这方面，我国已经取得了一些有益的尝试，如"一带一路"倡议，就是推动文化交流和合作的有效途径。

二、中华优秀传统文化传播面临的新机遇

互联网给全世界人民带来了一个人人都可以参与的网络世界，在这

个世界里没有国界，没有交流障碍。本着"自由、开放、合作、共享"的互联网精神，全世界联结在了网络上，世界真的变成了"地球村"。在现今的网络世界里，人们不仅可以将视频、音频、图片等资源上传到"云"里存储起来，还可以传播到世界各地。随着5G技术的发展，互联网传输数据的速度越来越快，而与此同时，互联网全球化浪潮已经席卷全球。

　　众多的中国网民成就了中国几大互联网公司的崛起。阿里巴巴、淘宝、腾讯等享誉世界的互联网巨头之所以能够取得今天的业绩，不仅是因为中国近30年以来在互联网硬件、软件技术方面有长足发展，更重要的是因为这些公司的背后站着数量庞大的中国网民。曾任美国著名财经杂志《连线》（*WIRED*）主编的克里斯·安德森（Chris Anderson）在2004年提出"长尾"（the Long Tail）理论，以此概括细分市场汇集了众多客户需求的产品可能比销售量大的主流产品能取得更大的利益的情况。长尾理论认为，商品在被无限地细分，用户越来越追求个性化的需求，互联网的兴起和电子商务的发展不仅能够聚集这些分散的用户，还能降低交易成本。以美国知名的互联网公司谷歌为例，这家公司有一半的生意来自数以百万的小网站，是它们掏钱购买了谷歌一半的广告服务，而且这个份额还在不断增长。长尾理论概括的经济模式与原来商业界普遍认可的"二八"定律截然相反，后者主张一个公司80%的利润来自20%的顾客或者20%的产品，而前者把目光聚集在无数的之前被"二八"定律忽视的顾客或产品身上，通过互联网聚集顾客，降低成本，通过满足数量巨大的不同顾客的小需求实现盈利。❶中国目前盈利丰厚的互联网公司也是长尾理论的直接受益者，其中最典型的就是淘宝网。当年淘宝网就是凭借免费政策吸引了大量的中小型卖家入驻，不断扩大电子商务的市场规模，直到后来打败国际知名购物网站 eBay，迫使对方灰头土脸地彻底退出了中国市场。

　　与商业世界的逻辑相同，中国庞大的网民数量使中华优秀传统文化在全世界的传播有了先天的绝对优势，这是新时代给予我们的新机遇。另外，中国互联网技术近30年的高度发展，也为中华优秀传统文化在全世界的传播提供了强大的技术支持。人力支持、技术支持两者结合，

---

❶ 武守恩. 关系营销风生水起［J］. 施工企业管理，2006（1）：27-28.

成为新时代中华优秀传统文化抓住机遇在当今世界进行传播的巨大动力和坚固保障。

近 10 年来，不少内容生产者通过微博、视频网站等表达他们对中华优秀传统文化的理解。最开始，这些内容生产者大多没有意识到他们是在传播中华优秀传统文化，而只是单纯地表达自己对传统文化的热爱。后来他们的关注者越来越多，有粉丝又将他们的作品传到了国外的微博或视频网站上。我们可以看到，中华优秀传统文化在新时代非但不会失去对人们的吸引力，反而还会焕发新的生命力。这充分证明了中华优秀传统文化在当今仍然有一种其他文化难以企及的魅力，证明了中华优秀传统文化虽历时弥久仍熠熠生辉，对中华民族乃至人类世界始终具有强大的生命力和深刻的影响力，是对人类文明、社会发展、人与自然和谐、家风民风及个人道德修身等具有时代价值的优秀文化。当然，当看到中华优秀传统文化在新时代迎来新的传播机遇时，当为中华优秀传统文化在全球范围内再次引起关注而感到自豪时，我们也需要思考新时代传播中华优秀传统文化会遇到什么样的挑战，以及我们应该如何应对这些挑战。

第三节　中华优秀传统文化传承与发展面临的挑战

一、中华优秀传统文化传承与创新面临的挑战

随着全球化程度的加深、现代经济的发展和网络传播的便捷与高效，新时代中华优秀传统文化传承与创新主要面临以下几个方面的挑战：一是文化糟粕对中华优秀传统文化传承与创新造成极大冲击；二是西方文化的渗透给中华优秀传统文化传承与创新带来严峻挑战；三是繁杂的互联网信息挤占了中华优秀传统文化的传播空间。

（一）文化糟粕对中华优秀传统文化传承与创新造成极大冲击

新时代，中华优秀传统文化本应借助网络迅捷、便利的特点得到更好的传播，但是中华优秀传统文化的精神"富矿"并没有因为网络的发展而得到整体充分的展示，也没有很好地整合网络文化的表现形式，大量低俗乃至恶俗的文化糟粕在互联网上"死灰复燃"，一些宣扬金钱至

上、享乐至上的信息大行其道，对传播中华优秀传统文化形成强力冲击。如何在信息泛滥的互联网上对中华优秀传统文化守正创新，"取其精华，去其糟粕"是新时代中华优秀传统文化传承与创新最重要、最根本的问题之一。

（二）西方文化给中华优秀传统文化传承与创新带来严峻挑战

随着全球化的日益加深和西方工业文明的发展，形形色色的外来文化对中华优秀传统文化产生的影响和冲击愈加深刻。从意识形态方面看，外来文化特别是西方文化挤压、排挤、歪曲、丑化中华优秀传统文化的言论及行为不绝于耳。对中华传统文化的嘲讽、对古圣先贤的不敬、对欲望物质的膜拜等，造成了部分人价值观的扭曲。西方一些国家凭借其背后的经济实力支撑和信息技术强势，抢占文化传播空间，强力推行西方价值观和所谓的"民主、自由"的社会制度，企图引导世界文化的主流，对中华优秀传统文化传播形成挤压、诋毁和围攻。部分西方国家以自我为中心的观念，以自身价值尺度评判他国的做法都被原封不动地搬到了互联网上，这无疑给中华优秀传统文化的传承与创新带来了严峻的挑战。

（三）繁杂的互联网信息挤占了中华优秀传统文化的传播空间

互联网的出现以及由此衍生并广泛使用的各种新媒体技术，让我们看到了一些普遍存在的现象。一是人们对互联网的依赖程度越来越高，每天随时进入网页、浏览新闻、使用互联网平台已成为人们的日常所需；二是新媒体技术的快速发展让世界范围内的信息传递与共享得以实现，使广大网民选择、获取或接收海量的信息内容变得更加便捷和自由。因此，互联网的普及和与之伴生的新媒体技术的广泛应用，不仅让各种信息得到了实时传播，而且实现了人们的广泛参与，增加了人们表达意见和传递信息的渠道，给人们带来了全新的文化体验。网络信息以网络科学技术为基础，以电脑、智能手机等各种现代信息工具为载体，在网络空间形成了繁杂多样的文化活动、文化方式、文化产品和文化观念。它们是现实社会文化的展示和延伸，但也使网民真伪难识、善恶难辨。很显然，大量的有用、无用的信息充斥网络空间，势必会造成对中华优秀传统文化传播空间的挤占。如果不能把中华优秀传统文化的精髓注入网络信息的传递当中，不能以网络信息的表达方式传播中华优秀传统文化，不能根据新时代的文化表达特征将中华优秀传统文化转化为大众更容易读懂、理解、乐见、融会贯通的信息结构，繁杂的互联网信息将会大量消解人们与中华优秀传统文化接触的机会，中华优秀传统文化的主流地位将被削弱，人们对中华优秀传统文化的情感认同会日渐淡化，进而缩小中华优秀传统文化的生存空间。

二、新时代中华优秀传统文化传播遇到的巨大挑战

新时代中华优秀传统文化传播将会遇到不少挑战，以下就从人力支持、物力保障和内容建设三个方面讨论这一问题。

（一）新时代中华优秀传统文化传播的人力支持

新时代进行中华优秀传统文化的传播，涉及两个方面的人力支持——传播者和受众，二者缺一不可。

首先，从传播者的角度来看，中华优秀传统文化的传播人才无论是数量还是质量，目前尚有不足。众所周知，21世纪是人才的世纪，人才在这个世纪的重要性胜于以往的任何时代。人类历史上大概没有哪一个时代像今天这个时代这样如此重视人才的作用和力量。"人力资源"概念的提出，反映出整个社会对人才认识的变化：人才成为一种资源，而不是资本的消耗品。传播中华优秀传统文化，必然需要依靠一支有一定素质的人才队伍。这支人才队伍是我们传播中华优秀传统文化的中坚力量，必备的素质核心是对中华优秀传统文化的理解、接受、继承和创新。

不过，从目前的情况来看，传播中华优秀传统文化的人力资源还需要我们从现在起下功夫培养，这也是我国的教育系统需要在将来花力气补足的功课。过去，我们在自己的教育体系设计中缺少让受教育者广泛、深入地接触中华优秀传统文化的教育布局，在"崇洋"的氛围下也少有机会接触中华优秀传统文化的精华，自然对中华优秀传统文化的理解只能是浮光掠影，似乎能背几首课本上的唐诗宋词就已经很不错了。要真正肩负起传承中华优秀传统文化的重任，显然需要一大批有文化素质、对优秀传统文化有热情的青年人。要培养这样的人，我们需要通过转变观念，继续深化教育教学改革，将系统性的中华优秀传统文化教育

融入学校教育教学中，对青少年一代普遍进行专门的、系统的中华优秀传统文化教育。

其次，从受众的角度来看，需要有意识地营造社会整体氛围，引导受众主动认识、了解和热爱中华优秀传统文化，成为潜在的传播者。第一，要紧紧抓住年轻受众，对他们进行教育和引导。目前"90后""00后"是中华优秀传统文化传播的主要对象，他们对中华优秀传统文化的热情随着我国整体实力和国际影响力的增强而日益提升。这一代人从日漫、韩剧转向汉服、国风的主要原因是他们逐渐认识到中华优秀传统文化的别具一格、与众不同，这与年轻一代崇尚个性、追求自我的社会心理有密切关系。正因如此，才需要通过更加系统、更加深入的教育，有意识地引导他们，使他们真正理解并热爱中华优秀传统文化，从内心深处建立对中华优秀传统文化的信心。第二，要营造社会整体氛围，破除对西方科技、文化的盲目崇拜。从历史渊源来看，在中国的文化发展进程中，"五四运动"这一重要转折点扭转了人们对传统文化的看法。那时，人们对"德先生"和"赛先生"的理解较为偏颇，只将此二者等同于西方先进的科学技术，再加上当时的中国在科学技术上的落后，所以人们普遍向往西方的科学技术，很容易就建立了对西方科技的认可和信心。传统文化被斥之以"不科学""封建"或"迷信"，国人转而投向对西方科技的迷信，以及对包括西方文化在内的一切来自西方之物的盲目崇拜。我们必须正视这些问题，在社会整体层面认识到对西方科技、文化的盲目崇拜所带来的弊端，破除对西方的迷信。第三，要进一步提升中华优秀传统文化传播受众的素质。受众的素质不仅决定了他们能够接受多少中华优秀传统文化的影响，更决定了在此过程中中华优秀传统文化会不会走形，也就是说，任何文化在继承和传播过程中必然会发生变化，而变化成什么样子多数情况下取决于受众，这也正是我们眼下需要特别注意的问题。

（二）新时代中华优秀传统文化传播的物力保障

互联网的发源地在美国。美国掌握了先进的互联网技术，到目前为止，美国仍然是全世界公认的信息技术大国，有强大的半导体、微处理器、计算机和通信设备的制造能力。这些构成了美国信息技术产业的基础架构。以微处理器为例，美国英特尔公司的技术全球领先，早在20

世纪 70 年代末，它就已经成为存储器芯片的绝对霸主，几乎享有90%的市场占有率。❶

早在互联网建立初期，美国就通过根服务器（Root Server）控制了整个互联网。美国的根服务器是全球互联网最重要的战略基础设施之一，负责互联网顶级的域名解析（如".com"".net"".org"".cn"等）。按照第四版互联网协议（Ipv4）的技术限制，全世界的所有域名要被解析，都必须首先经过根服务器的解析。这样做的直接后果就是美国牢牢把握了全球互联网的掌控权，也就是网络世界的管理权。

当然，任何时候霸权都是会受到挑战的。进入 21 世纪以后，美国通过根服务器"独霸"全球互联网的局面被一些欧洲国家和日本挑战。英国、瑞典和日本也分别有了一台根服务器，这样，全球根服务器的数量增加到了 13 台。不仅如此，我国还部署了".cn"这样的域名，并从 2015 年起牵头发起"雪人计划"，在原来 13 台根服务器的基础上增加了 25 台 IPv6 根服务器，除了我国部署的 4 台（1 台主根，3 台辅根）根服务器外，其他新增的根服务器分别部署在美国、日本、印度、俄罗斯、德国、法国等 16 个国家。❷也就是说，由于我国目前已经有了根服务器，因此美国无法再对我国使用曾经对伊拉克、利比亚使用过的手段——断网。但是，这并不意味着美国在互联网世界领先的技术优势不复存在了。因此，我国中华优秀传统文化要在互联网上传播得更远、更广，如果没有技术支持 / 物力保障，那是很难实现的。

（三）新时代中华优秀传统文化传播的内容建设

2020 年 6 月，上海著名景点豫园的保安在晚上换上了锦衣卫的飞鱼服，一边巡查豫园，履行工作职责；一边成为游客手机中、相机中的独特风景，凸显上海这座国际化都市与众不同的魅力。在此之前，豫园曾多次举办汉服巡游等活动，尤其是在 2019 年的一次活动中，多位青年身着宋、明时期的服装巡游，被不少游客拍下传到网上，引起了较大的轰动。部分网友在惊叹汉服之美的同时，也提出要重新着汉服，要让人们

---

❶ 刘仁杰. 谈 20 世纪美国微型处理器和计算机软件的发展 [J]. 现代交际，2014（2）：26.

❷ 萧惑之. 中国"根服务器"发展知不足后求自主 [J]. 中关村，2019（9）：1.

穿上正宗的汉服,从穿戴的顺序开始校正穿汉服时的不正确做法。持这种观点的网友不在少数。他们认为对中华传统文化的点点滴滴都应该分外谨慎,一丝一毫都不能有偏差,这样才能称得上是恢复中华传统文化。另外,相关数据显示,2019年在淘宝平台上汉服市场规模已经超过20亿元,并且保持着每年150%左右的增速。近年来,汉服似乎已经成为中华优秀传统文化的象征,似乎人们穿上了汉服,就是继承了中华优秀传统文化。

但是,汉服就等于中华优秀传统文化吗?肯定不是。中华优秀传统文化在形式上的表现不能与其内涵画等号。新时代,面对传播中华优秀传统文化的使命,除了人力支持、物力保障这些外部因素外,我们更应该思考的一个重要问题是,什么样的内容能够代表中华优秀传统文化。我们要传播的中华优秀传统文化不仅是一些文化的外在表现,更重要的是深藏在这些外在表现背后的精神层面的价值体系。这才是传播中华优秀传统文化应当强烈关注的主题。

1. 中华优秀传统文化传播内容建设的基本原则

中华优秀传统文化的传播需要在创新中进行,创新与传播是一体化、不可分割的。内容建设是中华优秀传统文化传播需要着力解决的问题,需要遵守以下原则:

第一,坚持守正,不忘初心。"守正"意味着要在马克思主义的指导下,牢牢把握中华优秀传统文化的内涵和核心,清晰认识文化与意识形态的关系,坚持马克思主义意识形态的指导地位,坚持中国共产党对中华优秀传统文化传播工作的绝对领导,坚决贯彻党制定的文化政策。

第二,善于利用文化创新的规律进行新的创造。毛泽东同志提出的关于文化创新的规律,主要是继承、借鉴和创造。可见,文化创新必须经历继承和借鉴才能有创新和发展。中华优秀传统文化有深厚的历史渊源和思想沉淀,我们在对其进行创新的过程中,应当首先要继承其丰富内涵,传承其内在核心思想,在此基础上才可能进行创新。创新绝不是生造一个新的东西,而是必须在原来的基础上进行发展。

第三,要学会依靠人民群众。人民群众是文化的创造者、参与者与传播者。中华文明在漫长的发展过程中留下了诸多精美的文化艺术作品，如我们引以为豪的龙门石窟、敦煌石窟和江南园林等，其建造者都是普通的劳动群众。中华优秀传统文化的传播是一项伟大的事业，不是政府或相关部门、企业单打独斗就能完成的，只有发动人民群众积极参与，充分依靠他们的力量，才有可能完成。

2. 中华优秀传统文化传播内容建设的难点

我们应该建立这样的观念：中华优秀传统文化在人们心中应该是"苟日新，日日新，又日新"的状态，而不应被简单地等同为僵化、呆板的图画、音乐、雕塑、建筑或某些外在表现形式。在五千多年的中华文化历史长河中我们有太多的东西需要挖掘，有太多的东西需要以新的形式讲述和表达。因此，从这个角度来看，中华优秀传统文化的内容建设是一个动态的、长期的过程，而非一日之功。如何在新时代使这些优秀文化重新焕发生命力是一个巨大的挑战，我们可能会遇到以下两个难题：

第一，中华优秀传统文化博大精深，如何取其有益于传播社会主义核心价值观的内容，结合时代和技术发展的趋势，利用互联网的优势进行传播，这是我们在中华优秀传统文化传播的内容建设上首先会遇到的问题。具体包括：什么样的内容能吸引中华优秀传统文化传播的目标受众，什么样的内容能自然地融入社会主义核心价值观，使两者无缝对接，又不会剑走偏锋、流于形式。这些内容必然能够符合时代发展的趋势，能够与社会主义制度相结合，能够为共产主义的伟大理想服务。有学者认为："中华优秀传统文化不仅是社会主义核心价值观的肥沃土壤、思想资源和源头活水，而且也蕴含着社会主义核心价值观的精神要素。社会主义核心价值观是中华优秀传统文化的创造性转化和超越性升华。"[1] 因此，中华优秀传统文化与社会主义核心价值观不但没有分歧，从本质上来说，两者反而有紧密的联系。如前文所述，在中华优秀传统文化中有不少直接体现社会主义核心价值观的内容，如"先天下之忧而忧，后天下之乐而乐"的爱国情怀，"老吾老以及人之老，幼吾幼以及人之幼"的和谐友善，倡导诚信守约的"季布无二诺，侯嬴重一言"……

[1] 王泽应. 论承继中华优秀传统文化与践行社会主义核心价值观 [J]. 伦理学研究，2015（1）：5.

凡此种种，都体现出了与社会主义核心价值观一脉相承的伦理道德观。然而，尽管社会主义核心价值观和中华优秀传统文化之间有这种密不可分的关系，但我们仍然需要在社会主义核心价值观的指引下，对中华优秀传统文化进行有目的的、系统性的继承和创新。

第二，如何根据时代发展的趋势，准确地把握受众的社会心理状态，在继承中创新，这是我们在中华优秀传统文化传播的内容建设上会遇到的第二个难题。现代社会是一个快速发展的社会。在这样的社会里，人与人的关系以及由此带来的群体的社会心理状态，都会产生与传统社会不同的变化。马克思主义经典著作已经详细论述过现代社会所带来的各种问题，其中人的"异化"就是他们非常关注的重要问题。"异化"的表现之一，就是不仅个体出现了很多心理问题，而且从整个社会层面上来看，群体的社会心理也发生了重大的变化，现代社会的娱乐化倾向就是其中之一。中华优秀传统文化要想在新时代获得新的生命力，那么必然需要在内容建设上能够有与现代社会的群体社会心理状态相适应的元素，否则不容易被受众接受。因此，准确地把握受众的社会心理状态，在继承中创新中华优秀传统文化，就成为中华优秀传统文化传播与内容建设过程中不可回避的难题。

要解决这两个难题，需要我们在实践中坚定共产主义信仰，坚定文化自信，始终以社会主义核心价值观为中华优秀传统文化传播内容建设的精神内涵。总体来看，中华优秀传统文化的传播效果取决于两个因素：一是中华优秀传统文化本身的优秀性，二是我们身处的这个社会的需要和对中华优秀传统文化的可接受性。诚如著名哲学家陈先达先生所言："社会需要是文化吸收的过滤器，不经过社会这个过滤器，文化的传播只能是暂时的，更不用说生根发芽。"❶也就是说，只有那些经过社会过滤的文化内容才可能得到广泛传播，并且在人们心中生根发芽。因此，中华优秀传统文化传播的内容建设是一个需要经过时间和实践检验的工作，是一个一直在路上、只有起点没有终点的过程。这个过程随着我国国力的强大而兴起，也必将伴随我国所处的时代和世界的局势变化而发生改变。因此，中华优秀传统文化传播的内容建设范围广阔，我们在不同的时代条件下只能"弱水三千，只取一瓢饮"。而只有牢牢

---

❶ 陈先达. 马克思主义哲学是大智慧［M］. 北京：人民出版社，2019：146.

坚守前述的原则，在对技术的力量和局限有清醒认识、对时代和世界局势的变化有敏锐觉察的基础上，不惧困难，充分把握中华优秀传统文化精髓，始终以社会需要为"过滤器"，才能不断发展、不断进步、一直向前，才能很好地完成不同时期中华优秀传统文化传播的内容建设工作。

第三章　中华优秀传统文化与文化自信

第一节　中华优秀传统文化与文化自信的关系

一、文化自信的来源

（一）文化自信离不开中华优秀传统文化

传统文化是中华民族的精神血脉，蕴含着巨大的精神力量。然而，随着西方文化的不断冲击，个人主义盛行，奉献精神渐行渐远，这些都给我国的传统文化带来了挑战。因此，我们需要重视中华优秀传统文化，挖掘其价值，并赋予其新的表达方式，使其在新时代中焕发新的光芒。

1. 中华优秀传统文化的内容自信

传统不是落后、保守，而是人类社会发展过程中遗留下来的最宝贵的东西，更多的是代表经典和智慧。中华优秀传统文化不仅经历了时代的变迁，更是诸多文化碰撞中唯一留存下来的精粹，是中华民族集体智慧的结晶，是经过了实践和时间检验的历史宝藏。这种历史宝藏不会随着时间的推移而改变其色彩，只会更加鲜艳。因而，中华优秀传统文化只会随着中华民族的进步而历久弥新。

2. 中华优秀传统文化的本质自信

中华民族能够历经数千年而不衰，其根本就在于我国是一个"以和为贵"的国家，"和"是中华民族永恒的向往。"和"文化始终贯穿在中华优秀传统文化当中，是中华优秀传统文化最本质的内容所在。在五千多年的中华文化发展历程中，中华民族根据不同时代、不同学派的思想观点，逐渐形成了以儒家"和"文化思想为核心，儒、释、道相互融合而生成的关于世界性发展的理论、规律、原则和方法的知识体系。中华优秀传统文化之所以能够传承至今，就在于这种文化所具备的包容性和多样性，能够在不同文化碰撞的过程中，辨别、借鉴、吸收、融合、创新等，成为中华民族世代生息的坚固根基。

中华优秀传统文化就是重在一个"和"字，其最终实现的是人与社会的和谐统一。在人与社会的关系建构过程中，形成的"和"文化思想深深地烙印在每一个中国人的心中，并成为中华优秀传统文化的核心思想，深深地流淌在中华优秀传统文化的血脉中。正是因为"和"文化的存在，中国才有信心在中国特色社会主义建设过程中有底气、有魄力地进行改革，才能对中国特色社会主义理论体系不断深化，挖掘中华优秀传统文化的精髓，并提炼出社会主义核心价值观，成为我国文化软实力的重要体现，从而为新时代中国特色社会主义文化建设提供强大的信心。正是在这样的文化背景下，中华民族才历经磨难变得坚强，励精图治，走在民族复兴的康庄大道上。

3. 中华优秀传统文化的价值自信

任何一种文化的存在都有其一定的价值。中华优秀传统文化是中华民族在数千年的成长历程中形成的稳定且持久的精神力量，也是中华文化的精髓。博大精深的优秀传统文化是我们在世界文化激荡中站稳脚跟的根基。正确认识中华优秀传统文化的时代价值，不仅有助于优秀文化的传承和弘扬，更能有效地将优秀传统文化与社会发展有机结合，挖掘优秀传统文化的时代精华。无论是革命时期还是建设时期的文化建设，党的历代领导人都善于从优秀传统文化中寻找治国理政的方案。将传统与现代相结合是中华优秀传统文化的特色，也是它具有包容性和开放性的优秀一面。中华优秀传统文化内涵丰富、博大精深，既是我们树立和坚定文化自信的沃土，也是完善和发展新时代中国哲学的源泉所在。中国传统文化的丰富性在于它在创造的过程中不断变化、更新和获得新的价值。中国优秀的传统文化，几千年来凝聚了民族的智慧和力量，体现了国家精神，是新时期我国文化建设中蕴藏的巨大精神资源。

（1）中华优秀传统文化是涵养社会主义核心价值观的土壤。人们在研究文化、创新发展的过程中，既要保留自己的特色，又要学习借鉴其他文化的有益成果，只有综合地利用其他文化的优势，才能客观、全面地挖掘传统优秀文化的时代价值。在马克思主义指导下，中国共产党人与时俱进，将传统与现代相结合。在对中国先进传统文化的创新发现和改造中，社会主义核心价值观不断升华。自古以来，价值观就是一个民族或个人的灵魂所在。虽然我们在现代化的社会中精炼出社会主义核心价值观，但它并不完全是现代化的产物，而是中华优秀传统文化与中国现代化发展相结合产生的实践结果。社会主义核心价值观作为新时代我国文化的精髓，更是不断地从中华优秀传统文化当中汲取养分，结合新时代实践创造出的精神文化标识。

（2）中华优秀传统文化蕴藏着巨大的文化软实力。文化的功能之一就是给人以无穷的力量。文化所具有的能动力量就是文化软实力。文化软实力是文化所具有的精神感召力、社会凝聚力、价值吸引力、思想影响力等方面的文化力量，这是一个国家综合国力和民族精神的重要表现。一个民族的文化力量决定这个民族能否存在，是其能存在多久的重要支撑。中华民族能够延续至今，就是因为我们拥有蕴含强大软实力的中华优秀传统文化。在几千年的历史实践中，我们的文化软实力以独特的思想理念和道德规范的形式影响着中华民族。如"讲仁爱、重民本、守诚信、崇正义、尚和合、求大同"等，无论是在中国的哪个朝代，这些都是人们遵循的基本道德规范。中国人民在治世过程中积累了丰富的人生哲理、价值观念、行为规范等，在漫长岁月中逐渐构建了中华传统文化的主流体系，成为中华民族的精神基因，扎根在每一个中华儿女的心中。这些优秀的文化传统锤炼了中华民族的品格，既是维系中华民族繁衍发展的精神血脉和精神支柱，更是中国文化软实力的力量源泉和坚固堡垒。

（3）中华优秀传统文化是中国人民树立和坚定文化自信的坚强后盾。文化自信并不是单纯的对本民族文化的认可和盲目的自满，而是在对本民族优秀传统文化的正确认知基础上，结合时代特点和国内外形势对民族优秀传统文化具有创造性转化能力的信心。从春秋时期的"百家争鸣"到"罢黜百家，独尊儒术"，从"新文化运动"到"五四运动"，从"三个自信"到"四个自信"，从中国梦到构建人类命运共同体，等等，优秀传统文化在历史演变进程中因时而变、因势而变，从"古代传统"转向"与时俱进的传统",为中华民族提供了巨大的精神力量,指引着中华民族一直向前迈进。中国传统文化中体现的哲学、人文主义和民族精神,对维护国家团结、鼓舞人民、激励斗争、促进社会发展、维护国家利益和国际和平具有重要作用。文化自信深深植根于中国传统文化,不仅需要强调文化的最高连续性,还需要加强对文化的推陈出新,将文化传承和创新有机结合。文化自信不仅要学习本国最好的文化,还要接受外来优秀文化,将世界性的优秀文化融入中华优秀传统文化当中,博采众长,共同发展。

（二）文化自信离不开革命文化

文化自信的提出,不仅反映了中国几千年深厚的文化底蕴,也反应我国对文化的高度肯定和赞扬。中国对文化价值的不断追求,体现了整个国家在理想信念上的坚持和坚定。在新文化运动时期,中华优秀传统文化与中国革命斗争相结合,逐渐形成了以中国优秀传统文化为中心和以革命斗争为内容的革命文化。我们知道人类历史上有许多革命,但是由它们创造的文化并不多。中国革命能够创造出伟大的革命文化,既是中国共产党在革命斗争中的伟大创举,是中国革命时代的精神遗产和文化瑰宝。中国革命文化又称"红色文化",也是中华传统文化、马克思主义基本原理和地方文化相结合的优良文化。中国革命文化集中体现了中国人民的优良传统和时代品格,是推进中华民族伟大复兴的强大精神动力。

1. 中国革命文化的基本内涵

中国革命文化就是把马克思主义和中华优秀传统文化统一于人民革命实践中形成和发展起来的一种先进的历史文化形态。中国革命文化体现了中国共产党人的集体智慧和宽阔视野。在辩证唯物史观的指导下,以优良传统文化底蕴为基础,中国共产党人积极吸收"革命统一体"的精神特征和价值取向,坚持"古为今用、洋为中用"的文化态度,借鉴世界优秀文明的成就,在革命斗争实践中形成具有中华民族特色的先进文化。并非所有革命都能产生革命文化,中国革命文化的形成和发展是在中国特定的历史条件下兴起的,是中国特色社会主义文化的重要组成部分。中国革命文化处于传统与现代的过渡阶段,在一定程度上,它在联系过去与未来方面起着历史性的作用,是过去与现在、历史与现实之间的联系。中国革命文化的价值不仅在于其拥有巨大的能量，而且在于它对这一文化主题的理想和坚定信念，这是中国革命文化的特殊性。

中国革命文化是马克思主义基本原理和中国实践，革命和建设的理论实现，是维护和发展社会主义先进文化的经验总结和科学依据。在新的发展时期，我们要加强对中国革命文化的弘扬、认知和认同，从中求得"不忘初心、牢记使命"的革命精神。在与各种困难进行斗争时，新时代必须逐步建立和增强文化自信，使其成为进入新时代、创造新时代奇迹的动力源泉。

我们坚信，中国革命文化在革命时代和新时代都具有重要作用。中国要站起来、富起来，要逐步走上强国之路，要有中国革命文化力量的强大支撑。中国革命文化已经成为中国人民谋幸福的精神动力，成为文化自信的精神源泉，成为和平与发展的精神导向。中国革命文化所体现出来的价值理念是中华民族坚定理想信念的真实写照。中国革命文化内容丰富，内涵深刻，其鲜明的特征是坚持以马克思主义为指导，以共产主义为崇高理想，以集体主义为高尚的革命情操等，深刻地展现了理想信念是构成中国革命文化的一大特色，并成为我国文化自信的主要内容。

2. 中国革命文化为文化自信奠定了理论基础

产生于革命战争时期的革命文化，体现了中华民族追求独立、人民追求幸福的美好愿望。这种对先进传统文化的继承和升华，是社会主义先进文化形成的重要组成部分，是连接过去和未来的重要纽带。自现代以来，中国人民进行的各种革命斗争为创造中国革命文化提供了条件。面对民族危机、民族压迫和人民苦难，一大批爱国者发动了一系列顽强的革命斗争。

中国革命文化起源于新文化运动和中国共产党的成立，特别是中国共产党的诞生，为革命文化带来先进的领导阶级。新民主主义革命时期是中国革命文化形成的关键时期，中华人民共和国成立后的社会主义革命与建设在改革开放时期得到进一步丰富和发展。新文化运动是中国优秀传统文化与外来优秀文化的一次融合，它为中国文化的发展提供了新的方向和内容，同时加快了民族意识的觉醒，也为马克思主义思想在中国的传播提供了有利条件。

因为文化具有一定的独立性，这种独立性的突出表现是一定的文化形态对一定社会的政治和经济具有能动的反作用。也就是说，先进的文化对革命起到引领作用。所以，在中国近代的社会政治变革中，一定有文化的参与和角逐。可以说，中国革命文化是中国革命的前夜，是推进革命发展的重要力量，同时它又成为中国革命的一个重要内容，伴随中国革命一起形成、成长和完善，直到走向成熟。在此过程中，一批先进的接受过先进文化的革命者逐渐登上历史舞台，他们在坚持中华优秀传统文化的基础上，结合中国面临的实际问题，运用先进的理论，在实践的探索中走出了一条坚定的革命之路。中国共产党的诞生，为中国革命文化的发展指明了前进的道路。在这条道路上，中国各族人民团结奋战，它创造了多种民族精神，如五四精神、红船精神、井冈山精神、长征精神、抗战精神、延安精神、西柏坡精神等，还有中华人民共和国成立后的雷锋精神、"两弹一星"精神、载人航天精神、抗震救灾精神、脱贫攻坚精神等，它们是中国革命文化的一部分。中国革命文化诞生于革命时代，依托先进文化运动和中国优秀传统文化，在革命年代发挥了重要作用。

3. 中国革命文化为文化自信提供了科学依据

俄国十月革命的胜利，给中国人民坚持和发展马克思主义带来了许多启发，让中国人民看到了马克思主义具有的一些科学性的理论品质。

（1）革命性。革命性是指马克思主义理论可以对现实世界进行改造和批判。马克思主义要改变现实世界，不仅要改变对世界的认识和对现实世界的认识，更重要的是，要把马克思主义变成属于人民群众的武器，并用它来改变现实世界。

（2）民族性。民族性是指马克思主义是属于世界的，必须与各民族文化结合，形成民族特色，才能集聚民族力量，激发民族精神，为民族复兴指点迷津。比如，马克思主义中国化的每一个理论成果，都不是马克思主义"本本"上的现成词，都运用了马克思主义科学方法论，既有马克思主义理论智慧，又体现最贴近中国现实的民族风格。

（3）大众性。大众性是指马克思主义是老百姓的学说。中国革命的先进分子和知识分子，与全国人民群众一起投身民族救亡运动中。他们抛头颅、洒热血，为的是绝大多数人的利益。就是因为他们的无畏付出，让中国广大人民群众看到了榜样的力量和中国革命的希望。中国革命锻造出来的革命文化鲜明地展现出"革命为了人民"的大众化特性。

（4）时代性。时代性意味着马克思主义是一种与时俱进的理论。它不是一条黄金法则，但它随着时代的发展不断更新其思想内容。革命时代需要马克思主义，和平时代还需要马克思主义。中国革命文化在革命时期发挥了重要作用，在和平时期也发挥了积极的导向作用，我们需要进一步把它作为提高文化信心的思想源泉和精神力量。

4. 中国革命文化为文化自信提供了精神动力

文化与社会生产活动是联系在一起的，而且随着社会生产的发展而发展。中国革命文化不仅是中国革命斗争的集中体现，还是中国革命者从事革命生产，充实革命生活的生动写照。随着革命形势的不断变化，革命文化也在改变它的形式，不断更新它的内容。对待中国革命文化与对待中国传统文化一样，一定要用科学的态度，既要尊重历史，又要面向未来；既要看到传统文化的历史性，尊重历史的事实，又要继承和发展优秀的传统文化，这是对待传统文化、提高民族自信心的必要条件。同时，要准确定位传统文化在历史上的地位，调和时代的需要，利用优秀的传统文化资源，在更大程度上为现代化服务。近代以来的文化发展是在经济全球化和文化多样性的背景下进行的。如何对待和选择古今文化和中外文化，是关系中华文化传承和发展，关系改革和文化创新的重要问题。在这个问题上，我们坚持马克思主义文化观，坚持具体问题具体分析的科学态度，既反对一成不变地加入中国传统文化，也反对对中国传统文化的普遍否定。我们应把对传统文化的批判和传承与对外来文化的借鉴和学习结合起来，在融合中华优秀传统文化的基础上，感知我国民族文化的创新和发展，为我们树立和加强文化自信提供新视野、新思路、新内容。

中国革命文化是中国共产党在峥嵘岁月中的生活缩影，是中国共产党精神形象的真实写照。中国革命文化是中国共产党领导人民创造的精神财富，是中国传统文化的重要组成部分。与和平时期相比，中国革命已成为历史，但中国革命文化仍在延续，革命精神依然激励着不怕困难的勇士，是建设文化强国的动力源泉，也是保持我们党的纯洁性和先进性的铁证和启示，尤其是我们坚定文化自信的重要因素。在新时期，我们开发中国革命文化资源，揭示中国革命文化的现代价值，发展中国革命文化，使中国革命文化的智慧与"四个自信"相融合，强调中国革命文化的精神力量，使中国革命文化成为支撑中国走上繁荣昌盛的道路的中坚力量。

中国革命文化在和平年代之所以还具有一定的价值，源于它的革命精神和革新力量与当代中国人民的文化诉求和价值遵循是一致的。中国革命文化能够破除中国人民的传统观念，指引中国人民敢于直面社会，勇于攻坚克难，以"初生牛犊不怕虎"的精神推动社会的革新。中国革命文化虽然形成于新民主主义革命时期，但文化的内容和形式在当时得到了永久的保存，文化所固有的精神特征并没有随着时间的推移而消失，而且仍然是现代中国人的文化诉求和价值观。与此相适应，它不断地向中国人民灌输"不忘从头开始、不忘勇往直前"的决心和信心。这就是为什么每当我们走到人民英雄纪念碑前、走进红色革命基地时，都会有一种虔诚感，这就是中国革命文化的现代价值。中国的革命文化是历史的，也是现在的。无论是传统的还是现代的，它始终指向中国人民民族复兴的道路。

中国革命文化是在中国特殊条件下形成的特殊文化，这种特殊文化在我国社会主义建设和改革开放中得到进一步运用和深化，与中国特色社会主义伟大事业和中华民族伟大复兴紧密相连，成为加强文化自信、建设文化强国的重要组成部分。我们必须清醒地认识到，中国革命文化既有继承中国传统文化的伟大品质，又有发展和超越中国传统文化的伟大品质。中国革命文化不仅保持了先进社会主义文化价值观的高度整合，而且为社会主义先进文化在中国的发展提供了丰富的内容和坚实的基础。继承、发扬和发展中国革命文化是新时代筑牢文化自信的必备文化资源，是助推中华民族伟大复兴难得的文化象征和精神力量。

（三）文化自信离不开社会主义先进文化

文化是时代进步的动力和象征。但是，文化也有落后和先进之分。文化只有在与生产力的方向相一致并满足人民日益增长的精神需求时，才有能力和资格引领时代不断向前发展。先进的文化始终推动着人类文明的发展，并通过某些意识形态系统和原则规范引导人们的思想和行为。自中华人民共和国成立以来，中国共产党一直代表着先进中国文化的前进方向，坚持马克思主义与中国传统文化的融合，建立适应我国社会发展新要求的社会主义先进文化。到如今，社会主义先进文化已经成为我国文化建设的主要内容，成为我们坚定文化自信的基本精神来源，是推动中国改革开放的强大动力，代表着时代进步的潮流和发展要求，是指引中国走向繁荣富强的精神旗帜。

1. 社会主义先进文化的基本内涵

社会主义先进文化是代表和领导当代中国主导地位的文化。社会主义先进文化继续继承中国传统文化的优秀品质，结合新时代的需要，汇聚时代新元素，使中国传统文化具有鲜明的民族文化特色。社会主义先进文化是中国共产党在马克思主义领导下，根据我国社会主义初级阶段的基本国情，在建设中国特色社会主义的大环境下形成的先进文化。由于我国国情的特殊性，我们根据中国人民的实际需要，对社会主义文化体制进行了一系列改革，取得了巨大成功，形成了社会主义先进文化的主要内容。中国共产党始终走在先进文化前沿，以长远的眼光深刻认识社会主义本质，大胆探索社会主义道路，走出了一条中国特色社会主义道路。中国特色社会主义道路是中国共产党发展社会主义文化的重要体现。没有社会主义先进文化的理论指导和精神动力，改革开放就可能出错。实践证明，社会主义先进文化反映了我们对和平时代文化发展和世界文化趋势的正确认识。它还反映了我们建立和坚定文化信仰的文化资源和文化态度。

社会主义先进文化源于对中华优秀传统文化和革命文化的深刻认识。它起源于这两种文化，但与两者又不相同。社会主义先进文化的一个鲜明特点是它是在改革开放时代产生和发展起来的。社会主义先进文化是以中华优秀传统文化和革命文化为基础，并在此基础上进行改造和升华的。领导这三种文化传承和发展的中心是中国共产党。中华人民共和国成立前，中国共产党带领中国人民进行了艰苦的革命斗争，以革命胜利完成了中华民族复兴的第一阶段，形成了中国革命文化。中华人民共和国成立后，中国共产党仍在探索和推进社会主义政治、经济、文化等的一系列改革，创造出适合中国道路的先进社会主义文化。这是改革开放后我国文化建设的出发点和基础。社会主义先进文化的形成，使我们认识到文化在国家和民族发展中的重要地位。文化是政治经济的产物，也是政治经济发展的重要组成部分。社会主义先进文化作为中国共产党开拓社会主义智慧的结晶，对促进我国经济政治发展起着不可估量的作用。

社会主义先进文化就像中国共产党在社会主义研究中的智慧结晶一样，在推动我国经济和政治发展方面的作用是其他文化无法比拟的。社会主义先进文化赋予了我们文化指导，引领着建设有中国特色的社会主义的伟大事业，使我们走上了最适合自己的文化发展道路。与此同时，我们将这种文化视为文化的内容和基础。我们相信，随着中国特色社会主义实践的深入发展，这种文化的力量将加强其科学性。

与其他文化一样，社会主义先进文化是一定时期的产物。社会主义先进文化植根于中国特色社会主义的特殊实践中，根据我国现代社会发展的基本要求不断丰富其思想内涵。其时代特征非常鲜明，是中华民族集体智慧的体现，具有民族特色。以马克思主义指导思想为基础的社会主义先进文化，捍卫真理的客观性，反对封建制度的偏见，具有严格的科学性。社会主义先进文化坚持以人民为中心的发展思想，代表中国广大人民群众的意愿和利益，服务于人民大众，具有鲜明的群众性特征。社会主义先进文化揭示社会发展的客观规律，能够反映社会未来的发展方向，具有一定的指向性特征。社会主义先进文化对我国文化发展的统摄和引领作用，体现了我国文化发展的世界性和民族性的统一、科学性和主体性的统一、先进性和广泛性的统一、实践性和理论性的统一、继承性和创新性的统一、一元性和多样性的统一等。

社会主义先进文化的一个鲜明特点是，它不是一成不变的，而是一直保持着对民族文化的传承与创新，时刻保持着与时俱进，并批判性地吸收和利用外来文化。社会主义先进文化在我国社会领域中具有先进性的具体表现是，可以根据人民的实际需要解决社会的现实问题，达到现阶段我国文化发展的目标。它能够聚合或整合各个地区、各个民族和社会阶层的文化，成为社会主义核心价值观的文化涵养，起到凝聚力和离心力的作用；它能够处理和化解社会矛盾，广泛协调各种文化的发展，创造人民满意的精神文化，促进人类社会向共同利益的文化方向发展。先进文化制度决定了我国文化建设的先进性，也体现了我国文化制度的优越性。当前，我国文化的发展仍然集中在先进的社会主义先进文化上，要结合国内外文化发展的有利时机，实现我国社会主义文化的繁荣昌盛。

2. 社会主义先进文化的基本特点

不同文化具有不同的特点，社会主义先进文化除了具备文化的一般特点外，还有自己的一些优势、特点。

首先，社会主义先进文化最根本和最突出的特点在于它的"主体性"，即"人民性"。社会主义先进文化是一种可以满足普通民众精神需求的文化，它的"人民性"非常明显。社会主义先进文化的发展是以人的全面发展为出发点和落脚点的，实际上这与其他文化是不同的。反映人民的政治、经济和文化诉求，基于人民的根本利益，满足人类社会全面发展的理想和基本要求，这是社会主义先进文化的根本体现。人民群众是历史的创造者，是文化的创造者，同时享受着他们创造的文化。社会主义先进文化坚持以人民为出发点，不断满足人民群众的精神需要和审美爱好。社会主义先进文化的目的是在实践中找到人民群众的动力，以及文化创新和发展的源泉，通过群众的实践检验人民群众发展的有效性，并且通过文化的精神风貌和发展状态反映人民群众的根本诉求。社会主义先进文化不仅停留在人们所需要的文化的表层，而且强调文化促进人的全面发展的综合功能。社会主义先进文化深刻地融入了党的党性原则，把"为人民服务"作为自己的发展方向，有明确的宗旨和方向，这是我们信任的基础。随着我国社会主义市场经济的蓬勃发展和壮大，社会主义先进文化将引领我国文化产业和文化事业的良性发展，促进我国文化产业和文化事业的不断完善和更新。同样地，中国的文化产业和文化事业都是以人为本、服务人民的。在社会主义先进文化的引领下，我们的文化产业将生产出一大批群众喜闻乐见、内涵丰富的文化产品，丰富人民的精神世界。这些文化产品蕴含着中华民族的文化符号，充满正能量，将成为群众建立和增强文化自信的强大动力。

其次，马克思主义与优秀传统文化的有机统一所展现出来的民族性和时代性特征是社会主义先进文化的鲜明特色。社会主义先进文化是在马克思主义普遍原理的指导下，基于中华民族和谐文化的优秀传统，在符合中国国情的发展中对传统文化进行的创造性转化。它的民族性体现为文化创造中的独立自主性，是根据民族自身的、现实的需要把本民族的优秀传统文化提取出来并加上现代化元素，最终转变为适合我国新时期发展的先进文化。文化在任何时候都是民族性的，这是民族独立性的重要标志。只有独立的民族文化走向世界，为世界人民所分享，才是属于全人类的。社会主义先进文化虽然是一种先进文化，但它具有强烈的民族特色和民族精神。正因为社会主义先进文化具有一定的民族属性，才被中国人民接受和认可，用来照亮中华民族伟大复兴的道路。社会主义先进文化既是历史的选择、人民的选择，也是时代的选择。社会主义先进文化是在社会主义现代化、改革开放过程中，适应时代发展需要的文化，它也是中国传统文化与其他国家文化在碰撞、交流与合作过程中产生的文化。不管是在什么时期，文化都是民族的，它是民族独立的重要标志。

我们的经济制度和先进的制度的优点表明，社会主义先进文化必然是先进的和进步的。因为马克思主义作为社会主义先进文化的指导思想，本身就是进步的、与时俱进的。社会主义先进文化时代的特征，将引导中国人民永远站在时代的前沿，成为人类文明进步的使者。

最后，社会主义先进文化的重要特征是批判性和包容性。任何一种先进文化都是在旧文化中创造和发展起来的，对旧文化有一定的批判吸收，表现出开放或隐蔽的批评特征。社会主义先进文化是在中国特色社会主义制度下形成和发展起来的，它的批评不仅针对部分中国传统文化和外国文化，还包括对自身发展的批判。个人质疑意识的批判与转变是社会主义先进文化与其他文化的特殊区别。强大的自我批评和自我改造能力，使社会主义先进文化始终处于中国文化发展的顶端，帮助中国人民认识文化的纯洁和动荡，认清文化的优、缺点，在各种文化中保持我们的文化地位，增强我们的文化自信。

社会主义先进文化的批判性决定了其强大的包容性，社会主义先进文化具有博大的胸怀，能够包容各国文化。只有包容别人，才能被别人包容。历史多次证明，故步自封、孤芳自赏的文化是难以向前发展的，其终究会成为一种落后文化，被人们抛弃。我们从社会主义先进文化的"三个面向"就能看出它的包容性特征。这种包容性主要体现在对世界文明成就的批判性同化和创造性转化上。无论是哪种优秀文化，它最终都会使我们文化发展出现新的创造性变化，成为我们文化的有益补充或与我们的文化和谐发展。

3. 社会主义先进文化引领文化自信的方向

文化自信是人们对自身文化价值的一种肯定，是对自身文化生命力持有的坚定信心，并积极承担自身文化所赋予的使命和责任。近代以来，中华民族遭遇数千年未有之变局，中华文化也遭受前所未有的打击，中国人民一度对自己创造的民族文化失去信心。中国共产党人把西方马克思主义文化与中国传统文化相结合，从西方先进文化思想中汲取合理的教训，批判地运用中国传统文化的优秀元素，创造了一种宏伟的革命文化，鼓励中国人民实现中国革命的伟大胜利。和平时期，中国共产党人仍然坚持马克思主义的方向，形成适合中国现代社会发展的先进社会主义文化。

社会主义先进文化不仅是对中华传统文化的进一步发展和深化，而且合理吸收了世界文明的优秀成果，具有鲜明的民族性、开放包容性、与时俱进性、科学性和大众化的特色与优势。社会主义先进文化正在紧随时代脚步，不断地发展和完善，以满足人民群众对美好生活的追求，从根本上提升中国人民对当前我国文化的认同感。

社会主义先进文化融合了优秀传统文化和现代文化，蕴含着中华民族深厚的软文化力量，支撑着中华民族不断探索。在社会主义先进文化的指引下，中国人民有足够的力量建立和加强文化自信，为民族复兴注入积极思想和精神光芒，从而创造更加美好的生活。中国共产党始终坚持代表先进文化的领导，始终同人民群众在一起，坚定马克思主义信念，以科学理论和方法为指导，不断开拓创新社会主义先进文化，同世界人民共享文化发展成果，为文化发展开辟了一条和而不同的道路。在构建人类命运共同体的过程中，我们必须努力用中国人的智慧和力量为世界文明和文化多样性作出贡献。在探索和发展社会主义先进文化过程中，形成的一批具有中国特色的文化体系、文化产品和文化理念，是中国话语体系建设的有力支撑。

中国话语体系的构建必须有中国力量、中国精神、中国效率的体现和展示。有了中国话语体系，我们才有底气、有信心为全人类展示更好的社会制度，当世界人民向我们投来赞赏的目光时，我们可以向他们讲述生动的中国故事，他们也乐于倾听中国声音。有了中国话语体系，我们才有底气和信心打破西方对"中国崛起"的话语偏见，维护世界的长久和平与稳定，推动中华文化走向世界，促进世界各民族文化的和谐发展，为人类文明与进步贡献中国力量。

社会主义先进文化先进性的这一根本属性，就是始终顺应时代进步，不断感知自身的创新和发展。社会主义先进文化是动态的而不是静态的，是发展的而不是停滞的。每一个时代都有其相应的文化特征，每一种文化都承载着一定的文化使命。正是因为我们坚持科学的马克思主义文化观，立足我国的客观实际，辩证地对待文化之间的纷争，合理地吸收和利用文化中的优秀元素，所以才能建立和确立我们的文化信任，在文化自信的道路上建设文化强国，实现民族复兴和文化复兴的伟大成就。

二、文化自信与其他"三个自信"的辩证关系

第一，道路自信是根本，决定命运和前途。道路自信是指一个国家、民族或个人在面对各种挑战和困难时，对自身所选择的发展道路具有坚定的信心和信念。

道路自信源于对自身文化、历史、国情等方面的深刻理解和自信，以及对未来发展目标的明确把握。

道路自信与中华优秀传统文化之间存在密切的联系。中华优秀传统文化是道路自信的重要来源，为国家和民族的发展道路提供了深厚的文化底蕴。

道路自信与中华优秀传统文化之间的关系：

（1）文化认同。中华优秀传统文化是中华民族的精神支柱，对国家和民族的发展道路具有重要的指导意义。道路自信源于对中华优秀传统文化的认同和自信。

（2）历史经验。中华优秀传统文化蕴含着丰富的历史经验和智慧，为国家和民族的发展道路提供了宝贵的历史借鉴。

（3）价值观导向。中华优秀传统文化所倡导的价值观，如和谐、仁爱、诚信、公正等，为国家和民族的发展道路提供了正确的价值导向。

（4）民族精神。中华优秀传统文化是民族精神的根基，道路自信是民族精神的具体体现。二者相互支撑，共同推动国家和民族的发展。

（5）创新发展。在传承和发展中华优秀传统文化的过程中，国家和民族不断进行创新，形成具有中国特色的发展道路，从而增强道路自信。

（6）国际影响力。中华优秀传统文化在国际上的影响力，也有助于

提升国家和民族在国际舞台上的地位，增强道路自信。

在国家和民族的发展过程中，坚定道路自信，对传承和发展中华优秀传统文化具有重要意义。

第二，理论自信，特指在我国，对当前中国特色社会主义理论体系的自信，起着思想引领和行动指南的巨大作用。"主义"就如同一面旗帜，只有树立起这面旗帜，人们才会有明确的所趋所赴。因此，在改革开放的过程中必须充分重视理论的价值，不断提升我们的理论自信与战略定力。但是，一种理论在一个国家中的接受程度往往取决于其是否能够有效解决紧迫问题、满足现实需要。显然，我们的理论自信是有来源的：它源于经典作家基本理论的科学性与当代性，源于在马克思主义指引下我们逐步实现了"站起来""富起来""强起来"的巨大飞跃。只有始终坚定对马克思主义的充分自信，中华民族才能拥有定力、立稳根基，才能行稳致远、走向复兴。这是百年党史的一条重要经验。中国特色社会主义的成就，彰显了马克思主义的科学性；文化自信的提升、文化使命的实现，得力于我们对马克思主义的坚定理论自信与不断创新。因此，理论自信与文化自信之间存在紧密的关联。理论自信和文化自信相互支撑，相互影响。理论自信是建立在对自身理论成果的认同和自信基础上的，而这些理论成果往往融入了民族文化的精髓；同样地，文化自信也离不开理论的指导和支撑。理论自信和文化自信在国家和民族的发展过程中是共同发展的。一方面，理论的发展和创新会推动文化的传承和发展；另一方面，文化的传承和发展也会为理论创新提供丰富的素材和灵感。理论自信和文化自信在一定程度上是互相促进的。理论自信可以增强民族文化的吸引力和影响力，从而提高文化自信；而文化自信也会进一步激发人们对理论探索的热情和信心，增强理论自信。理论自信和文化自信在国际舞台上共同发挥作用，提升国家和民族的国际地位。理论自信可以使其他国家更加认可和尊重本国的理论成果，而文化自信有助于传播和推广民族文化的魅力，提升国际影响力。我们党之所以能够在百年征程中历经艰难、无往不胜，其重要方面就是我们始终能够不断地推进理论创新，从而坚定理论自信，进而用来正确指导社会实践。这是我们党和国家任何时候都不能放弃的。

第三，制度自信，彰显了我们党和人民对中国特色社会主义制度的生命力、优越性的充分肯定。制度自信是指一个国家、民族或个人对自身所建立和发展的政治、经济、文化、社会等方面的制度具有坚定的信心和信念。制度自信源于对自身国情、历史、文化等方面的深刻理解和自信，以及对未来发展目标的明确把握。制度自信对于国家和民族的发展具有重要意义，能够激发民众的凝聚力和创造力，推动国家不断向前发展。

坚定中国特色社会主义制度自信，需要从以下几个方面着手：

（1）深入学习和理解中国特色社会主义理论。通过学习中国特色社会主义理论，深刻领会其精神实质和科学内涵，坚定对中国特色社会主义制度的信心。

（2）弘扬中华优秀传统文化。传承和发展中华优秀传统文化，挖掘其与中国特色社会主义制度的内在联系，增强民族凝聚力和文化自信。

（3）宣传和普及中国特色社会主义制度优势。通过各种渠道宣传中国特色社会主义制度的优势，使广大人民群众更加了解和支持中国特色社会主义制度。

（4）推进制度创新和完善。不断深化制度改革，完善中国特色社会主义制度，解决人民群众关心的问题，提高制度的公信力和执行力。

（5）增强道路自信、理论自信和文化自信。坚定中国特色社会主义的制度自信与道路自信、理论自信和文化自信密切相关，需要全社会在各个方面共同努力，形成合力。

（6）提高国家治理能力和水平。通过提高国家治理能力和水平，有效应对各种风险挑战，彰显中国特色社会主义制度的优越性。

（7）加强国际交流与合作。在国际舞台上积极宣传中国特色社会主义制度，扩大国际影响力，增强中国特色社会主义制度自信。

一种制度能否获得公信力、展现生命力，就在于它是否能够在推动经济社会发展、满足人民现实需要等方面发挥实效。只有如此，人们才会有获得感和认同感，这种制度才会有强大的向心力与凝聚力。任何一种社会制度的孕育、建立甚至博弈，都有某种文化作为其强大的依托，都体现着一定的理想追求和价值目标。正是某种文化追求和价值观念决定了这种制度的底色与性质。从这个角度来看，制度就是一个社会的核心价值观（其决定了文化的性质和发展方向）的鲜明体现与具体样态。一旦其中的价值观的支撑和滋养缺位，制度的建立和发挥就成为无本之源，当然实现国家治理体系和治理能力现代化这一改革总目标也就无从谈起。毋庸置疑，既然中国特色社会主义源于我们的历史积淀、文化传统，那么我们的制度的建立和完善就必须遵循"内生演化"的逻辑，而不能脱离文化实际去幻想所谓的"飞来峰"。

第四，文化自信是其他"三个自信"的题中之义。马克思主义与中国化马克思主义理论体系，作为中国共产党的思想与智慧源泉，带领中国广大人民群众走上了社会主义的康庄大道，制定了各项制度和法律规章。一以贯之地贯穿与体现在道路、理论、制度之中的是马克思主义和中国化马克思主义的立场、观点、方法以及核心价值观与社会理想。而这些因素正是社会主义文化的内核与精髓所在。所以对道路、理论和制度的自信，本身就是文化自信，或者说，文化自信始终渗透和贯穿于其他三个自信之中。其一，道路自信是党和人民对选择社会主义作为国家根本发展路径的自信。中国人民在考虑社会实际的基础上选择了马克思主义与中国共产党，选择了马克思主义的科学与革命体系，选择了新民主主义革命、社会主义革命和建设的道路。因为马克思主义理论是文化的主导性意识形态，所以，这个选择，相较于文化来讲，也就是历史和人民选择了马克思主义文化观，选择了建立在这一文化观基础上的文化道路。中国社会在建设进程中所取得的巨大成功，就是中国道路的巨大成功，就是中国人民道路自信的底气所在。文化自信当然也是道路自信的题中之义。其二，马克思主义理论体系和中国化马克思主义理论体系本身就是文化的重要组成部分，是内核，是精髓。理论化、科学化的马克思主义与中国化马克思主义理论体系本身就是典型的哲学社会科学文化形式。其三，由马克思主义指导建立的中国特色社会主义制度体系和法律体系，当然体现和贯穿着马克思主义理论的思想理念、道德追求、理想信念等文化精髓。优良的制度产生于相应的观念，制度的有效落实则更需要观念的推动。因此，贯穿于制度体系的内在文化力量，才是社会主义制度优势能够彰显、社会主义社会不断前进的根源。例如，人民代表大会制度就体现了"人民群众是历史的创造者"的唯物史观哲学原理和"人人平等"的道德诉求以及"自由人的联合体"的社会理想，这些理念正是社会主义文化蕴含的核心理念与原则。进而可以说，这些制度在一定程度上向我们展示了社会主义制度自身的优越性。我们在坚定对这一制度信心的基础上，采用先进的理念和思想不断完善这一制度，才能保证社会主义事业各种体制机制的成功运行。

文化自信在"四个自信"有机整体中的重要地位，也使人们懂得中国人增强文化自信，应该从中华优秀传统文化、革命文化和社会主义先进文化中汲取精神力量。从本质上讲，我们必须从历史和趋势的高度，联系中国文化的过去、现在和未来，赋予中国特色社会主义更深刻的历史渊源和文化底蕴，明确中国特色社会主义根植于中国文化的沃土，体现中国人民的意志，适应中国和时代的发展进步。这一探索是中国共产党和中国人民在坚持中华文化立场、延续民族文化血脉中发展起来的。它吸收了中华文化的丰富营养，继承了中华民族优秀的文化基因和独特的文化传统，具有鲜明的中国特色，焕发出勃勃生机。

历史和现实都表明，一个抛弃了或者背叛了自己历史文化的民族，不仅不可能发展起来，而且很可能上演一段段历史悲剧。文化自信，是更为基础、更为广泛、更为深厚的自信，是更为基本、更为深沉、更为持久的力量。坚定文化自信，是事关国运兴衰、事关文化安全、事关民族精神独立性的大问题。我们要更加清晰地认识到，文化自信与道路自信、理论自信、制度自信之间的相互依存、相互影响、相得益彰的逻辑关系，从而明确中国特色社会主义是融道路、理论、制度、文化为一体的伟大实践，中国特色社会主义文化是中国特色社会主义道路、中国特色社会主义理论体系、中国特色社会主义制度的精神根基，并提供着丰厚的精神滋养，发挥着强有力的精神支撑作用。

从"文化自信是更为基本、更为深沉、更为持久的力量"到"文化自信是更为基础、更为广泛、更为深厚的自信"，是从作用阐释到地位明确的提升，是合乎理论逻辑的演进。从阐明文化作用到强调文化自信意义，从"三个自信"拓展到"四个自信"，是合乎实践逻辑的延伸。中国特色社会主义"特"在其独特规定性上，不仅体现在道路、理论体系和制度上，也体现在文明渊源和文化底蕴上。今天，我们所坚持和发展的中国特色社会主义，说到底是在中华文明大道上不断开拓马克思主义中国化的新境界，致力创造中华文明新辉煌，绝不是跟在西方文明后面亦步亦趋，更不是"去中国化""去民族化"地融入西方文明。在当代中国，坚持和发展中国特色社会主义，必须从独特的文明渊源和文化传统审视开创、坚持和发展中国特色社会主义的历史逻辑，把中华民族的过去、现在和未来一体贯通起来，从中华文化积淀的最深层精神追求中理解中华民族自立于世界民族之林、自主掌握命运和选择道路的战略定力。

三、新时代更加需要文化自信

文化是一个国家、一个民族的灵魂。文化兴则国运兴，文化强则民族强。没有高度的文化自信，就没有文化的繁荣兴盛。文化自信是一个国家、一个民族发展中更为基本、更为深沉、更为持久的力量。必须坚持马克思主义，牢固树立共产主义远大理想和中国特色社会主义共同理想，培育和践行社会主义核心价值观，不断增强意识形态领域的主导权和话语权，推动中华优秀传统文化创造性转化、创新性发展，继承革命文化，发展社会主义先进文化，不忘本来、吸收外来、面向未来，更好地构筑中国精神、中国价值、中国力量，为人民提供精神指引。

文化自信不仅对于我们国家坚持社会主义核心价值体系极其重要，而且对于传播中华优秀传统文化也有不可忽视的重要价值。可以说，互联网时代中华优秀传统文化传播的关键就在于文化自信，原因主要有以下四点。

（一）文化自信是中华优秀传统文化得到传播的首要前提

文化自信即是在心理上建立起来的，对中华优秀传统文化的认同。没有这样的文化认同作为前提，可想而知文化传播这一行为就不可能产生。文化认同如此重要，还因为对于人类而言，社会性是人类与动物相区别的关键属性，而在社会性的养成和传递过程中，最为重要的就是文化认同和传承。可以说，文化认同就是我们的身份认同，是我们作为社会性的人类的身份认同，是对"我们从哪里来""我们要到哪里去""我们的人生有什么的意义"这些人生在世必然会问到的基本问题的解答。没有社会性的动物是不会思考这些问题的，只有具有社会性的人才会对这些问题进行思考和解答，并且在文化中将其一以贯之地加以体现并一代代地传递下去。确定了自己的文化身份，就等于确定了在人类社会中的身份，只有这一点得到确认，才有可能出现文化传播的行为。

（二）文化自信是中华优秀传统文化得到广泛传播的最佳推动力

我们都知道，对于一些事物，如果我们不热爱它，那么我们就不会主动地关注它，更遑论主动地传播它。对中华优秀传统文化有自信，意味着我们对它有深切的热爱、完整的理解和深刻的认同，因为理解、认同所以更加热爱。在这样的情况下，我们自然而然就会用很大的热情传播它。比如，很多热爱中华武术的国外友人从世界各地不远万里来到少林寺学习中华武术后，回到自己的国家往往会开设武馆或者从事与武术相关的事业。他们都是因为真心热爱中华武术才会这样做。也正因为热爱，他们都成为中华武术的传播者，也成为中华文化的传播者。

（三）文化自信是中华优秀传统文化在文化冲突中可以得到持久传播的保证

当今世界，文化冲突已经成为一个屡见不鲜的现象。英国学者亨廷顿早在 20 世纪就在《文明的冲突与世界秩序的重建》中提出了"世界变小，文化的接触会产生摩擦"的观点，认为未来世界的冲突在很大程度上是文化 / 文明的冲突。❶ 既然文化 / 文明的冲突不可避免，那么当中华优秀传统文化与来自其他国家的文化发生冲突时，我们会如何选择就会成为一个问题。严格来说，是选择中华优秀传统文化，还是选择其他国家的文化，就意味着我们选择了什么样的价值观。从这个角度来说，文化自信其实是对我们延绵五千多年的中华优秀传统文化所承载的价值体系的自信。而倘若我们没有文化自信，那么当我们面对文化冲突时所做出的选择无非就是"缴械投降"，全然投入别的国家的文化之中。

（四）互联网时代更加需要中华优秀传统文化

尼葛洛庞蒂在《数字化生存》一书中描述了这样一个数字化时代的景象："我们经由电脑网络相连时，民族国家的许多价值观将会改变，让位于大大小小的电子社区的价值观。"❷ 在数字化时代，人和人之间的关系会更加小社群化，会存在大大小小的不同社群，人们各自持有不同的价值观。这些价值观不可避免地会存在冲突，因此必须要有一种可以涵盖各种不同价值观在内的，以和谐包容为主题的，出于对人的终极关怀，以全人类的共同发展和福祉为目标的文化来统一、调和。中华优秀传统文化正是这样一种文化，其中有"大同社会"的崇高理想，在对待

---

❶ 塞缪尔·亨廷顿. 文明的冲突与世界秩序的重建 [M]. 3 版. 北京：新华出版社，2002：3.

❷ 尼古拉·尼葛洛庞蒂. 数字化生存 [M]. 海口：海南出版社，1997：16.

不同的思想观念时有"和而不同""求同存异"的包容境界，还有在解决人与人、团体与团体之间的各种矛盾和冲突时"叩其两端而执其中"的中庸精神……这些深藏在中华优秀传统文化中的价值观和思维方式深深地影响了中国人，让中华民族历经上下五千多年仍然屹立于世界民族之林，让中华文明成为世界四大文明中唯一一个延续至今的文明。在比任何时候都更加需要人类团结的数字时代，中华优秀传统文化中这些有利于人类团结的价值观和思维方式，能够帮助我们从人类文明的更高层次调和不同群体之间的价值观冲突，能够从以社会为导向的人文精神出发，以人为本，使人和人之间的关系更加和谐、紧密，而不是随着技术的发展而变得越来越疏远。

第二节 中华优秀传统文化自信构建的理论和现实意义

中国共产党从无到有，党员数量从少到多，历经了百年沧桑。回顾中国共产党的奋斗史，始终不断地以新思维引领新文化，又以充分的文化自信唤起民族觉醒。

一、中华优秀传统文化自信构建的理论意义

（一）丰富和发展了马克思主义文化理论

"马克思主义中国化"的理论最早是由毛泽东提出的。在此之后，中国共产党人便将马克思主义的普遍理论与中国的自身情况进行科学判定又不断改革，在理论与现实的无数次碰撞中逐渐建构了中国特色社会主义体系。每一代马克思主义的实践者都应当为马克思主义注入时代血液，使马克思主义不断丰富。

全世界范围内，中国是对马克思主义思想最为推崇的国家之一，与其他社会主义国家相比，地大物博且幅员辽阔是中国区别于其他国家的最本质特征。中国共产党成立至今我们始终奉行走马克思主义道路，时至今日，一如既往，从未发生丝毫改变，可以直言不讳地说，我们是马克思主义最忠实的守护者。中国共产党成立百年来，中国领域的人文变化在斗转星移中可谓翻天覆地，我国若想在新时代的文化建设领域取得更大的成就，那么坚持马克思主义理论是必由之路。全党对文化自信指

导文化建设坚定信心，并在马克思主义的理论指导下思索中国文化建设的方向问题，促进马克思主义文化理论在中国现今社会的新发展，使马克思主义在文化方向上更加深入、更加接地气。马克思主义文化理论思想具有科学性和人民性，只有群众支持的理论思想才是基础稳固的科学思想。

（二）为马克思主义中国化提供精神支撑

马克思主义中国化，是指马克思主义在与中国具体实际相结合的过程中，不断形成具有中国特色的理论成果，进而指导中国的革命、建设和改革发展的过程。文化自信作为中国特色社会主义理论体系的重要组成部分，为马克思主义中国化提供了精神支撑。

坚定文化自信，有利于巩固马克思主义的指导地位。中国共产党始终坚持以马克思主义为指导，而坚定文化自信，有助于巩固马克思主义在意识形态领域的主导地位，确保中国特色社会主义事业始终沿着正确的方向前进。

坚定文化自信，有利于传承和弘扬中华优秀传统文化。中华优秀传统文化是中华民族的精神命脉，是中华民族生生不息、发展壮大的丰厚滋养。坚定文化自信，就是要传承和弘扬中华优秀传统文化，使其与马克思主义相结合，为马克思主义中国化提供丰富的文化资源。

坚定文化自信，有利于吸收和借鉴世界优秀文化成果。坚定文化自信并不意味着封闭保守，而是要以博大的胸怀和开放的心态，吸收和借鉴世界优秀文化成果，为马克思主义中国化提供丰富的文化滋养。

坚定文化自信，有利于激发全民族文化创新创造活力。推动中华优秀传统文化创造性转化和创新性发展，为马克思主义中国化提供源源不断的创新动力。

坚定文化自信，有利于增强中国特色社会主义事业的凝聚力和向心力；坚定文化自信，可以增强全党全国各族人民对中国特色社会主义事业的认同感和归属感，为马克思主义中国化提供强大的精神支撑。

综上所述，坚定文化自信，对于推动马克思主义中国化具有重要意义。我们要深入学习贯彻习近平新时代中国特色社会主义思想，坚定文化自信，为实现中华民族伟大复兴的中国梦提供强大的精神力量。

（三）拓展了中国特色社会主义文化理论

党的第十七大首次提出了文化强国的目标，在新时代中国共产党更是给予文化建设前所未有的重视，并明确提出了坚持四个自信的原则，党的十九大报告将文化自信与道路自信、理论自信、制度自信一道写入党章，这是党对文化自信的最高礼遇。

我们一方面要满足人民对美好生活的需要；另一方面我们要大踏步地向着文化强国行列迈进。迈进文化强国的行列需要文化内容的广博，这体现在需要有牢固的理论基础。首先，文化自信本身就是站在无数马克思主义的经典著作上的，而经过多年与中国实际的结合又有了许多"人化"的调整，所以文化自信的提出首先就源于前人的文化基础。其次，文化自信是中国共产党人在经过岁月的蹉跎后，在无数次文化建设的实践与调整中获得的最新文化指引，这种指引植根于实践又饱含对未来的憧憬。文化自信的指引是新时代中国特色社会主义文化建设的重大理论基础，夯实了中国特色社会主义文化理论。

二、中华优秀传统文化自信构建的现实意义

（一）有助于提升中华文化软实力

文化理论的自信是一种创造性的精神力量。

首先，中华民族文化旅游产业遍及全球，凝聚了中华民族的智慧。近年来，许多中国影视作品在国外放映，许多优秀作品吸引了众多外国朋友。这些作品具有中华民族文化发展的元素，能体现中国人民的智慧。它们主要体现了中国经济和文化对国际市场的信心。

其次，中国文化已经得到西方朋友的认可，所以有必要推广中国文化。在中国，人们开始意识到在生活中弘扬中华优秀传统文化的重要性，这普遍体现在建筑设计风格、生活学习习惯、文化娱乐、服装设计等方面。随着经济建设和社会主义教育的联网，国际学生在中国随处可见。中国的孔子学院也作为"一带一路"倡议的一部分出现在西方国家和地区。

最后，中国文化旅游产业的快速发展极大地促进了产业结构的转型和现代化。素质文化教育研究领域从传统的社会主义经济信息化管理模式向创新型经济模式和服务型经济体系转变，取得了显著成效。中国

文化在国外的竞争力稳步提升，文化产品在国际舞台上的影响力明显增强。长期以来，文化软实力与中华民族的发展、与独立自主的和平外交政策息息相关。近年来，文化软实力全面、多层次、立体推进中国特色文化强国外交，为我国社会主义文化营造了良好的外部市场环境。提升文化软实力对塑造中国形象、发展对外经济文化交流、增强国际话语权具有积极作用。今天，中国的"一带一路"倡议呼吁人们将民族文化与世界其他地区联系起来，与其他国家合作，架起人类文化与命运的桥梁，推动世界和人类的发展。在经济全球化背景下，文化呈现多元化趋势。新兴和发展中国家的快速增长将日益改变国际力量对比，中国将把文化理论应用到国际贸易实践中，中华民族必须提高国际实力，话语权进一步增强了文化软实力。我国文化旅游产业对国际市场具有非常重要的影响，为世界和平与发展作出了新的重要贡献。艺术工作者要让国外加深对中国文化的了解，增加对中华传统文化的欣赏。为了艺术创作的蓬勃发展，我们将汉字恰当地植入了强大的媒体中。中国电影的形象改变了过去西方人对中国的虚幻和刻板印象。比如，《战狼Ⅱ》创造了国产电影的票房奇迹，16 天票房突破 40 亿元。这部电影传达了爱国主义情感，呼吁和平的理念赢得了观众的心。这部电影的成功体现了我国文化软实力的提升，并且以一种微妙的方式得到了西方的认可。

（二）有助于中华儿女树立文化自信

中华人民共和国成立 70 多年来，中国共产党带领中国人民艰苦奋斗，稳步崛起。我们要充分发挥文学艺术的潜移默化作用，强调社会主义核心价值观和具有世界意义的中华文化精神，展示体现中国的发展进步和美好生活的文化成果，进一步增强中华文化的影响力。对于中华民族来说，文化自信的基因源自中华优秀传统文化。实现中国梦，既要大力加强文化建设，又要提高中国特色社会主义文化意识，对美丽的传统文化充满信心。在五千多年的历史发展中，大多数爱国者充分展现和传播了爱国主义和民族精神。必须说，中华民族之所以能取得今天的辉煌成就，是因为对民族文化精神的坚定信心。在如今国际经济形势瞬息万变的背景下，要振兴中华，不仅需要保持优秀的民族传统文化精神，更重要的是，对民族文化要有信心。中华文明延续了五千多年，代代相传，今天依然在世界文化之林中熠熠生辉。例如，《流浪地球》是中国第一部真正意义上的硬科幻电影，值得中国人骄傲，但中国人真正需要记住的是它背后的文化自信。首先，弘扬民族感情，弘扬中国价值观。漫游地球工程展现了中国古代不屈不挠的精神。摆脱了逃离地球的思想，继承了愚公移山、精卫填海等传统文化精神来保卫自己的家园。其次，宣传人类命运共同体思想，反映了一个大国的责任。人类建立了以中国为代表的全人类联合政府，抵制灾害，宣传人类未来共同体的社会理念，极大地提高了国人的自信和爱国的热情。这部电影进一步促进了中国文化的发展。

（三）为世界文化的良好发展提供中国方案

文化自信是指一个国家、一个民族对自身文化的坚定信念和高度认同，体现了一个国家和民族的文化自觉和文化担当。在当今全球化的背景下，文化自信为世界文化的良好发展提供了中国方案，主要体现在以下几个方面：

（1）倡导文化多样性。中国始终坚持文化多样性原则，尊重各国文化传统和特色，反对文化霸权主义和文化冲突论。我们坚信，各种文化都有其独特的价值和魅力，应该相互尊重、相互学习、取长补短，共同推动世界文化的繁荣发展。

（2）推动文化交流互鉴。坚定文化自信并不意味着封闭保守，而是要以开放包容的心态，积极开展文化交流互鉴。中国愿意与世界各国分享自己的文化成果，同时，也愿意学习借鉴世界各国的优秀文化成果，共同推动世界文化的创新和发展。

（3）促进文化与经济、政治的协调发展。中国认为，文化是一个国家和民族的软实力，是经济社会发展的重要支撑。我们要在推动经济发展的同时，注重文化建设，使文化成为推动经济社会全面发展的强大动力。

（4）弘扬中华优秀传统文化。坚定文化自信，就是要传承和弘扬中华优秀传统文化，使其与现代社会相结合，为世界文化的多样性作出贡献。中华优秀传统文化蕴含着丰富的哲学思想、道德观念和人文精神，可以为世界文化的良好发展提供有益借鉴。

（5）构建人类命运共同体。中国提出构建人类命运共同体的理念，强调各国要携手合作，共同应对全球性挑战。在这一背景下，各国应加强文化交流互鉴，推动世界文化的繁荣发展，为构建人类命运共同体提供精神支撑。

现阶段，中华优秀传统文化对于民族复兴、国际秩序的约束、世界和平和人类命运共同体的发展都具有十分重要的意义。一直以来，中华民族传统文化强调讲仁义、守诚信、求大同，在文化创新中贯彻落实人类命运共同体的观念，坚持"一带一路"倡议的实施，开发和宣传现下我国的文化名片，提高我国在国际舞台上的话语权。文明的中国向世界展现的并非霸权主义，而是"和谐世界""和平发展""合作共赢"的逻辑和生动实践。中国是世界上最大的发展中国家，拥有 14 亿多人口，社会主义现代化规划的完成能够推动世界历史整体进步与繁荣。另外，对于坚持和谐世界理念，弘扬国际关系中的民主、和睦、协作、共赢精神，构建人类命运共同体有着十分重要的价值。

国家之间的文化差异是由多方面的因素形成的。因为国家之间没有长期的交流和融合，一些国家处于孤立状态，在这种情况下，需要不断地融合和交流来缩小民族文化之间的差距，促进文化繁荣和文明的发展。各国之间的文明交流不仅要满足本国经济发展的实际需要，更要注重合作，取长补短。每个国家都必须对文化发展及其文化个性保持长期的自信态度。信仰对人类非常重要，对社会文化的发展非常重要。在文化领域，我们也必须认识到社会文化的差异。只有认识到我们与其他国家之间的差异，我们才能找到解决这些问题的方法。当今世界正在发生什么？我们国家应该怎么做？毫无疑问，我们可以与世界各国人民合作，共同解决人类历史和文化产业发展的问题。总之，文化自信是一种精神力量。增强文化自信，要继承中华传统文化的优秀基因，发扬红色革命精神，培育和践行社会主义核心价值观。

第三节　用中华优秀传统文化培育文化自信的实现路径

当代中国文化自信的底气，既来自我们传统文化博大精深的丰富性与和而不同的包容性和创造精神，也来自体现自强不息民族精神的红色文化的革命性、社会主义文化的先进性和导向性。在当代，如果不重视红色文化和社会主义先进文化作为中华文化的重要构成这一现实，就很难全面理解当代中华文化的底气由何而来。

一、走进生活，接受实践检验

事实胜于雄辩，实践最有权威。文化自信，必须坚持以人民为中心，从"落细、落小、落实"上下功夫。人民群众既是历史创造的主体，又是历史成果的获得者，中国共产党带领人民群众进行社会主义伟大建设，既是为了人民，也要依靠人民。增强人民文化自信，才能形成磅礴的中国力量。在实践中培育文化自信，就是要坚持"以人民为中心"，引导人们在自己的生产生活实践中不断增强文化自信。只有大力推动社会主义经济建设，在满足人民日益增长的物质生活需要的同时，为其他各项社会主义事业创造雄厚的物质基础，才能有助于各项社会主义事业抓住时代机遇，获得长足发展。这样才能切实增强人民对国家、对民族的认同与热爱，增强人民的文化自信、文化定力。这就要求在党的领导下，加快推进国家治理体系和治理能力现代化，不断增强国家综合实力；这就要求各层次、各领域、各行业、各部门都要守好阵地，做好本职工作，并在党的领导下，通力合作、密切协同、深化改革、奋力开拓，不断把社会主义事业全方位推上新高度，不断开拓新境界；这就要求全体社会成员从我做起、从现在做起，践行理想信念、践行社会主义核心价值观，在生产生活实践中展现文化自信和价值观自信。唯其如此，才能积累起雄厚物质财富的资本，为创造精神财富、为文化自信筑起牢固的"地基"。

二、走入人心，重塑精神家园

在当代中国，通过"走入人心"推动传统文化创新性发展可以从以下几个方面着手：一是理想信念建设。理想信念属于"深层型文化"的核心和灵魂，是指导人们进行文化选择和价值判断的深层依据，是决定人们思想和行为的精神支柱。同时，理想信念承载着中华文化的精华，蕴含着文化中最为深层的内容，凝结着最为深刻的精神传统与价值追求。经过创造性转化的传统文化资源，必然在当代中国人的理想塑造和信念培育的过程之中彰显其时代性特征，为传统文化的创新发展提供动力。比如，中华传统文化中对"大同"世界的理想追求，在当代中国人民追求全面建成小康社会的承诺中、追求中国梦的理想中、推进"共享发展"的实践中、打造人类命运共同体的倡导中，不断被赋予了新的时代内涵，从而融入当代中国人的精神世界。二是价值理念培育。价值观自信是文化自信的砥柱与硬核。社会主义核心价值观是当代中国价值观的高度概括和精练表达，必须在继续凝练社会主义核心价值观的过程中重新检视中华传统文化。破解当代中国人面临的精神困境和价值观迷茫，迫切需要重建与中国特色社会主义现代化建设相拱卫、与当代中国人的精神需求相适应、与中国五千多年的传统文化相承续的价值体系。社会主义核心价值体系只有与中华传统的价值体系进行对接，从而成为涵养社会主义核心价值观的源泉，才能成为有"根"的东西。在这一过程中，综合审视中华传统文化的时代精神，发掘其对提升当代人精神境界的积极因素，以之凝聚实现社会主义现代化的力量，从而重新建立中国人的精神秩序，探寻现代中国人安身立命之本或寻求失落的意义世界。三是道德伦理建设。道德作为文化形态和文化发展的一种重要力量，不仅能为社会发展提供秩序治理的应然取向和精神动力，也能为公民个体提供价值准则和精神归属。中华传统文化是以人伦关系为本位的，形成了中华民族特有的"文化习性"或者"深层结构"，这种"习性"或"结构"作为一种不以人的主观意志为转移的客观存在，内在地决定了民族制度和文化秩序。因此，中国文化被认为是特别重视伦理道德的文化价值取向的，使中国人总是习惯用道德的眼光和标准审视和评判一切，注重通过内心的自觉"克己复礼"。因此，传统文化资源通过各种渠道的涵养，必须融入当代中国人对人伦价值、精神境界、国民性格、风俗习惯、心理素质、价值观念、理想人格的追求之中，才能真正建立属于中国人的精神家园。如何运用好中华传统文化资源中富于整合和教化的力量，是当代中国知识分子义不容辞的时代使命。

加强文化自信，要在党的领导下，以哲学社会科学工作者和宣传思想工作者为主力军，积极构建和发展完善中国特色哲学社会科学的学科体系、学术体系、话语体系；以马克思主义的立场、观点和方法系统挖掘和解读中华民族五千多年的文明历史，转化思想精华；系统整理和制度化弘扬传统文化并积极与当今时代精神相融合；在改革开放的实践中同步凝练与积极创新社会主义先进文化。宣传舆论工作在做好党的大政方针宣讲宣传工作的同时，要积极宣传优秀传统文化；文艺工作者要坚持以人民为中心，加强文艺对中华优秀传统文化内涵及文化精神的传播和渲染，唱响社会主义先进文化主旋律，理直气壮弘扬正能量，等等。要充分利用当前"富起来"的良好经济条件，加强公共文化服务基础设施建设，扩充资源储备，切实实现全国城乡全覆盖；在满足人民基本文化需要、保障人民文化权益基础上，努力通过政策引导、经济扶持等手段，提高那些文化科技基础最薄弱、最落后的广大地区的经济水平和人民的知识水平，因为只有在物质生活和精神生活双重获得感、幸福感提升的基础上，人们的文化自信才能够持久坚定。就改革推进文化产业而言，最主要的就是，要在党的领导和政府主导下，处理好政府和市场"两只手"的关系：如果政府的"手"伸得短且力道弱，市场经济强烈的趋利本能就会在文化产业中占主导，文化产业的方向就会"跑偏"，"载道"功能就会出故障；但政府的"手"伸得过长且力道过强，就会"伤害"文化市场的生机活力和文化产业主体的积极性。这两者之间需要建立起合理高效的平衡，才能实现社会效益和经济效益的完美统一。

三、走向世界，加强交流互鉴

中华优秀传统文化如何才能在清晰的自我理解和自我阐释的基础上"走向世界"，需要从以下两个方面理解和做起。

第一，中华优秀传统文化"走向世界"不是强行进行文化灌输，而是基于"和而不同"的交流对话。在中国思想史上，"和而不同"的文化立场贯穿文明交流融合的全过程，是中国文化数千年绵延至今而没有中断的基因密码。"和而不同"有一个现实的基础和理论的预设，就是文化是多样的，文明是多彩的。即各个文明都是平等、独立而自成体系的，多彩多样的文明共同构成了世界文明共同体。只有以相互平等为前提、以相互尊重为基础的文明交流，才可能实现人类文明的创新性发展。

第二，中华优秀传统文化"走向世界"不是表层的文化交流，而是深层次的价值观交流。这种价值观交流既是内在文化理念的深层次对话，又是价值理念的隐形博弈，只有在对话与博弈的辩证统一中才能真正将中华文化推向世界。在这个意义上，中华优秀传统文化在走向世界的过程中就会焕发新的生命力，很有可能激发出新的价值意蕴；同时，世界不同文化也会在中华文化当中得到启发，从而产生新的文化。比如，"己所不欲，勿施于人"的恕道之所以能被世界绝大多数人所服膺和认同，并成为写入联合国总部大楼的"黄金道德法则"，必然经历了复杂的交流互鉴的过程。首先，通过对"己所不欲，勿施于人"抽象精神的提炼、前提界限的澄清和思想内容的转化，使其成为融入时代精神的思想资源。其次，经过创造性转化的"己所不欲，勿施于人"还需要在中西文化差异的背景下"再度转译"，成为西方人可以理解的意义存在，在这个意义上的"己所不欲，勿施于人"才是真正与西方文化交锋的意义存在。在这一过程中，"己所不欲，勿施于人"实际上已经与西方文化产生了深度的交锋、碰撞和融合，而成为一种具有更强的生命活力、具备更强的空间适应性的文化存在。这种新的文化存在还会反馈回中国文化母体中，并产生新的文化影响力。这样一来，"己所不欲，勿施于人"在新一轮的转化创新中便会重新走进当代中国人的日常生活，走入当代中国人的精神世界，并最终融入当代中国的文化体系中。

第四章　中华优秀传统文化的现代传承与弘扬

在探索中华优秀传统文化现代传承与弘扬的途径时，需要结合时代背景，充分发挥各种途径的优势，推动中华优秀传统文化的传承和发展。

第一节　中华优秀传统文化与现代社会生活

中华优秀传统文化凝结着中国人民在历史创造进程中的高超智慧，是人类社会宝贵的精神财富。虽然其具体文化形态因时代变迁而发生显著变化，但其内在精神价值却具有深刻的思维启示和实践意义。从主体文化价值需求与文化共同体的价值供给关系上看，优秀传统文化的价值基因构成了时代发展进程中的人文底色，而以新时代现实需要烛照传统，则是实现优秀传统文化创造性地转化为现实精神力量的关键。这种创造性转化的核心在于在价值相融的基础上对主体精神需要的满足，构建起人们在现代生活中追求真、善、美的文化常态与精神境界。

一、融入生活方式

文化对于人的主体精神创造活动而言，从来都不是一种静态的景观，而是融合于当下生活主题的一种思维方式和情感方式。中华优秀传统文化是中华民族的瑰宝，是中华民族的精神支柱，蕴含着中华民族的智慧、道德和审美观念。在现代社会中，中华优秀传统文化依然具有重要的意义和价值，可以为我们的生活带来更多的启示和帮助。

（一）传统文化在家庭生活中的应用

家庭是社会的基本单位，也是传承中华优秀传统文化的重要场所。在家庭生活中，中华优秀传统文化可以通过多种方式融入我们的生活。比如，在家庭教育中，父母可以通过讲解中华优秀传统文化的历史、故事和价值观，来引导孩子树立正确的人生观和价值观。在家庭礼仪中，中华优秀传统文化中的孝道、礼仪等价值观可以渗透到日常生活中，如尊敬长辈、礼貌待人、节俭持家等。

（二）传统文化在文化艺术中的应用

传统文化是我国历史文化的精髓，包含了丰富的精神内涵和独特的审美价值。在艺术创作中，传统文化起着举足轻重的作用，不仅为艺术家提供了源源不断的创作灵感，也为现代艺术创作注入了新的活力。在文化艺术中，中华优秀传统文化可以通过多种方式融入我们的生活。比如，在音乐、舞蹈、戏剧、电影、电视、小说等艺术形式中，中华优秀传统文化中的音乐、舞蹈、戏剧等艺术形式可以被广泛应用，如《黄河大合唱》《二泉映月》《红楼梦》等。

艺术家可以通过研究传统文化，了解其历史价值、审美价值和文化价值，并在现代艺术创作中借鉴、运用、融合这些元素。例如，在绘画创作中，可以借鉴古代画家的构图、色彩运用等技巧；在音乐创作中，可以借鉴古代音乐的形式、节奏等特征；在书法创作中，可以借鉴古代书法的笔法、字形等。

艺术家还可以尝试对传统文化进行创新，使其更符合现代观众的审美需求。例如，在绘画创作中，可以运用现代材料，如丙烯、水彩等，创作出具有现代感的绘画作品；在音乐创作中，可以运用电子音乐、合成器等现代音乐设备，创作出具有现代感的音乐作品；在书法创作中，可以运用现代书法的创作理念，如强调个性、情感表达等，创作出具有现代感的书法作品。

（三）传统文化在职场中的应用

传统文化在职场中的应用是广泛的。在中国，传统文化包括儒家、道家、佛家等思想，这些思想对于职场中的领导力、团队协作、职业道德等方面都有重要的影响。例如，儒家思想中的"仁爱""诚信""礼仪"等价值观，可以指导职场人员与他人相处，处理人际关系，以及保持良好的职业道德。

在领导力方面，传统文化中的"君臣父子""君民上下"等思想，可以指导职场人员与上级和下属相处，建立良好的领导关系，以及有效地管理团队。此外，传统文化中的"中庸之道"思想，也可以指导职场人员在职场中保持平衡，在各种利益冲突中作出明智的决策。

在团队协作方面，传统文化中的"天人合一""和谐共处"等思想，可以指导职场人员与他人协作，建立良好的团队关系，以及有效地协调团队内部的各种矛盾和冲突。此外，传统文化中的"德才兼备"思想，也可以指导职场人员提高自己的能力，成为一个有价值的团队成员。

在职业道德方面，传统文化中的"诚信""正直""廉洁"等思想，可以指导职场人员保持良好的职业道德，遵守国家的各种法律法规，以及保持良好的个人品质。此外，传统文化中的"修身、齐家、治国、平天下"思想，也可以指导职场人员保持良好的个人品质，处理好家庭和事业之间的关系，以及保持身心健康。

（四）传统文化在商业活动中的应用

商业活动是现代社会中不可或缺的一部分，中华优秀传统文化可以通过多种方式融入商业活动中。比如，在广告、包装、宣传等方面，中华优秀传统文化中的文化元素可以被广泛应用，如中国传统图案、书法、诗词等。此外，中华优秀传统文化中的"诚信、礼仪、感恩"等价值观念也可以渗透到商业活动中，如诚信经营、礼貌待人、感恩回馈等。

（五）传统文化在现代社会中的创新应用

在现代社会，中华优秀传统文化可以通过多种方式进行创新应用，以适应现代社会的需求。例如，在传统文化中融入现代科技，如传统手工艺与现代科技相结合，开发出新的文化产品，如故宫博物院的文创系列产品的推出，吸引了越来越多的人走进博物馆，用创新之钥打开了博物馆在现代人生活中"活化"的大门；以优秀传统文化经典的现代再现将文化基因印刻在人们现代日常生活的智慧中，成为人们日用而不觉的价值坐标和思维方法。比如，中央电视台推出的《中国诗词大会》和

《百家讲坛》等，让传统经典话语在新时代焕发出生命力；在传统文化中融入现代生活，如将中华优秀传统文化融入现代家庭生活，可以使传统文化更好地服务现代社会。

中华优秀传统文化融入现代生活的方式是多种多样的，不仅可以在家庭生活中予以体现，还可以在文化艺术、商业活动、现代社会中得到广泛应用。通过深入挖掘中华优秀传统文化的内涵，我们可以在日常生活中更好地应用中华优秀传统文化，从而更好地传承和弘扬中华优秀传统文化。

二、融塑审美情趣

中华优秀传统文化是中华民族五千多年历史文化的结晶，它包括儒家文化、道家文化、佛教文化、诗词歌赋、绘画雕刻等多种形式。这些传统文化形式，在塑造人们的审美情趣方面，发挥了重要作用。

首先，中华优秀传统文化强调"天人合一"的理念，认为人与自然应该和谐共处。这种理念在塑造审美情趣方面也有所体现。例如，在园林艺术中，人们注重营造自然景观，以表现人与自然的和谐；在绘画艺术中，人们常常以山水、花鸟等自然景观为主题，来表现对自然的热爱和敬畏。

其次，中华优秀传统文化重视人文精神，认为人性本善，强调人的道德修养。这种人文精神在塑造审美情趣方面也有所体现。例如，在音乐艺术中，人们注重表现人的情感和内心世界，强调音乐应该具有感染力和共鸣力；在舞蹈艺术中，人们注重表现人的情感和身体语言，强调舞蹈应该具有表现力和艺术性。

最后，中华优秀传统文化讲究形式美，认为形式美是审美的重要因素。这种审美观念在塑造审美情趣方面也有所体现。例如，在建筑艺术中，人们注重表现建筑的形式美和结构美，强调建筑应该具有审美价值和实用性；在服装艺术中，人们注重表现服装的形式美和色彩美，强调服装应该具有审美价值和实用性。

此外，中华优秀传统文化还强调艺术创新，认为艺术应该不断创新和发展。这种创新观念在塑造审美情趣方面也有所体现。例如，在文学艺术中，人们注重表现个性和创新，强调文学作品应该具有思想性和艺术性；在戏剧艺术中，人们注重表现个性和创新，强调戏剧应该具有思想性和艺术性。

中华优秀传统文化中儒雅的古典美作为现代生活审美的一种重要取向，具有旺盛的生命力，是人们在当下快节奏生活中的一种美好体验，可以进行多维空间的美的创造，从而带来多重境界的美的享受。以优秀传统文化融塑现代生活的审美情趣，可以以校园、家园、田园（花园）为基础，在社会生活中全面铺展开来。一是将优秀传统文化的文学艺术之美融入校园，作为学生成长阶段的必修课，让古典美的精神关怀伴随人的知识化和社会化过程，成为学生发自内心自我追求的美的民族基因。比如，目前中小学普遍开设的以优秀传统文化为主体的校本课程，结合传统文化的地域特色对学生进行长期审美浸润。二是将传统文化之美通过社区营造走进人们的日常生活，促进文化共同体将历史记忆与现代文化生活有机结合起来，以和谐、和睦之美构建家庭及邻里关系，将中华文化对儒雅的青睐渗透在人们处理日常社会关系之中，将优秀传统文化中"仁""义""礼"的审美指向融入现代生活。三是注重在农村田园和城市花园中嵌入优秀传统文化的审美意蕴，将人与自然和谐之美体现在现代农业生产和都市生态空间的打造中，让人们在工业化社会的进程中体味与自然的相处之道，同时促进个体自我与大自然融为一体。

三、融入人际交往

中华优秀传统文化是中华民族五千多年历史文化的结晶，是中华民族的精神支柱。在人际交往中融入中华优秀传统文化，不仅有助于提高人际关系的和谐度，还能够促进人与人之间的相互理解与尊重。

中华优秀传统文化强调礼仪。礼仪是人际交往的基础，也是中华民族的传统美德。在人际交往中，我们应遵循"己所不欲，勿施于人"的原则，尊重他人，关心他人，谦逊待人。只有这样，我们才能赢得他人的尊重和信任，建立良好的人际关系。

中华优秀传统文化强调诚信。诚信是中华民族的传统美德，是人际交往的基石。在人际交往中，我们要真诚待人，言行一致，守信用。只有这样，我们才能获得他人的信任，建立起稳固的人际关系。

中华优秀传统文化强调和谐。和谐是中华民族追求的一种社会状态，也是人际交往的目标。在人际交往中，我们要学会包容他人，理解他人，寻求共识。只有这样，我们才能化解矛盾，消除隔阂，促进人际关系的和谐发展。

中华优秀传统文化强调仁爱。仁爱是中华民族的传统美德，是人际交往的核心。在人际交往中，我们要关爱他人，助人为乐，共同成长。只有这样，我们才能建立起深厚的友谊，实现人际关系的持续发展。

中华优秀传统文化强调和谐共生。和谐共生是中华民族追求的一种生态理念，也是人际交往的一种境界。在人际交往中，我们要尊重自然，保护环境，与自然和谐共生。只有这样，我们才能实现人际关系的可持续发展，进而构建美好的人际关系。

四、融入人生境界

中华优秀传统文化追求在知晓大道基础上的人生自由，体现了对事物发展必然之认识，具有引领人们实现自我与现实超越的作用。将优秀传统文化的超然人生境界与现代人的生活观念有机融合，关键在于引领社会个体对人生现实追求与理想追求的内在统一，把立足当下成人成才与追求远大社会理想落到中国特色社会主义现代化建设的实践中来。优秀传统文化所追求的个体人生自由与马克思主义所揭示的人类自由，是对人类社会发展认知的个体性与整体性的同向两面，彼此具有相通的逻辑。在传统文化的个体人生境界观中植入共产主义的目标追求，把社会理想之目标与个体奋斗之方向统一于我们的共同实践，把优秀传统文化与社会主义先进文化通过人生的价值链条铸成一体，是筑牢中华文化共同体之根本。从优秀传统文化的创造性转化实践路径上看，一是要通过打造文艺精品，以强大的文学艺术感染力陶冶人生，让文学的想象和艺术的创作彰显美好的人生意境，引领社会成员的集体精神向往；二是要强化思想政治教育，讲通传统人文价值、红色人文精神与社会主义人文关怀的一致性，引导社会成员将个体的自由实现、中华民族伟大复兴与人类的自由解放具体地、历史地统一起来，实现同频共振；三是要在实践中锻造集体主义精神，把个体的人生追求融入集体实践的力量中，以共同体的智慧和力量的聚合实现新时代的科技与文化创新，在集体成就中找到个体价值的归宿。

第二节　中华优秀传统文化与中国先进文化的关系

中华优秀传统文化与中国先进文化，一直是学术界关注的焦点。党的十六大报告对"先进文化"进行了完整而准确的界定，指出"以马克思主义为指导"和"民族的、科学的、大众的社会主义文化"是先进文化的核心要素。这一界定既继承了革命文化，又对社会主义先进文化进行了创新和发展，明确了其在中国特色社会主义文化中的重要地位。

在学术界，关于革命文化和社会主义先进文化的讨论一直没有停止。一种观点认为，革命文化和社会主义先进文化都是中国共产党领导人民在中国革命和社会主义建设的伟大实践中创造的先进文化；另一种观点则认为，尽管革命文化和社会主义先进文化一脉相承，但革命文化已经不再是时代主题，而社会主义先进文化代表着当前文化建设的方向。

对于这两种看似矛盾的说法，本书认为它们实际上是统一的。如果对"革命文化"和"先进文化"加上各自的时代性限定，则就都是各自时代的"先进文化"。此外，革命文化需要继续传承，说明它并没有过时，仍然适应当今时代，自然，它也仍然具有先进性。

从马克思主义文化的角度来看，马克思主义文化固有的科学指引、前瞻性、顺应时代和兼容并蓄的特性都体现了它的价值追求，并为建设一个强大的文化国家树立了鲜明的旗帜。马克思主义文化吸收了人类文明在社会发展中的成就，并具有国家、社会和公民的价值。马克思主义文化提供了遵循文化自信心的基本思想，体现了社会主义的基本性质和要求。

在当代中国，培育并树立以社会主义核心价值观为指导思想参与文化创作实践进而影响人们的世界观、人生观和价值观，是新时代中国特色社会主义文化创新性发展的重要前提，是思想基础和精神动力，也是促进社会完善建设的精神指导力量。通过这种先进文化的指引，有助于建立中国特色的文化自信。

在党的领导下，我国人民一直致力于寻求文化方面的创新发展。党的十八大进一步明确了中国特色社会主义制度的内涵并为指导文化体制的改革提出更加具体的规划和举措。2014年，党中央通过的《深化文化体制改革实施方案》中确立了中国特色社会主义文化体制更加成熟发展的具体目标。

从历史继承发展的渊源来看，中华优秀传统文化是伴随中华民族在历史进程中进行批判式继承与发展而形成的思想理念与价值观。中华优秀传统文化是以中华民族发展所蕴含的民族精神为基础的，中华优秀传统文化的显著性特质就是思想性。社会主义先进文化是将传统文化、革命文化融入时代精神中从而实现民族的创新发展，因而社会主义先进文化的显著性特质是时代性。

社会主义先进文化的来源最根本的就是中华优秀传统文化，复兴我国传统文化是弘扬先进文化的重要方面，传统文化的深厚累积可以为中华民族伟大复兴提供强有力的精神支撑，这种精神支撑足以助力新时代的中国从文化大国的行列跃进文化强国的行列，进而实现中华民族的伟大复兴。

在当代中国，先进文化的发展需要我们深入挖掘和传承中华优秀传统文化，同时，也需要我们积极吸收和借鉴世界各国的优秀文化成果。只有这样，我们才能更好地发展中国特色社会主义文化，推动中华民族伟大复兴的进程。

第三节　中华优秀传统文化与社会主义先进文化建设

一、社会主义先进文化的建设要求

先进文化，作为中国特色社会主义文化的"生长锥"，在新时代中，得到了极大的丰富和发展。在改革开放不断深入、中华民族从"富起来"向"强起来"跨越式发展的背景下，劳模精神、企业家精神、科学家精神等从人民大众中涌现出来，进一步丰富了先进文化的内涵。

坚持中国共产党的领导、以马克思主义为指导、以人民为中心、坚定理想信念、弘扬中国精神和中国价值、在实践中不断创新发展等，既是先进文化的标识，也是发展和建设先进文化的要求。这些要求和标识，既是对中华优秀传统文化的高度继承，又是对中国先进文化的创新发展。

（一）坚持党的领导

坚持党的领导是中国特色社会主义最本质的特征、最大的优势。党的领导是中国特色社会主义制度的最大优势，也是党和国家的根本所在、命脉所在，更是全国各族人民的利益所系、命运所系。没有党的领导，中国特色社会主义制度就不可能得到有效实施，中华民族伟大复兴就难以实现。

坚持党的领导是中国先进文化与中华优秀传统文化相互融合的必然要求。中国先进文化与中华优秀传统文化相互融合，是中国特色社会主义文化建设的重要内容。坚持党的领导，必须推动中华优秀传统文化与中国先进文化相互融合，形成具有中国特色、中国风格、中国气派的文化新形态，不断丰富和发展中国特色社会主义文化。

党的领导，作为先进文化的核心标识和基本要求，在我国一百多年的发展历程中得到了充分验证。这一真理体现在中国共产党代表无产阶级利益，担负起实现中华民族站起来、富起来、强起来的历史使命中，成为先进文化的代表者和引领者。

党的领导为社会主义先进文化的发展提供了可靠的政治保障。社会主义先进文化的大发展、大繁荣，将进一步创造出党执政兴国的精神环境。我们正在建设的先进文化，必须是社会主义性质的文化，这是我们必须坚守的根本原则。社会主义先进文化必须为无产阶级专政和以公有制为主体、多种所有制经济共同发展的经济制度服务，具有鲜明的阶级性。这是我们进行文化工作的根本前提。

同时，我们要坚定坚持理想信念。理想信念作为意识形态的旗帜，对文化发展具有指导作用。共产主义远大理想和中国特色社会主义共同理想，构成了中国人民的文化精神之"钙"，是人们"精神身体"的骨骼，支撑起人们的意义世界。远大理想和共同理想是马克思主义、社会主义的最鲜明标识，是引领中国特色社会主义事业的灯塔，指引着新时代先进文化建设的前进方向。

（二）坚持以人民为中心

中华优秀传统文化与中国先进文化，二者相辅相成，共同构成了中华民族的精神家园。其中，坚持以人民为中心是中华优秀传统文化与当代中国先进文化相结合的重要体现。

坚持以人民为中心是习近平新时代中国特色社会主义思想的重要内容，这一思想源于对中华优秀传统文化中"民为邦本""民贵君轻"等思想的继承和发展，同时，也体现了马克思主义人民观、群众观的时代要求。这一思想的提出，对于指导我国文化建设和社会主义事业发展具有重大的现实意义和深远的历史意义。

坚持以人民为中心是实现民族复兴的根本要求。民族复兴是中华民族近代以来最伟大的梦想，是中华民族对世界文明发展的重大贡献。而实现民族复兴，必须始终坚持以人民为中心的发展思想。只有充分尊重人民的主体地位，发挥人民的首创精神，保障人民的各项权益，才能真正实现民族复兴。

坚持以人民为中心是发展社会主义先进文化的必然要求。社会主义先进文化，是发展中国特色社会主义的重要标志，也是推动中华民族伟大复兴的重要力量。发展社会主义先进文化，必须始终坚持以人民为中心的发展思想。只有充分挖掘中华优秀传统文化蕴含的思想观念、人文精神、道德规范等，才能为社会主义先进文化注入强大的精神力量。

坚持以人民为中心是推动文化创新发展的关键所在。文化是一个国家、一个民族的灵魂。推动文化创新发展，必须始终坚持以人民为中心的发展思想。只有充分尊重人民的文化需求，发挥人民的文化创造力，才能不断地推动文化创新发展，为中华民族的文化自信提供坚实的基础。

坚持以人民为中心是提高国家文化软实力的现实需要。文化软实力是国家文化软实力的重要体现，是国际竞争中的重要力量。提高国家文化软实力，必须始终坚持以人民为中心的发展思想。只有充分挖掘中华优秀传统文化蕴含的价值观念、文化精神、民族精神等，才能为提高国家文化软实力提供有力的支撑。

我们要坚持以人民为中心的工作导向。社会主义国家是人民当家作主的国家，人民立场是马克思主义的根本立场。从人民立场出发的群众路线是我们党的生命线和根本工作路线。因为中国共产党本身就是人民的党，来自人民，植根于人民，也始终服务于人民。所以，共产党领导下的社会主义先进文化和建设，必须为人民服务。社会主义先进文化的建设和发展必须坚持"以人民为中心"的工作导向，深入人民群众，想人民之所想，急人民之所急，做人民的代言人，为人民"发声"、为人民"书写"、为人民创新。这是社会主义先进文化人民性的基本要求。

以人民为中心是党和国家一切工作的出发点和落脚点，传统文化的发展同样不能抛弃人民的核心地位。以人民为中心体现了党和国家对人民的重视，也是对马克思主义唯物史观中人民群众是历史创造者原理的继承。马克思强调人民既是历史的"剧中人"，也是历史的"剧作者"，人民创造了历史，也见证了历史，传统文化是切切实实地在人类的生活实践中形成的，它是人类生活的反映和写照，以浓缩为精华的形式世代流传。

我们要以人民群众的需求为导向，反映人民的心声，得到人民的认同，才能推动传统文化的继承和创新。因此，在社会主义先进文化和建设的道路上，我们要始终坚持以人民为中心的工作导向，深入人民群众，了解他们的需求，解决他们的问题，为他们创造更好的生活条件。只有这样，我们才能更好地传承和发展传统文化，使之更好地服务于人民，满足人民的需求，反映人民的心声，得到人民的认同。

在传统文化的发展过程中，我们要坚持以人民为中心的工作导向，注重人民群众的主体地位，充分发挥人民群众在传统文化继承与发展中的作用。我们要深入挖掘传统文化中的优秀元素，将其与现代社会相结合，创造出具有时代特色的新文化，只有这样，我们才能更好地传承和发展传统文化，使之更好地服务于人民，满足人民的需求，反映人民的心声，得到人民的认同。

（三）弘扬中国精神和中国价值

中华优秀传统文化作为中国几千年历史文化的结晶，蕴含了中华民族独特的思维方式、价值观念和行为准则。这些精神内核不仅代表着中华民族的独特性，更是中国先进文化的重要组成部分。弘扬中国精神和中国价值，对于推动中华民族伟大复兴，构建人类命运共同体具有重要意义。

中国精神是中华民族在长期历史发展过程中形成的民族精神与时代精神，是中华优秀传统文化的精髓所在。中国精神包括爱国主义、集体主义、团结协作、爱好和平、勤劳勇敢、自强不息等核心价值观。这些精神内核是中华民族在抵御外敌侵略、克服困难、发展壮大的过程中逐步形成的，是中华民族团结一心、挣扎奋起，不惧牺牲、前仆后继，书写民族独立、人民解放的壮丽历史篇章的基础。以改革创新为核心的时代精神，使中华民族在内外交困、筚路蓝缕的时代背景中放眼世界、奋力开拓、玉汝于成，开辟出中国特色社会主义现代化强国新境界，日益走近世界舞台的中央。这种精神力量不仅推动了我国社会的发展，也使中华民族在世界舞台上有了更为广阔的发展空间。

社会主义核心价值观作为中国社会的主流价值观，是意识形态的直接表现和核心内容，集中体现为社会主义先进文化建设的主旨。它指引和规范着人们的日常生产、生活实践，促进人们为中国特色社会主义建设事业努力奋斗。

弘扬中国精神和中国价值，需要我们深入挖掘中华优秀传统文化，将其与现代社会相结合，发挥其独特的价值。首先，要加强对中国传统文化的教育，让更多人了解中华优秀传统文化，增强民族自豪感和认同感。其次，要注重传承和发扬中国精神和中国价值，将其融入社会各个领域，推动社会进步。最后，要加强国际交流与合作，传播中华优秀传统文化，推动构建人类命运共同体。

（四）立足实践，创新发展

中华优秀传统文化，作为我国文化发展的根基，其深厚的文化底蕴和独特的艺术魅力，对于我们的文化创新具有重要的指导作用。而作为中国先进文化的重要组成部分，其现实性和实践性，使其在推动社会进步，实现国家富强，满足人民美好生活需要等方面，具有不可替代的作用。

先进文化建设是一项创新性系统工程，必须在"不忘本来、吸收外来、面向未来"的前提下，立足实践，实现创新发展。不忘本来，就是要求先进文化立足于中华优秀传统文化、革命文化的精神根基，坚持"古为今用"，从这两者中源源不断地获取丰厚的滋养。这就要求我们在发展先进文化时，要深入挖掘中华优秀传统文化的精华，将其与现代社会相结合，形成具有时代特色的新文化。同时，我们也要继承和弘扬革命文化，坚定我们的理想信念，不忘初心、牢记使命，攻坚克难，公而忘私等崇高革命精神和革命情操。

吸收外来文化，就是加强与他国、他民族文化的"交流互鉴"，有选择、有批判地吸收外来文化的有效成分和创新成果，"适用的就拿来用，不适用的就不要生搬硬套"。这就要求我们在吸收外来文化时，要具有开放包容的心态，同时要有选择性、批判性，不能盲目地照搬照抄，而应该取其精华，弃其糟粕，形成具有中国特色的先进文化。

面向未来，就是朝着建成文化强国、实现共同理想创新创造、不懈努力。这就要求我们在发展先进文化时，要有远大的目标和坚定的信念，要始终保持对未来的期待和向往，要勇于创新，敢于突破，积极寻求新的发展路径。

（五）先进文化制度化建设是弘扬先进文化的体制保证

建立完善的先进文化制度，是实现我国国家治理体系和治理能力现代化的重要实践要求，同时，也是社会主义先进文化不断发展的体制机制保障。

此外，我们还需建立健全确保人民享有文化权益的规章制度，以及建立健全正确导向的舆论引导工作体制机制。在文艺创作生产方面，我们需要建立完善"双效统一"的体制机制，以推动社会主义先进文化繁荣发展。

在不同的文化阶段、不同的文化形态中，不同时期的文化精华共同汇聚成新时代文化的华彩篇章，这一过程是一脉相承的统一整体，滋养着一代代中华儿女的精神世界。新时代中国特色社会主义文化立足于中国特色社会主义建设，面向中华民族伟大复兴，力争为世界作出更大贡献。

总之，中华优秀传统文化、革命文化和先进文化都是中华民族结合历史实际的伟大创造。在新时代，我们应立足中国特色社会主义建设，传承优秀传统文化和革命文化血脉基因，不断创造和继续创造中国特色社会主义先进文化。这一文化成果在不同的文化阶段、不同的文化形态中，共同汇聚成新时代文化的华彩篇章，为中华民族的精神世界提供滋养。

在未来的发展道路上，我们将继续坚持和巩固以马克思主义意识形态为主导的政治制度和根本教育制度，特别是在共产党员、领导干部及大学生等示范性群体中，以及在各种社会组织和机构中建立马克思主义理论教育制度。同时，我们还将建立完善全体社会成员践行社会主义核心价值观的制度，并使之规范化、常态化。

二、中华优秀传统文化的转化与创新

传统文化是一个民族、一个国家的基因和标识，它是一个国家文化认同感的基石，也是一个国家强大内部凝聚力的源泉。传统文化资源是以传统文化为内容的文化资源，包括民间风俗、传统艺术、思想观念、道德伦理等方面。这些传统文化资源是国家的宝贵财富，不仅对于国内民众有深远的影响，而且对于国际文化交流和理解具有重要意义。

传统文化对于一个国家的文化认同感具有重要的作用。一个国家的文化传统如果既强盛又安全，就可能由此形成这个国家的强大的内部凝聚力和文化认同感。这种凝聚力和认同感可以形成一种安全屏障，促进和提高国家整体的安全度和国际知名度。这种安全屏障不仅能够抵御外部文化的冲击，也能够强化国家的文化软实力，提升国家的国际地位。

中华优秀传统文化是中华民族五千多年的辉煌历史的积淀，是中国人民代代传承的智慧结晶，是中华民族的血脉和精神内核。它蕴含着博大而丰厚的文化资源，是中华民族独特的精神标识。然而，近代以来，随着西方工业文明的兴起，中华传统文化由于自身固有的局限而逐渐落后于时代的发展。中华传统文化资源没有得到应有的保护和合理的利用，这对我国的文化自信和民族认同感产生了严重的负面影响。

当前，社会主义先进文化的建设需要进一步推进中华优秀传统文化的创新与转化。这不仅需要我们深入挖掘传统文化中的精华，也需要我们对传统文化进行现代化的改造和创新。只有这样，我们才能够让中华优秀传统文化在现代社会中焕发新的活力，为我国的社会主义文化建设作出更大的贡献。

（一）理性定位中华优秀传统文化

在当代社会，中华优秀传统文化正面临一系列挑战，如文化传承的断层、文化资源的流失、文化产业的商业化等。因此，对中华优秀传统文化进行创造性转化和创新性发展，已成为当下文化发展的重要任务。在对待中华优秀传统文化时，我们需要理性地定位它。中华优秀传统文化不仅是中华民族的精神家园，也是其独特的精神标识。它反映了中华民族的优秀品质和精神风貌，并包括了我们的历史、文化、哲学、艺术等方面的丰硕成果。然而，我们也必须看到，中华优秀传统文化并非静止不变的，它同样需要不断地发展和创新。

首先，我们需要以开放的心态对待中华优秀传统文化，既要尊重其历史价值和文化价值，也要看到其现实价值和未来价值。长期以来，中华优秀传统文化被神秘化，使很多人对它产生了敬畏心理或恐惧心理，从而对中华优秀传统文化的学习和传承造成了阻碍。因此，我们需要对中华优秀传统文化进行去神秘化处理，让它更加贴近我们的生活，更加容易使人们理解和接受。

其次，我们需要让优秀传统文化中的"文物""遗产""文字"等"活起来"。中华优秀传统文化中的"文物""遗产""文字"等是中华民族的文化瑰宝，是中华民族的精神财富。然而，长期以来，这些文化遗产都处于静态，没有被充分利用和发挥。因此，我们需要让这些文化遗产"活起来"，让它们成为我们生活的一部分，成为我们学习、研究、传承的重要资源。我们可以通过各种方式，如数字化技术、创意设计、文化交流等，让这些文化遗产焕发新的生机和活力。

最后，我们需要加强中华优秀传统文化的教育和普及。中华优秀传统文化是我们民族的精神支柱，也是我们民族的精神家园。然而，长期以来，中华优秀传统文化教育和普及存在一些问题，如教育内容单一、教育方式陈旧、教育效果不佳等。因此，我们需要加强中华优秀传统文化的教育和普及，让更多的人了解和接触中华优秀传统文化，从而增强他们的文化自信心和文化自觉性。我们可以开设中华优秀传统文化课程、举办中华优秀传统文化比赛、开展中华优秀传统文化研究等，让中华优秀传统文化教育和普及更加深入和广泛。

总之，面对当前中华优秀传统文化面临的挑战，我们需要采取一系列措施，包括理性地定位中华优秀传统文化、去神秘化、让优秀传统文化"活起来"、加强教育和普及等，以推动中华优秀传统文化的发展和创新。只有这样，我们才能让中华优秀传统文化在当代社会焕发新的生机和活力，成为我们民族的精神支柱和文化自信。

（二）保护好中华优秀传统文化资源

新时期我们应深入挖掘传统文化中的积极因素，赋予其新时代内涵，实现创新、转化与国际传播，以更好地服务于现代社会，推动中华民族的文化繁荣和发展。因此，我们可以从以下几个方面进行努力。

（1）加强对中华优秀传统文化资源的调查和整理。通过调查和整理，了解和掌握中华优秀传统文化资源的种类、数量、分布等情况，为保护和传承提供基础数据支持。

（2）建立健全中华优秀传统文化资源保护机制。制定相关法律法规和政策，加强对中华优秀传统文化资源的保护，确保传统文化资源不受损害。

（3）保护和修复中华优秀传统文化遗产。加强对物质文化遗产的保护和修复，如古建筑、古书画等，同时，也要关注非物质文化遗产的传承和保护，如传统技艺、民间艺术等。

（4）建立中华优秀传统文化资源数据库。利用现代信息技术，建立中华优秀传统文化资源数据库，方便人们查询和学习传统文化资源。

（5）推动中华优秀传统文化资源的数字化保护和传播。通过数字化技术，将中华优秀传统文化资源进行数字化保存和传播，突破时空限制，让更多的人了解和学习传统文化。

（6）加强对中华优秀传统文化资源的宣传和推广。通过举办文化活动、展览、演出等形式，向大众展示中华优秀传统文化资源的魅力和价值，提高人们对传统文化的认识和认同。

（7）培养中华优秀传统文化资源保护人才。加强相关专业人才的培养，提高人才素质，为中华优秀传统文化资源保护提供人才支持。

（三）利用好新时代考古工作

新时代考古工作在挖掘、展示、利用及保护中华优秀传统文化资源方面发挥着重要作用。中华文明是中华民族的血脉和基因，也是整个人类文明中最具底蕴和代表性的重要文明。在新的历史方位中，我们需要站在五千余年华夏文明的高度认识和坚定文化自信，重塑中华文化的地位，体现中华文化的真正价值，展示中华文化的时代魅力。

第一，加强对中华文明本源的揭示，在古代历史的许多未知领域取得新突破。五千多年的华夏文明遗留了太多的未知文化遗产，亟须进行发掘和探索。例如，2021年3月对四川三星堆的新一轮考古发掘，其中出土的许多文物，如大口尊、金面具等，其独特的造型及规模结构再一次震惊了世界，进一步预示中华文化宝藏的丰富性和独特性。

第二，进一步做好中国考古成果和文化遗产的挖掘、整理和阐释。中国历经数千年，形成和沉淀了数不清的文物古迹，作为具有悠久历史意义的文化遗产及文物古迹，其本身不仅包含了特定的时代意义，也是中国古人代代传承的智慧和手工技艺等的代表。因此，不仅需要从工艺的视角进行阐释，也要从其特定时代的政治、社会意义进行挖掘和整理，使中华优秀传统文化资源发挥出应有的社会价值和功能。

第三，进一步做好历史文化遗产和文物的保护。在新时代，考古工作的重要性更加突出。随着社会的发展，人们对传统文化的认识和需求越来越高。传统文化是一个国家和民族的精神根基，它包含了民族的历史、文化、传统和价值观。这些传统文化是中华民族的精神财富，也是中华民族的瑰宝。然而，随着现代化进程的推进，许多传统文化正在逐渐消失。许多古老的建筑、遗址、文物被毁坏或遗失，一些传统的工艺、技艺、表演艺术、口头传统等也面临消失的危险。这些文化遗产的消失将导致中华民族的文化多样性和独特性被削弱，甚至可能影响中华民族的认同感和自豪感。因此，考古工作在挖掘、保护、传承中华优秀传统文化方面发挥着至关重要的作用。考古工作可以通过发掘和保护遗址、文物，让更多的人了解和认识传统文化，从而增强中华民族的文化自信和认同感。同时，考古工作还可以通过研究、分析和传承传统文化，为现代社会提供有益借鉴和启示，推动社会的进步和发展。

1. 考古遗址公园的建设与展示

作为我国文化的重要组成部分，考古遗址公园的建设与展示无疑成了展示中华优秀传统文化的重要载体。考古遗址公园的建设旨在让公众更加直观、更加生动地了解中华优秀传统文化。

首先，考古遗址公园的建设有助于保护和传承我国的考古文化遗产。遗址公园以考古遗址为核心，将考古发掘出的文物进行有序的展示和保护，使这些珍贵的文化遗产能够得到妥善保存和传承。同时，考古遗址公园的建设也有助于提高公众对考古工作的认识和理解，增强公众对考古遗产的保护意识。

其次，考古遗址公园的展示方式生动多样，能够吸引更多的公众参与。通过遗址公园的展示，公众可以更加直观地了解考古遗址的历史、文化、艺术等多重价值，从而加深对中华优秀传统文化的理解。此外，遗址公园还可通过举办各类文化活动、展览等形式，让公众更深入地参与到考古遗址的保护和传承中。

再次，考古遗址公园的建设与展示，有助于提高公众的文化素养。在参观遗址公园的过程中，公众可以了解中华优秀传统文化的历史渊源、文化内涵、艺术特点等，从而提高自身的文化素养。同时，遗址公园的建设与展示，也有助于激发公众对考古工作的兴趣，鼓励更多人参与到考古工作中来，为我国的考古事业贡献力量。

最后，考古遗址公园的建设与展示，有助于推动我国文化产业的繁荣发展。考古遗址公园的不断建设和完善，将会吸引更多的游客和观众，推动文化产业的繁荣发展。同时，考古遗址公园的建设与展示，也将为我国的旅游业、文化产业等相关产业带来新的发展机遇，推动我国经济的繁荣发展。

2. 博物馆展览与数字化展示

博物馆是展示中华优秀传统文化的重要场所。通过博物馆的展览，可以让公众更加深入、更加全面地了解中华优秀传统文化。数字化展示可以提供更为丰富的信息，如三维模型、虚拟现实等。

博物馆展览是传统展示方式之一，通过展示实物、文献、图片等形式，向公众介绍中华优秀传统文化。展览内容通常涵盖历史、文化、艺术、科技等多个领域，通过展览，公众可以更加直观地感受中华优秀传统文化的魅力。此外，博物馆还经常举办各种活动，如讲座、工作坊、亲子活动等，让公众有更多的机会参与其中，深入了解中华优秀传统文化。

数字化展示是利用现代科技手段，将中华优秀传统文化以数字化形式呈现给公众。数字化展示可以提供更为丰富的信息，如三维模型、虚拟现实、互动式体验等。例如，利用虚拟现实技术，公众可以在博物馆内穿上虚拟服装，参观古代宫殿、寺庙等建筑，仿佛身临其境。数字化展示还可以利用互联网技术，将中华优秀传统文化传播到全球各地，让更多的人了解和欣赏中华优秀传统文化。

作为世界文明史上最为悠久和保存完好的文明，中华文明及其文物古迹在世界文明史上具有代表性，在进一步加深对人类社会历史的认识方面具有重要意义。通过考古工作的进一步推进，一方面可以深化对人类历史的认知和把握；另一方面可以在向世界展示中华文明灿烂辉煌的文化成就和丰富悠久的文化遗存的同时促进中华优秀传统文化的对外传播。

在新时代背景下，我们需要在挖掘、展示、利用及保护中华优秀传统文化资源方面发挥考古工作的重要性。通过对中华文明本源的揭示、中国考古成果和文化遗产的挖掘、整理和阐释，以及扩大中华优秀传统文化的国际知名度和影响力，我们可以进一步加深对人类社会历史的认识，展示中华文明灿烂辉煌的文化成就。

第五章 中华优秀传统文化传承与发展的基本原则及其对社会发展的作用

中华优秀传统文化传承与发展对社会发展具有重要作用，主要表现在弘扬民族精神、丰富精神文化生活、促进乡村振兴、提升国家软实力、促进社会和谐、促进文化创新等方面。在新时代，我们应积极传承和发展中华优秀传统文化，为社会发展提供强大的精神支持。

第一节 中华优秀传统文化传承与发展的基本原则

一、坚持以马克思主义立场、原则和方法为指导

马克思主义是一种科学的思想体系，它揭示了人类社会发展的客观规律，为我们认识世界、改造世界提供了有力的思想武器。在传承和发展中华优秀传统文化的过程中，我们必须坚持马克思主义基本立场、观点、方法，才能更好地认识中华优秀传统文化，才能更好地推动中华优秀传统文化的发展。

坚持马克思主义基本立场，就是要站在最广大人民的立场上，从人民群众的利益出发，深刻理解和把握中华优秀传统文化的发展规律。马克思主义强调人民群众是历史的创造者，是社会发展的决定力量。在传承和发展中华优秀传统文化的过程中，我们必须始终坚持以人民为中心的发展思想，注重人民群众的利益和需求，使中华优秀传统文化更好地服务于人民群众，更好地满足人民群众的精神文化需求。

坚持马克思主义基本观点，就是要从实际出发，实事求是地看待中华优秀传统文化。马克思主义强调实践是检验真理的唯一标准，是认识的来源和归宿。在传承和发展中华优秀传统文化的过程中，我们必须始终坚持实事求是的态度，从实际出发，深入了解中华优秀传统文化的发展现状，把握中华优秀传统文化的发展趋势，从而更好地推动中华优秀传统文化的发展。

坚持马克思主义基本方法，就是要运用科学的方法论，系统地研究中华优秀传统文化。马克思主义强调科学的方法论是认识世界、改造世界的有力工具。在传承和发展中华优秀传统文化的过程中，我们必须运用科学的方法论，系统地研究中华优秀传统文化，揭示中华优秀传统文化的发展规律，从而更好地推动中华优秀传统文化的发展。

二、坚持创造性转化和创新性发展的原则

保护和发展本民族的优秀文化传统，同时实现民族文化的与时俱进和开拓创新，这是关乎民族未来和命运的重大议题。在现代社会中，文化的创新具有举足轻重的地位和作用。如果一个民族缺乏创新能力，那么这个民族在世界先进民族之林中就很难屹立，最终可能会退出人类文明的舞台。

文化是社会发展的产物，是随着经济社会的发展而发展的。传统文化立足当时的经济政治条件、反映当时的社会现状，其中可能包含许多消极甚至腐朽的东西。即使是其中的精华内容，也必须进行时代性转化、创造和发展。

中华优秀传统文化必须紧随时代的脉搏跳动才能延续其生命力，同时，也必须紧随时代的脉搏跳动才能孕育和产生更持久的生命力。创造性转化与创新性发展是一个紧密联系、不可分割的整体，但又各有侧重、有所区别。创造性转化，就是要紧跟时代的步伐，把中华传统文化中对我们今天仍有借鉴意义的内涵和过时的形式予以改造，赋予其新的时代内涵和表现形式。

创新是一个重要思考角度，创新意味着对传统文化的提升和超越。提升和超越是立足当代社会实践、立足中国国情的，抛开社会基础去提升和超越的传统文化是没有活力的。此外，还要借鉴其他新鲜思想、世界其他国家文明成果的精华等，在社会主义现代化背景下对中华优

秀传统文化进行创新、提升和超越，以便更好地为社会主义现代化建设服务。

对中华优秀传统文化进行创造性转化与创新性发展，一方面要坚持批判文化虚无主义、文化复古主义等错误倾向，以适应现实需要；另一方面则是要基于传统文化传承发展的时代要求。

（一）坚持批判文化虚无主义原则

文化虚无主义，是一种对于自身文化传统持否定态度的观念。这种观念认为，高科技、新媒体、信息化时代已经来临，传统文化已经过时，失去了存在的价值和意义，甚至认为，传统文化对于中国的现代化起负面的、阻碍的作用，因此必须予以否定和摒弃。对待西方文化，却持一味地美化、过度地赞誉的态度，甚至主张"全盘西化"。

对待传统文化，我们既不能数典忘祖、妄自菲薄，也不能全盘接受。传统文化是我国民族的精神财富，是中华民族的精神支柱，是中华民族的文化基因。传统文化是我国现代化建设的重要资源，是我国文化软实力的重要组成部分。我们应该尊重传统文化、继承传统文化、发扬传统文化，让中华优秀传统文化在现代社会焕发新的生机和活力。

（二）坚持批判文化复古主义原则

如何正确理解和对待传统文化，避免走入文化复古主义的误区，是值得我们深入思考的问题。

一是需要明确中华优秀传统文化是中华民族的瑰宝，其中包含了丰富的哲学、道德、历史、科学等领域的智慧。然而，这并不意味着所有的传统文化都是绝对的、完美的。以儒学为核心的中华传统文化，既有精华，也有糟粕；既有优良传统，也有不良习惯；即使是优良传统，也因受到历史条件和阶级的限制而存在不合时宜、需要扬弃的地方。因此，我们不能盲目地认为传统文化就是一切问题的解决之道，也不能简单地回归传统，认为只要死记硬背"四书""五经"，就可以解决所有问题。

二是需要对传统文化进行鉴别和扬弃。鉴别，就是要对传统文化进行深入的研究和理解，明确其中的精华和糟粕，找出那些不合时宜、需要扬弃的部分。扬弃，就是要对传统文化进行批判性的继承和创新，使传统文化在当今社会焕发新的活力。例如，我们可以通过现代科技手段，将传统文化的精华进行提炼和传播，使更多的人能够理解和欣赏传统文化。

三是需要创新传统文化的形式和内涵。传统文化虽然是中华民族的瑰宝，但是也存在一些过时的、不合时宜的部分。因此，我们需要对传统文化进行创新，使之与当今社会相协调、与现实文化相融通，为当代人所接受，所运用。例如，我们可以通过现代艺术手段，将传统文化的元素进行融合和创新，使传统文化在现代社会焕发出新的生机。

四是对待传统文化，不搞厚古薄今、以古非今，而是要有鉴别地对待，有扬弃地继承，创新传统文化的形式和内涵，使之与当今社会相协调、与现实文化相融通，为当代人所接受，所运用。

（三）坚持批判文化功利主义原则

文化功利主义打着弘扬传统文化的旗号，以赚钱营利为根本目的，这一现象在近年来越发明显。以"文化搭台，经济唱戏"的做法为例，某些地方热衷于举办各种文化节，将文化仅仅作为一种助推经济发展的手段，使文化具有浓厚的功利主义色彩。

近年来，社会上又出现了"国学热"，诸如"高端国学班""国学总裁班""国学少儿班""国学夏令营""国学女德班"等，多数打着国学的幌子牟取暴利，严重败坏了社会文化风气。

对待中华传统文化，既不能采取文化虚无主义的态度，数典忘祖；也不能奉行文化复古主义，食古不化。因此，正确的态度应该是以辩证唯物主义和历史唯物主义为指导，实现中华文化的创造性转化和创新性发展。

发展中国特色社会主义文化，需要在继承中华优秀传统文化的过程中，根据时代条件的变化和发展，根据解决现实问题的需要，对传统文化中的一些内容和形式进行创造性转化和创新性发展。传统文化在其形成和发展过程中，不可避免地受到当时人们的认识水平、时代条件、社会制度局限性的制约和影响，因而也存在陈旧过时或已成为糟粕的东西。

因此，在学习、研究、应用传统文化时，我们应该坚持古为今用、推陈出新，结合新的实践和时代要求进行正确取舍，而不能一股脑儿地都拿到今天来照套照用。我们应该坚持古为今用、以古鉴今，坚持有鉴别地对待、有扬弃地继承，而不能搞厚古薄今、以古非今。

尽管当前我们在传统文化的创造性转化、创新性发展方面还做得不够，中华优秀传统文化与当代中国文化之间的割裂现象仍比较严重，还未能充分转化为发展中国特色社会主义文化所需要的道德资源、精神动力与智慧宝库。接下来，我们应该努力实现中华传统美德的创造性转化、创新性发展，教育引导人们向往和追求讲道德、尊道德、守道德的生活，形成向上的力量、向善的力量，让每一位中国人都成为传播中华美德、中华文化的主体。

总之，我们应该以辩证唯物主义和历史唯物主义为指导，实现中华文化的创造性转化和创新性发展，使传统文化与现实文化相融相通，共同服务以文化人的时代任务。同时，我们也要警惕文化功利主义现象，防止其对传统文化的破坏，以期在继承和发扬中华优秀传统文化的基础上，为发展中国特色社会主义文化作出积极贡献。

三、坚持不忘本来、吸收外来、面向未来

中华优秀传统文化是我国文化发展的根基，其传承与发展的基本原则是"不忘本来、吸收外来、面向未来"。

"不忘本来"意味着要充分肯定中华优秀传统文化的历史地位与价值。这一原则要求我们尊重并继承中华优秀传统文化，这是明确我国文化发展的历史脉络和价值取向的基础。中华优秀传统文化是中华民族的精神家园，其深厚的历史底蕴和丰富的文化内涵，为我们提供了独特的精神资源和价值观念。

"吸收外来"强调在文化开放多元的条件下，吸收人类其他民族文明的有益成果，促进中华优秀传统文化的创新发展。这一原则要求我们积极参与全球文化交流，借鉴吸收其他文化的优秀成果，以推动我国文化的发展和进步。

"面向未来"强调广泛挖掘中华优秀传统文化和汲取其他文化的思想精华与价值理念，回应中国特色社会主义文化建设的时代课题，肩负起时代使命，积极探寻关乎中国命运和人类前途的重大问题。这一原则要求我们以全球视野和时代精神，深入研究和理解中华优秀传统文化，以适应新时代的发展需求，为我国的文化建设提供新的思路和方向。

在具体实践中，我们需要在传承和发展中华优秀传统文化的同时，注重创新和包容。在传承过程中，要注重挖掘和整理中华优秀传统文化，使其得到更好的保护和传承。在创新发展中，要积极吸收其他文化

的优秀成果，以丰富和发展中华优秀传统文化。在面向未来时，要注重研究和理解全球文化的发展趋势，以适应全球化的发展趋势，为我国的文化建设提供新的思路和方向。

中华优秀传统文化作为我国历史和文化的重要组成部分，蕴含着丰富的人文内涵、哲学精神、道德规范等，对世界文明产生了深远的影响，具有不可磨灭的历史作用和时代价值。因此，如何更好地传承和发展中华优秀传统文化，使其在现代社会焕发新的生机和活力，成了一个亟待研究和探讨的问题。

我们要认识到中华优秀传统文化在现代社会中的重要地位和作用。中华优秀传统文化是中华民族的精神瑰宝，是我们在世界文明中的独特标识。它不仅包含了丰富的文化资源，更蕴含了深刻的人文精神，如仁爱、和谐、大同等，这些精神观念在现代社会中依然具有重要的指导意义。同时，中华优秀传统文化也是我们民族自信心和自豪感的源泉，对于增强民族文化认同感和凝聚力具有重要作用。

要以开放的心态积极汲取人类优秀文明成果，主动参与到世界文化交流中取长补短。在全球化的背景下，文化交流和借鉴已经成了不可逆转的趋势。中华优秀传统文化需要与现代文明进行融合，以适应时代的发展和变化。这就需要我们在传承和发展中华优秀传统文化的同时，积极吸收其他民族和国家的优秀文化成果，丰富我们的文化内涵，提高我们的文化素养。

要在以坚持中华优秀传统文化、革命文化和社会主义先进文化为主体的基础上，进行文化的创新和发展。中华优秀传统文化是我们民族的精神内核，是我们文化创新的根基。同时，我们也要紧跟时代的发展，积极吸收新的文化元素，进行文化创新。例如，在传承和发展中华优秀传统文化的基础上，我们可以结合现代社会的需求，进行文化产品的创新，如电影、音乐、戏剧等，以满足现代人的精神需求。

要将中华优秀传统文化与人类命运共同体相结合，推动全球文化的繁荣和发展。人类命运共同体是中国共产党提出的一种新型国际关系理念，它强调各国之间的平等、互利、合作，倡导各国共同应对全球性问题，如气候变化等。将中华优秀传统文化与人类命运共同体相结合，可以更好地推动全球文化的繁荣和发展，为构建人类命运共同体贡献中国智慧和力量。

四、坚持统筹协调、形成合力

推行中华优秀传统文化的传承发展，是一个难度很大的系统工程，需要坚持统筹协调、形成合力。要加强党的领导，充分发挥政府主导作用和市场积极作用，鼓励和引导社会力量广泛参与，推动形成有利于传承发展中华优秀传统文化的体制机制和社会环境。

（一）加强党的领导

传承发展中华优秀传统文化是中华民族的伟大文化事业，是中国特色社会主义文化建设的重要工作，关系中华文脉传承和文化自信巩固。因此，各级党委应高度重视对中华优秀传统文化传承发展的领导，贯彻好党的文化政策，把握好文化发展的正确方向。

传承发展中华优秀传统文化，也要尊重和遵循文化发展规律。文化发展有其内在规律，中华优秀传统文化的传承发展也有其内在规律。从中国历史上看，国家不可对文化发展放任不管，也不可不遵循文化发展规律。秦代"焚书坑儒"，明清大搞"文字狱"，都对文化发展造成了很大的伤害。因此，加强党对中华优秀传统文化传承发展的领导，一定要尊重和遵循文化发展规律，不能靠简单的行政命令进行懵懵懂懂、莽冲莽撞式的管理。加强党对中华优秀传统文化传承发展的领导，要避免发号施令式的官僚主义，应当根据中华优秀传统文化的特征和发展规律，帮助文化工作者发掘、整理、创新、发展中华优秀传统文化，提高中华优秀传统文化在当代的吸引力和影响力。

（二）发挥好政府的主导作用和市场的积极作用

1.发挥好政府的主导作用

随着时代发展和科技进步，各级政府应更加主动作为，出台关于中华优秀传统文化传承发展的法规政策，促进中华优秀传统文化创造性转化和创新性发展。传承发展中华优秀传统文化，各级政府要在以下几个方面发挥好主导作用。

第一，制定规划。科学的顶层设计，是传承发展中华优秀传统文化的关键。各级党委和政府有责任制定科学的传承发展规划，推动全社会掀起弘扬中华优秀传统文化的高潮，推动中华优秀传统文化服务当代社会和人民。近年来，党中央和国务院先后出台《完善中华优秀传统文化教育指导纲要》《关于实施中华优秀传统文化传承发展工程的意见》等重要文件，对传承发展中华优秀传统文化作出了科学规划，发挥了很好的规划作用。各级地方党委和政府也应根据这些顶层规划，制定出适合地方的规划。

第二，组织实施。再好的发展规划，也离不开贯彻落实。各级党委和政府制定出中华优秀传统文化的传承发展规划后，应组织各单位、各部门贯彻实施，认真完成规划中的任务，真正实现规划中的目标。特别应防止形式主义和官僚主义，也要防止"形象工程"和"政绩工程"，真正把中华优秀传统文化传承好、发展好。

第三，管理保护。中华文化历史悠久，给我们留下了数不胜数的文化遗产，具有重要的历史价值、艺术价值和科学价值。历史文物非常脆弱，破坏了就难以修复，遗失了就难以找回。长期以来，我国许多历史文物遭到了不同程度的破坏和遗失，现状堪忧。同时，一些非物质文化遗产的生存现状也不容乐观。各级党委和政府是文化遗产的管理者和保护者，有责任担负起对它们的管理工作和保护工作，使这些文化遗产既能服务当代社会，也能服务子孙后代。

第四，带头示范。孔子说："君子之德风，小人之德草。草上之风，必偃。"（《论语·颜渊》）孟子说："上有好者，下必有甚焉者矣。"（《孟子·滕文公上》）孔子、孟子都强调以上率下的示范作用。传承发展中华优秀传统文化，政府和政府公务人员应带头示范，起到以上率下的作用。各级党委和政府的公务人员特别应在弘扬中华传统美德、弘扬古代优秀廉政文化、弘扬"民本"思想等方面，躬亲示范，做好表率。

2.发挥好市场的积极作用

传承发展中华优秀传统文化，也要发挥好市场的积极作用。中国古典小说在明清时期能够繁荣发展，市场消费增长的推动作用功不可没。关于《红楼梦》的流传，鲁迅先生指出："乾隆中，有小说曰《石头记》者忽出于北京，历五六年而盛行，然皆写本，以数十金鬻于庙市。"❶可见，对于文化的繁荣兴盛，市场所发挥的积极作用是十分重要的。近年来，有关中华优秀传统文化的讲坛、竞赛、纪录片、电视剧、电影等蓬

---

❶ 鲁迅. 鲁迅全集（第九卷）[M]. 北京：人民文学出版社，2005：235.

勃发展，既取得了很好的经济效益，又推动了中华优秀传统文化的传承发展。传承发展中华优秀传统文化，要注重发挥市场的积极作用，推动有关中华优秀传统文化的产业体系建设。

在社会主义市场经济条件下，传承发展中华优秀传统文化，必须建立健全现代文化市场体系，大力发展文化产业，通过市场的力量，把中华优秀传统文化的优秀元素发掘出来，变成消费者喜爱的文化商品。中央电视台纪录片《舌尖上的中国》《记住乡愁》，好莱坞电影《功夫熊猫》《花木兰》等，都是将中华优秀传统文化元素变成现代文化商品，实现了经济效益和社会效益双丰收。但与此同时，要尽力避免传承发展中华优秀传统文化过程中过度或单纯追求经济利益的不良现象。近年来，市场上出现了一些为单纯追求经济利益而歪曲、丑化中华优秀传统文化的作品，产生了不良的社会影响，损害了中华文化的形象，应引起高度重视。

（三）鼓励和引导社会力量广泛参与

1.发挥文化界的引导作用

传承发展中华优秀传统文化，文化界责无旁贷。中华文化的产生和发展，离不开中国历代文化大家们的接续努力。当前，传承发展中华优秀传统文化，需要当代文化界的艺术家、理论家、批评家们发挥引导作用。

第一，文艺界的创作传播。在当代，中华优秀传统文化往往通过文艺作品传承和传播，优秀的传统题材的文学作品、电视剧、电影、纪录片等，往往能引起社会的强烈反响和好评。以四大名著为底本的电视剧、电影，以中国历史、传统文艺、传统服饰、传统饮食为题材的纪录片，都收到了很好的传承发展中华优秀传统文化的效果。因此，文艺界应多创作传统题材的文艺作品，弘扬"真、善、美"，针砭"假、恶、丑"，通过春风化雨、润物无声的方式，传播好中华优秀传统文化。

第二，学术界的整理阐释。传统文化有如下特点：一是"多"，传统文化内容庞大，历史文化典籍汗牛充栋，我们今天常见的只是冰山一角；二是"杂"，传统文化内容复杂，文化精华与文化糟粕相伴而生，很多作品精糟杂糅，难以分辨；三是"古"，传统文化历史久远，许多典籍的语言文字古奥难懂，许多作品尚无现代标点。因此，学术界整理阐释的工作至关重要，要从众多的作品中梳理出文化经典，从庞杂的作品中萃取出文化精华，从古奥的作品中阐释出现代内涵，为中华优秀传统文化的传承发展工作奠定学术基础。

第三，批评界的引导规范。鲁迅先生非常看重批评家的工作，他说："所希望于批评家的，实在有三点：一，指出坏的；二，奖励好的；三，倘没有，则较好的也可以""希望刻苦的批评家来做剜烂苹果的工作"。❶现在社会上，有的主张复古，甚至宣扬"三从""四德"，鼓吹"儒教治国"；有的唯利是图，以弘扬传统文化为名，通过扭曲、丑化传统文化达到敛财目的；也有的持虚无主义态度，质疑一切传统文化，主张全盘抛弃传统文化。针对这些不良现象，批评界应该及时发挥引导规范作用，以便廓清思想迷雾，树立科学态度，指引正确方向。

2.鼓励广大群众积极参与

人民群众是历史的创造者，也是文化的创造者和传承者。民间是最深厚最肥沃的文化土壤，中华优秀传统文化只有扎根民间、服务群众，才能得到真正的传承发展。从这个意义上来说，群众是实现中华优秀传统文化当代价值的主要力量，发挥着基础作用。当前，在政府主导、文化界引导的基础上，应该进一步发挥群众自身的基础作用。

第一，广泛接受优秀文化。群众既是文化的主要传承者，也是最终接受者，"传承"与"接受"是一个统一的过程。群众发挥传承作用，主要通过广泛接受的形式，使优秀文化扎根民间、传承不绝。对于中国古代优秀的文艺作品、家规家风、传统美德、民俗节日等，群众应自觉加深了解、培养兴趣，用以丰富生活、陶冶情操、提高素质。

第二，大力弘扬传统美德。中华传统美德是传统文化的精髓，在民间有悠久的传承和深厚的基础，是人民群众处理人际关系、为人处世的基本准则。群众应大力弘扬传统美德，特别是大力弘扬尊老爱幼、尊师重教、勤俭节约、友爱慈善、诚实守信等美德，净化社会风气，构建和谐社会。

第三，自觉爱护文化遗产。中国是文明古国，也是世界上拥有文化遗产数量最多的国家之一。文化遗产是历史的见证，是民族的标识，是国家的财富，人人都有爱护它和保护它的责任。群众是文化遗产的主要

---

❶ 鲁迅.鲁迅全集（第九卷）[M].北京：人民文学出版社，2005：316-317.

受益者，也应是主要爱护者。

孔子说："礼失而求诸野。"（《汉书·艺文志》）中国文化史上，每逢遇到文化危机，传统文化总能在民间顽强传承，可见，只要群众发挥基础作用，中华优秀传统文化就能在民间根深叶茂、开花结果。

（四）形成有利的体制机制和社会环境

中华优秀传统文化传承与发展的保障，主要来自两个方面：一是文化政策支持；二是政策法规保护。各级政府和相关部门，应出台切实可行的文化政策，加大对中华优秀传统文化传承与发展的政策支持；同时，也应制定有力完善的法律法规，加大对中华优秀传统文化传承与发展的法规保护。

1. 加强文化政策支持

中华人民共和国成立以来，我国制定了一系列积极的文化政策，如"二为"方向、"双百"方针、"三贴近"原则等根本政策，"弘扬主旋律，提倡多样化""古为今用，洋为中用，推陈出新"等基本政策，以及各文化领域的具体政策，为我国的文化建设事业提供了重要支持。当前，传承与发展中华优秀传统文化，应及时制定与之相关的文化政策，特别应在以下三个方面提供积极的政策支持。

第一，文化研究的政策支持。中华优秀传统文化的研究，是传承发展的基础，也是中国特色社会主义文化建设的重要工作。但是，由于传统文化研究难度大、效益小，这方面的优秀成果还相对较少。因此，应加大对中华优秀传统文化研究的支持，特别是在一些冷门方向，应加大资金和人力的投入。

第二，文化传播的政策支持。提高中华优秀传统文化的影响力，必须加大文化传播能力投入，增强政策支持。从数量上，应在报纸书刊、广播电视和互联网等传播平台上，加大对中华优秀传统文化的弘扬和宣传，加大传播力度。从质量上，应着力打造更多诸如《探索发现》《百家讲坛》等精品栏目，提高传播效果。

第三，文化产业的政策支持。文化产业成为国民经济支柱性产业，是我国文化建设的重要目标。中华优秀传统文化与文化产业是相互促进的，前者可以为后者提供优秀文化资源，后者可以为前者提供传承发展动力。应制定积极的文化产业政策，促进中华优秀传统文化产业化，加大财政、金融、税收、人才等方面的支持力度，大力培育文化市场主体，扩大文化消费，促进文化与科技深度融合，推动文化创意创新，发挥文化产业在传承发展中华优秀传统文化方面的动力作用。

2. 加强文化法规保护

目前，我国已经出台了一些文化法律法规，如《文物保护法》《非物质文化遗产法》《中华人民共和国公共文化服务保障法》《传统工艺美术保护条例》《文物保护实施条例》《历史文化名城名镇名村保护条例》《博物馆条例》等。总体来看，这些文化法律法规有两个基本特点：一是数量少，二是层次低。在文化法规中，文化法律少，文化法规多，权威性、系统性和针对性不够。因此，应加强关于中华优秀传统文化法律法规的完善和执行：

第一，完善文化法律法规体系。除了继续完善文化遗产保护方面的法律法规外，还应在以下几个方面加强：一是解决文化纠纷。近年来，随着文化产业的蓬勃发展，各种文化争夺战不断上演，如"杏花村"争夺战、"夜郎文化"争夺战、"牛郎织女"争夺战等。这种文化纠纷的背后是利益纠纷，不妥善解决就会对传统文化资源造成破坏性开发。二是维护文化形象。目前，在广播、电视台和互联网络上，破坏、歪曲、诋毁历史人物、民族英雄的言论、图片和节目时有出现，产生了很坏的影响。2017年3月，《中华人民共和国电影产业促进法》施行，明确规定电影中不得含有"诋毁民族优秀文化传统""侵害民族风俗习惯""歪曲民族历史或者民族历史人物"等方面的内容。但是，仅在电影领域立法显然不够，应尽快完善相关法律法规，全面维护中华优秀传统文化的文化形象。三是保护文化精髓。目前，我国有《中华人民共和国文物保护法》《中华人民共和国非物质文化遗产法》等法律保护物质文化遗产和非物质文化遗产。但是，中华优秀传统文化中的许多文化精髓，如核心思想理念、中华传统美德、中华人文精神等，尚没有相关法律法规进行明确的保护，导致其中的一些好的思想理念被歪曲，传统美德被亵渎，一些文化名人如孔子、孟子、朱熹、王阳明等被任意诋毁。文化批评和观点争论是有益的，但歪曲、亵渎和诋毁则不利于文化的传承发展。这些文化精髓，也应受到相关法规的保护。

第二，加强文化法律法规执行。目前，我国文化法律法规不仅数量少、层次低，还存在有法不依、执法不力的问题。加强法律法规执行，应在以下几个方面努力。一是要加大执法力度。2016 年 11 月，河南汝州百余座汉墓遭房地产开发商毁坏，事后汝州市文化广电新闻出版局按照《文物保护法》对涉事单位仅处以"罚金 40 万元"的行政处罚。类似的文物破坏案件时有发生，但往往都是罚钱了事，根本起不到法律的震慑作用。关于文物破坏行为，《中华人民共和国文物保护法》和《中华人民共和国刑法》中都有追究刑事责任的相关条款，应依法严格追究文物破坏案件的法律责任。二是严肃问责追责。有统计结果显示，在国家文物局执法督查的统计结果中，法人违法的文物破坏案件占到 72%。《国务院关于进一步加强文物工作的指导意见》明确要求建立文物保护责任终身追究制，应严肃问责追究相关责任人的法律责任。三是鼓励群众监督。2013 年 2 月，颐和园文物望柱头失踪，被一个名为"颐和吴老"的博主发现，并将此信息发布在网络上，引起社会广泛关注。在信息时代，文化遗产的保护离不开群众的广泛参与。近年来的许多文物失踪、文物破坏事件，往往都是广大人民群众第一时间在互联网上爆料，然后才引起了社会和有关部门注意。因此，应鼓励群众监督，以便为我们的文化遗产提供更多的保护。

3. 加强文化平台运用

文化传承需要平台。传承主体能够发挥多大作用，能否用好传承平台是关键。传承好中华优秀传统文化，以下三个平台需要重点利用，即学校、媒体和社会。

第一，加强中华优秀传统文化学校教育。百年大计，教育为本。学校是"传道、授业、解惑"的地方，是培养未来人才、传承民族文化的主要阵地。《关于实施中华优秀传统文化传承发展工程的意见》提出："把中华优秀传统文化全方位融入思想道德教育、文化知识教育、艺术体育教育、社会实践教育各环节，贯穿于启蒙教育、基础教育、职业教育、高等教育、继续教育各领域。"加强学校教育，应该从教学内容和教学方式上同时用力。一是加大中华优秀传统文化的教学内容。长期以来，中华优秀传统文化在教学内容中占比不大，甚至受到一定程度的漠视。当前，应在各教育领域加大中华优秀传统文化的教学内容，特别是在小学、中学、大学的教学中，增加中华民族精神、传统哲学、传统美德、古典文学、传统书法、传统绘画、传统戏剧、民族风俗节日、传统礼仪等方面的内容，增加学生对中华优秀传统文化的了解和兴趣。二是改进中华优秀传统文化的教学方式。中华优秀传统文化教学的效果不仅与教学内容相关，更与教学方式密切相关。长期以来，中小学的传统文化教学存在重课堂而轻课外、重应试而轻素质的不良倾向。因此，学校除了课堂教学和应试教学外，还应加强社会实践和参观访学，充分利用图书馆、博物馆、艺术馆、历史古迹等文化场所，改进教学方式，提高教学效果。中华民族有悠久的教育传统，有丰富的教育经验，有深厚、优秀的教育资源，因此弘扬中华优秀传统文化要把学校教育作为重中之重，要在青少年价值观、人生观、审美观、伦理观形成阶段装好"中国心"。

第二，加大中华优秀传统文化媒体传播。在文化领域，媒体是文化传播的平台，也是文化冲突的阵地。当前，文化传播的媒体既包括报纸和书刊等传统媒体，也包括广播、电视、互联网等新兴媒体。因此，传承发展中华优秀传统文化，应同时加大传统媒体和新兴媒体的传播。一是用好报纸和书刊。报纸和书刊是传统媒体，历来发挥着文化传播和传承的重要作用。即使在文化日益数字化的今天，纸质报纸和书刊依然具有不可忽视的作用。报纸和书刊比广播、电视、互联网等新兴媒体更为正式和严肃，中华优秀传统文化的重要典籍主要还是通过纸质书刊传播给人民群众，一些重要的学术成果、文艺作品、评论文章往往通过这一媒体发表和传播。因此，在中华优秀传统文化的宣传、阐释、引导等方面，报纸和书刊应发挥比新兴媒体更为关键的作用。二是用好广播和电视。随着科技的进步，广播和电视等大众媒体成为人们接受中华优秀传统文化的重要渠道。长期以来，中央人民广播电台、中央电视台和地方广播电台、电视台，在传承发展传统文化方面发挥着重要作用。中央电视台的《探索发现》《百家讲坛》等栏目，播出了大量以中华优秀传统文化为主题的节目，受到人民群众的广泛欢迎，极大地推动了中华优秀传统文化的传播和影响。因此，广播和电视应继续加强对中华优秀传统文化的传播，以更加丰富的内容和多彩的形式，向广大人民群众传播中华优秀传统文化，展现中华文化的无穷魅力。三是用好互联网。目前，中国的互联网已经非常普及，以门户网站、微博、微信为代表的互联网传播平台，已经成为信息传播的主要渠道，也成为中华优秀传统文化传播的重要渠道。

以微信为例，一些国学类的公众号成为研究、解读和传播中华优秀传统文化的重要平台。传承和发展中华优秀传统文化，必须注重拓展和用好网络媒体，用先进的技术传播手段和优质的文化资源占据网络阵地，不断增强中华优秀传统文化传承和发展的效果。

第三，加大中华优秀传统文化的社会宣传。在文化传播方面，除了学校和媒体外，社会是更为广阔的传播媒介。社会是人民群众生产、生活的地方，也应该是中华优秀传统文化发挥正面作用的地方。因此，中华优秀传统文化应适时走出学校、科研机构等象牙塔，走向人民群众生产、生活的社会，通过社会这个大媒介，进行传播和传承。一是加大公共场所传统文化宣传。社会的公共场所，如广场、街道、车站、社区、村落等，是人群密集地区，应利用这些公共场所，通过图片、标语、音乐、影像、表演、讲座等丰富多彩的形式，向广大人民群众传播中华优秀传统文化。特别应在中国春节、清明、端午、中秋等传统节日期间，营造浓厚的传统氛围，使中华优秀传统文化如绵绵春雨般滋润人间。二是加大文化场所的传统文化宣传。社会的文化场所，如图书馆、博物馆、剧院、影院、文化宫、艺术展等，是专门的文化传播场所，应在这些场所加大中华优秀传统文化的传播力度，把中华优秀传统文化最有吸引力、最富魅力的内容，通过适当的形式展现给人民群众。通过社会的广泛传播，把中华优秀传统文化推广到城镇、村落、社区、学校、家庭，甚至推广到中国的田间地头、街头巷尾等，最大限度地提高中华优秀传统文化的影响力。

第二节　中华优秀传统文化的传承与发展对社会发展的作用

一、中华优秀传统文化传承创新推动科技文化发展

（一）中华优秀传统文化与科学技术发展

科学技术是第一生产力。它对社会经济基础有重大的影响作用，进而反映到上层建筑中的文化上来。文化对经济基础也具有反作用。中华优秀传统文化经历了几千年的发展，对科学技术的巨大推动作用是不可

低估的。

中华人民共和国成立以来，在中国共产党的领导下，中国人民以自力更生、追赶先进的姿态，把一个贫穷落后的中国带进了工业文明时代。中国人民不断解放思想、实事求是、改革开放、大胆创新，从中华优秀传统文化中汲取底蕴深厚又源源不断的营养，给科技插上腾飞的翅膀，在很多领域特别是高科技领域缩小了与发达国家的差距，甚至取得了一些领先于世界的科技成果。比如，中医中药是中华优秀传统文化中的一颗璀璨耀眼的明珠，在传统中医著作《肘后备急方》的启示下，以屠呦呦为代表的中国科学家团队历经反复试验，于 20 世纪六七十年代用低沸点溶剂提取出青蒿素，用于治疗对抗疟药物氯喹等产生抗性的疟疾，不仅造福了中国人民，还给越南、老挝、柬埔寨、缅甸等国家和地区的人民带来了福音。这样的事例再次证明了中华优秀传统文化是科技进步的不竭源泉，能够为科技发展提供强有力的支撑。

（二）科技创新丰富了中华优秀传统文化的内涵

我们不能用工业文明标准审视处于农业文明之中的中国的科技水平，这不合理。在农业文明中，中国拥有世界上最先进的科学技术，如历法、算学、水利、农艺、耕种、农作物加工、中医药、生育与人口技术等富有农耕特色的科学技术，而同期西方世界的科技水平却相去甚远，可以说那个时代的文化与当时的生产力发展水平是相适应的。即便如此，中华文化和中国社会并没有表现出对科学技术的歧视，而是在长期的对自然与未知的不断探索中形成了"天行健，君子以自强不息；地势坤，君子以厚德载物"的自强不息、奋发进取、勇于探索的科学精神，这都具有民族精神的文化特质。

自中华人民共和国成立以来，在工业文明时代，在中国共产党的坚强领导下，中国人民仅用了 70 余年，以坚韧不拔、不惧牺牲、前仆后继、栉风沐雨、筚路蓝缕的顽强奋斗精神，跨过了西方 300 余年的工业文明和科技发展历程。这说明中华民族具有科技与创新的先天文化基因和驾驭其发展的智慧和能力，也说明科技发展的同时能够创造出展现人类本质特征的精神文化，并带动与之相适应的中华优秀传统文化同步演进，丰富了其文化内涵。因此，进一步传承与创新中华优秀传统文化就成了时代的需要和历史的重任。只有这样，中华优秀传统文化才能担当起引导科技创新并向着人类文明与进步的方向发展的重任。

（三）中华优秀传统文化的传承与创新将推动科学技术进步

在现实生活领域，科学技术的进步引起了生活方式、消费方式及社会文化的转变。科技产品成为现代社会生活的一个重要组成部分，并逐渐被应用到社会生活的方方面面。人们的衣、食、住、行无不与科技发展的程度密切相关。例如，网购、高铁、支付宝和共享单车成为中国的"新四大发明"，也让中国人民的生活充满了"科技含量"。同时，科技还改变着社会文化氛围，有力地塑造和影响着人们的思维结构，改变了人类的思维方式，开拓了人类的思维领域。

当今时代是一个科学技术飞速发展、社会无限繁荣的时代。科技对人类和自然的作用快速提升，如果文化的进步跟不上技术的繁荣进步，如果由于文化道德缺失而导致科技这把双刃剑的使用失控，那么科技对人类有益的作用就会被弱化甚至消解，更为可怕的是，可能引致对人类和自然的破坏作用被无限放大的结果。在这样的情况下，基因工程、网络、天基武器、人工智能等技术都可能给人类带来灭顶之灾。没有文化制衡的技术进步极易失序并导致混乱，先进技术就有可能变成毁灭人类社会的暴力工具。多元文化的冲突造成社会动荡，科技变成毁灭人类社会的工具，人类进步将陷入徘徊不前甚至倒退的沼泽之中。现实告诉我们，科学技术是一把"双刃剑"，但不良后果的最终症结不在于剑，而在于擎剑之手——人类的道德和智慧。

当今的互联网时代是平面传播时代，极易出现多元文化于现实中冲突频繁、技术失去理性控制甚至为了满足人的欲望而恶性生长等情况，这就需要更理性的人类行为与更高的人类智慧，需要优秀文化的辅助与制衡。在世界各大文明体系中，只有中华优秀传统文化具有这样的底蕴，能够为互联网时代的社会发展提供行为约束和道德滋养，并能够引导科学技术创新向着人类文明与进步的方向发展。因此，我们要在继承中华优秀传统文化的基础上，弘扬科学理性和科学精神，推动中华优秀传统文化的创新性发展，让中华优秀传统文化在新时代焕发新活力、新光彩，成为推动科学技术进步的新动力。

二、中华优秀传统文化传承创新推动数字产业发展

随着科技的飞速发展，传统文化与数字产业的融合已经成了一种新的发展趋势。这种融合不仅为传统文化提供了新的传播渠道，还为数字产业带来新的市场机遇。

（一）传统文化在数字游戏中的应用

传统文化与数字产业的融合已经成为当下社会发展的趋势之一。其中，传统文化在数字游戏中的应用，不仅可以增强游戏的文化内涵，还可以推动传统文化的传承和发展。

数字游戏作为一种新兴的娱乐方式，已经深入人们的日常生活。随着科技的不断进步，数字游戏的形式和玩法也越来越多样化。而传统文化作为人类文明的重要组成部分，具有深厚的历史底蕴和文化内涵，将其融入数字游戏，不仅可以丰富游戏的内容和玩法，还可以让玩家在游戏中感受传统文化的魅力。

传统文化在数字游戏中的应用，可以有效地推动传统文化的传承和发展。传统文化是中华民族的精神财富，具有重要的历史和文化价值。然而，随着现代社会的发展，传统文化的传承和发展面临诸多挑战。而将传统文化融入数字游戏，可以让更多人了解和接触传统文化，从而促进传统文化的传承和发展。

传统文化在数字游戏中的应用，还可以为游戏产业带来新的发展机遇。随着数字产业的快速发展，游戏产业已经成为文化产业中的重要组成部分。而将传统文化融入数字游戏，不仅可以为游戏产业带来新的创意和灵感，还可以为游戏产业带来新的市场和机遇。

近年来非常受欢迎的《王者荣耀》就是一个成功的案例。该游戏以中国传统文化为基础，将古代英雄、神话传说等元素融入游戏，吸引了大量年轻玩家的关注。同时，游戏开发商还通过线上活动、线下活动等方式，推广中国传统文化，进一步扩大了传统文化的影响力。

《王者荣耀》的成功，不仅在于其独特的游戏玩法和精美的游戏画面，还在于其对中国传统文化的深入挖掘和传播。游戏中的英雄角色，如孙悟空、李白、貂蝉等，都是以中国传统文化中的历史人物和神话传说为基础进行创作的。这些角色不仅具有鲜明的个性和特点，而且其背

后所蕴含的文化内涵，也为玩家提供了深入了解中国传统文化的窗口。

《王者荣耀》通过游戏内的各种活动和任务，将中国传统文化融入游戏，让玩家在玩游戏的同时，也能学习和了解传统文化。例如，游戏中的"答题还赛""诗词大会"等任务，都是以中国传统文化中的知识为主题，让玩家在游戏中学习和了解传统文化。

《王者荣耀》还通过线下活动，如游戏主题展览、文化讲座等，将传统文化引入现实生活，进一步扩大了传统文化的影响力。这些活动不仅让玩家有机会亲身体验传统文化，也让更多人有机会了解和接触传统文化。

此外，《王者荣耀》还通过线上平台，如官方网站、社交媒体等，将传统文化广泛传播。这些平台不仅提供了丰富的游戏资讯和活动信息，还提供了大量的传统文化内容，如游戏背景音乐、游戏插画、游戏小说等，让玩家在游戏中可以随时随地学习和了解传统文化。

综上所述，《王者荣耀》的成功，不仅在于其独特的游戏玩法和精美的游戏画面，更在于其对中国传统文化的深入挖掘和传播。这种传统文化与数字游戏产业的融合，不仅为传统文化提供了新的传播渠道，也为游戏产业带来新的发展机遇。未来，我们期待有更多的游戏能够像《王者荣耀》一样，将传统文化融入游戏，让传统文化在现代社会中焕发新的活力。

（二）传统文化在数字文化创意产业中的应用

传统文化在数字文化创意产业中的应用可以体现在多个方面。其中，最显著的应用就是数字文化遗产的保护与传承。数字文化遗产是指利用数字技术对传统文化进行记录、保护、展示和传承的一种方式。例如，将传统手工艺、民间艺术、历史文献等文化遗产进行数字化处理，使其可以被更多人了解和欣赏，同时，也能够有效地保护传统文化不被时间流逝侵蚀。

例如，故宫文化创意产品。故宫文化创意产品主要包括故宫主题的服装、饰品、文具、电子产品等。这些产品的设计灵感来自故宫的传统文化和艺术，同时融入了现代元素和创意设计，使传统文化更加贴近年轻人的生活和审美需求。例如，故宫文化创意产品中的"故宫口红"就非常受欢迎。这款口红的包装设计采用了故宫的经典元素，如龙、凤、云纹等，同时，也融入了现代元素，如口红颜色、包装材质等。这款口红不仅具有文化价值，还具有实用性，深受年轻人的喜爱。

再比如，北京的一家中华美食文化主题餐厅——"大董烤鸭店"，以烤鸭为主题，将烤鸭的制作过程、烤鸭的历史和文化融入餐厅的设计和经营中。这家餐厅不仅提供了美味的烤鸭，还通过展示烤鸭的历史和文化，让顾客更加深入地了解中华美食文化。

传统文化在数字文化创意产业中的应用还可以体现在数字艺术设计方面。数字艺术设计是指利用数字技术进行艺术创作的一种方式。例如，将传统文化元素与现代数字技术相结合，创造出具有传统文化特色的新艺术作品。这种设计方式不仅可以丰富数字文化创意产业的产品类型，还可以提高传统文化的影响力。

传统文化在数字文化创意产业中的应用还可以体现在数字娱乐方面。数字娱乐是指利用数字技术进行娱乐活动的一种方式。例如，将传统文化元素与现代游戏、动画、音乐等娱乐形式相结合，创造出具有传统文化特色的新娱乐产品。这种娱乐方式不仅可以提高传统文化的受众度，还可以增加数字娱乐产业的市场竞争力。

以我国近年来非常受欢迎的音乐节目《中国新歌声》为例，该节目以中国传统文化为基础，融合了现代音乐元素，展现了中华文化的魅力。该节目通过对中国民间音乐、民族音乐的挖掘和传承，将传统音乐元素与现代音乐相结合，为观众呈现了一场视觉与听觉的盛宴。同时，该节目还利用网络投票、社交媒体等方式，吸引更多人关注和参与。这种方式不仅为传统文化的传播提供了新的途径，也为数字音乐产业带来了新的发展动力。通过这种方式，传统文化的魅力得到了更广泛的传播，同时，也为数字音乐产业带来了更多的观众和市场份额。

以近年来非常受欢迎的电影《战狼Ⅱ》为例，该电影的成功就是以中国传统文化为基础的成功案例。电影以中国传统文化、民族精神等为基础，展现了中国人民的勇气和力量。这种表现方式不仅使电影具有了更强的文化内涵，还使电影具有了更强的观众共鸣。同时，电影还通过网络平台、社交媒体等方式，吸引了更多人的关注和参与，进一步扩大了传统文化的影响力。这种通过数字平台传播传统文化的方式，不仅使传统文化得以更广泛地传播，也使传统文化得以更深度地传播。这种方式不仅有助于传统文化的传承和发展，也有助于传统文化的创新和转化。此外，传统文化与数字电影产业的融合，还可以带来一些经济效益。例如，电影作为一种文化产业，它不仅可以创造就业机会，还可以带动相关产业的发展。同时，电影作为一种具有广泛影响力的艺术形式，它还可以通过其强大的传播力和影响力，推动传统文化的经济发展。

传统文化在数字文化创意产业中的应用有广泛的前景。通过数字技术，传统文化可以得到更好的保护和传承，同时，也能够创造出新的艺术、娱乐产品，提高传统文化的影响力。未来，随着数字技术的不断发展，传统文化在数字文化创意产业中的应用将会更加广泛，也会为传统文化的传承和发展带来新的机遇。

（三）传统文化在数字教育中的应用

传统文化与数字产业的融合已成为当今社会发展的显著趋势。这种结合不仅有助于传统文化的传承与发扬，也能为数字产业带来新的发展机遇。因此，将传统文化融入数字教育显得尤为重要。

从古代开始，传统文化在数字教育中的应用便已初现端倪。例如，古代的经书、诗词、史书等都是数字化的表现形式。随着数字技术的不断进步，传统文化的数字化表现形式也日益丰富。如今，电子书、数字博物馆、在线课程等已成为传统文化传播的重要载体，不仅方便了人们的学习和传承，还让人们能更加深入地了解和欣赏传统文化。

在语文教育中，利用数字化手段展示古代文学作品的原文、注释、翻译等，有助于学生更好地理解文学作品；在历史教育中，通过展示历史文物、遗址、图片等，能够帮助学生更好地了解历史背景和文化传统；在艺术教育中，通过展示古代绘画、雕塑、音乐、舞蹈等艺术作品，能够帮助学生更好地欣赏和理解艺术。

传统文化在数字教育中的应用案例不胜枚举。例如，利用数字博物馆为传统文化的保护和传承提供新的平台，同时，也为数字旅游、数字文化创意等领域带来新的发展机遇。因此，传统文化在数字教育中的应用不仅具有重要的教育意义，也具有重要的经济意义和社会意义。

作为一种新型的教育方式，传统文化在数字教育中的应用有助于学生更好地学习和传承传统文化。随着数字技术的发展，传统文化在数字教育中的应用将更加广泛和深入，成为传统文化传承和发扬的重要手段。

三、中华优秀传统文化传承创新，推动旅游文化产业发展

旅游业作为现代服务业的重要组成部分，不仅可以带动地方经济发展，还可以促进文化交流和传播。将中华优秀传统文化与旅游业相结合，不仅可以丰富旅游形式，还可以为游客提供更加独特的旅游体验。

（一）打造旅游形式多元化

中华优秀传统文化丰富多彩，涵盖历史、文学、艺术、哲学、宗教等多个领域。将中华优秀传统文化与旅游业相结合，可以打造多种旅游形式，满足不同游客的需求。

历史文化游：以历史名胜古迹、文化遗址、博物馆等为主要载体，游客可以领略中华优秀传统文化的博大精深。例如，故宫、长城、颐和园等都是中国历史文化游的代表。

文学艺术游：以文学、戏剧、音乐、舞蹈等为主要载体，游客可以欣赏中华优秀传统文化的独特魅力。例如，北京京剧、西安秦腔、成都川剧等都是中国文学艺术游的代表。

宗教文化游：以佛教、道教等为主要载体，游客可以了解中华优秀传统文化中的宗教文化。例如，峨眉山、武当山、西安大慈恩寺等都是中国宗教文化游的代表。

民俗风情游：以民间工艺、传统节庆、民间艺术等为主要载体，游客可以体验中华优秀传统文化的独特韵味。例如，北京剪纸、南京夫子庙灯会、丽江古城的纳西族火把节等都是中国民族风情游的代表。

自然生态游：以山水风光、动植物资源、生态旅游等为主要载体，游客可以欣赏中华优秀传统文化中的自然之美。例如，黄山、九寨沟、张家界等都是中国自然生态游的代表。

现代体验游：以科技馆、主题公园、文化创意产业园区等为主要载体，游客可以感受中华优秀传统文化中的现代气息。例如，上海迪士尼、北京环球影城、广州长隆欢乐世界等都是中国现代体验游的代表。

（二）改造旅游模式

在新时代背景下，将中华优秀传统文化与旅游业相结合，不仅可以满足人们对美好生活的向往，还可以为我国旅游业注入新的活力。改造

旅游模式，可以从以下几个方面着手。

（1）整合资源，创新旅游产品。整合中华优秀传统文化资源，结合现代旅游业的需求，开发具有地域特色和文化内涵的旅游产品。例如，将历史文化、民俗风情、自然风光等元素融入旅游线路设计，推出独具特色的旅游线路，满足不同游客的需求。同时，通过创新旅游产品形式，如文化旅游、体验式旅游、主题旅游等，丰富旅游市场，提升游客体验。

（2）提升服务质量，打造旅游品牌。提升旅游服务质量，是改造旅游模式的关键环节。在旅游服务中融入中华优秀传统文化元素，提升服务质量，打造旅游品牌。例如，导游在讲解中融入历史文化、民俗风情等内容，可以丰富游客的文化体验；在酒店设计中融入地域特色和文化元素，可以提升游客的住宿体验；在旅游活动中融入中华优秀传统文化元素，可以增强游客的参与感和互动性。

（3）拓展市场，培育新型旅游业态。拓展旅游市场，是改造旅游模式的重要手段。在扩大旅游市场的同时，要培育新型旅游业态，实现旅游业与中华优秀传统文化资源的有机结合。例如，发展乡村旅游，通过开发特色民宿、农家乐等，实现农业与旅游业的融合；发展文化旅游，通过举办各类文化活动、展览等，提升游客的文化体验；发展红色旅游，通过参观革命历史遗迹、红色教育基地等，弘扬革命精神。

（4）加强政策支持，推动旅游业与中华优秀传统文化融合。加强政策支持，是改造旅游模式的重要保障。政府应出台一系列政策，鼓励旅游业与中华优秀传统文化融合。例如，加大资金投入，支持旅游业发展；出台税收优惠政策，降低旅游企业成本；加强旅游人才培养，提升旅游服务质量；制定相关法规，规范旅游业发展等，为旅游业与中华优秀传统文化融合提供良好的法治环境。

（三）科学规划地区特色文化旅游产业

科学规划地区特色文化旅游产业，有助于挖掘和利用中华优秀传统文化资源，促进地区旅游业持续、健康、快速发展。

一是明确地区特色文化旅游产业的发展目标。根据地区的历史文化底蕴、自然资源、民俗风情等，制定符合实际的发展目标。在目标设定上，要注重长远规划与短期目标相结合，确保旅游业与地区经济、社会、文化等方面的协调发展。

二是深入挖掘地区特色文化资源。各地区都有其独特的文化底蕴，要充分发挥地方政府、旅游企业、文化研究机构的积极作用，深入挖掘地区的优秀传统文化资源，如历史遗址、民间艺术、地域民俗等。通过调查、挖掘、整理、保护、传承等手段，形成具有地区特色的文化旅游资源体系。

三是制订科学合理的旅游产品规划。根据地区特色文化资源，结合市场需求，制订具有地区特色的旅游产品规划。旅游产品规划要注重文化内涵、地域特色、游客体验等方面的融合，形成多样化的旅游产品体系。在产品规划上，要注重创新与传承的平衡，既要满足现代游客的需求，又要体现传统文化的价值。

四是加强旅游基础设施建设。旅游基础设施是旅游业发展的重要保障，包括交通、住宿、餐饮、娱乐、购物等。要加强旅游基础设施的规划和建设，确保旅游资源的合理利用，提高游客的旅游体验。在基础设施规划上，要注重绿色、环保、节能、人文等方面的要求，推动旅游业的可持续发展。

五是加强旅游市场营销和推广。旅游市场营销和推广是旅游业发展的关键环节，要充分发挥政府、旅游企业、媒体等的作用，加大旅游市场营销和推广力度，提高地区旅游品牌的知名度和影响力。在市场营销和推广上，要注重品牌战略、网络营销、口碑传播等方面的策略，提高游客的旅游意愿。

（四）推进文旅融合发展

文化是旅游的灵魂，旅游是文化的载体。在现代社会，旅游业已经成为人们生活中不可或缺的一部分，而中华优秀传统文化作为我国的文化瑰宝，其价值在旅游业中的体现尤为重要。一方面，文化可以为旅游增加知识性、趣味性，丰富旅游资源的内涵；另一方面，旅游产业的发展可以促进文化的传承和发扬，实现文旅融合的"双赢"。

近年来，我国文化旅游产业得到了前所未有的重视和发展。首先，在培育文化旅游消费市场方面，中国产品向中国品牌转变，开发吸引游客消费的文化旅游产品，发扬中华优秀传统文化、红色文化、历史文化等中国文化，弘扬沂蒙精神、延安精神、井冈山精神和西柏坡精神等中国精神。

其次，大力提倡科技创新的应用，利用科技创新对旅游地的历史文化、民族文化、民间文化等资源进行深度开发和资源再利用。例如，张家界的《魅力湘西》《天门狐仙》、"印象"系列（如杭州的《印象西湖》、广西的《印象刘三姐》等）实景演出等，将民俗文化表演融入自然景观，极大地丰富并提升了旅游产品的艺术价值。

再次，加大文化旅游产品的宣传力度。随着"文旅+"的不断融合发展，将产生更为丰富的新型业态。消费者对新业态的认识和接受需要一个过程，这就要求旅游企业要克服旅游产业融合中需求层面的阻力，运用创新思维和创意手段，激发顾客的消费欲望和积极性。

此外，特别注重游客的口碑效应，充分利用"驴友"和名人游记的宣传效应，展现文化旅游商品的价值。口碑效应的发挥，可以提高游客对旅游产品的满意度和忠诚度，从而推动旅游产业的可持续发展。

最后，完善文化旅游融合发展的政策环境。文化旅游市场健康运营需要政策的支持。第一，加快文化产业和旅游产业相互作用、渗透、融合，需要有相对宽松的政策环境作为保证。第二，开发新的文化旅游产品，资金投入大，相关政府部门应对开发文化旅游产业相关企业给予一定的政策支持，多渠道增加旅游产业的投入，如鼓励社会资本进入文化旅游市场，允许社会资金进入文化旅游项目投资，同时，优化融资环境，提高融资效益，避免出现因缺少资金而影响新的文化旅游产品开发等具体问题，减轻政府的负担。第三，支持科技创新在文化旅游企业中的应用，就是将文化创意融入旅游产品，创造性地生产出高质量的旅游文化产品。

（五）加强旅游生态建设

当前旅游业面临许多与可持续发展相关的重大挑战：生物多样性丧失、生态环境破坏等。因此亟须一种新的旅游模式加强人与自然和谐共处，绿色旅游应运而生，它是旅游资源和旅游业可持续发展的一种全新的旅游模式。

（1）培育绿色观念。发展旅游业产生的负面问题，从源头来说，就是因为对可持续发展理念认识不够。因此，我们需要转变经营、管理和社会观念。旅游企业者需要将绿色理念融入旅游经营，引导绿色环保的健康消费时尚，把环境保护和可持续发展思想作为企业者发展战略的基础。例如，旅行社要转变经济效益至上原则，选择绿色产品、选择绿色饭店、选择绿色交通工具、选择绿色商店等绿色产品。政府管理者也需要发挥主导作用，统一思想，提高重视程度，牢固树立并坚决贯彻绿色的发展理念。认识到在国家、社会越来越重视环保的大环境下，在关注游客流量、旅游消费指数等数据的同时，也要从社会生态等多个方面进行评价，摒弃唯 GDP 论的思维模式。其次，我们需要培养旅游消费者的绿色消费理念。旅游消费者要将原生形态美作为欣赏旅游景观的最高理想，养成在旅游景区不乱刻乱画、不乱扔垃圾的习惯，将节能减排、勤俭节约变成自觉的消费行为，成为高层次的具有责任感的旅游者。最后，我们需要通过绿色旅游的发展，实现旅游业的可持续发展。绿色旅游不仅可以保护环境，提高生态效益，还可以提高旅游业的竞争力，吸引更多的游客。因此，发展绿色旅游，不仅可以实现旅游业的可持续发展，还可以推动绿色经济的发展，实现经济和环境的共同发展。

（2）开发绿色产品。一是要加快低碳技术的开发。低碳技术是一种以降低碳排放为目标，提高能源利用效率的技术。其核心理念是"低碳、节能、环保"，符合绿色旅游的发展要求。因此，我们应该加大对低碳技术的研究和开发力度，推广应用高效节能技术，提高新能源和可再生能源在旅游业的比重。二是要引导旅游企业转变发展模式。旅游企业不能仅追求利润，而忽视了对环境的影响。因此，我们应该鼓励旅游企业向以新型科技为基础、环保低碳的技术型企业转变。同时，政府也应该提供政策支持，帮助企业进行绿色旅游技术研发和基础建设。三是要在旅游行业内推广节能减排技术。通过推广节能减排技术，我们可以降低旅游业的能耗和碳排放，提升旅游行业的低碳化程度。同时，这也有利于推动旅游业的可持续发展。四是要重点建设绿色环保型的旅游产品体系。民俗旅游、康养旅游等都是具有很高生态化、多元化、益智性的旅游产品。我们应该加大对这些旅游产品的开发力度，使其成为旅游业的亮点，吸引更多的游客。

（3）加强绿色旅游的宣传工作。一是强化绿色旅游的推广工作。这需要借助主流新闻媒体，推动绿色生产、绿色经营。绿色旅游的核心理念是环保、可持续，这是我国旅游业发展的重要趋势。因此，我们需要通过新闻媒体，向社会传达绿色旅游的理念，引导公众参与绿色旅游，从而推动旅游业的健康发展。二是旅游地的生态文明传播和国民教育功能需要得到充分发挥。旅游业不仅是经济发展的推动力，也是文化传播的重要载体。因此，我们需要通过旅游业，向公众传授生态文明的知识，提高公众的环保意识，深化公众对生命共同体理念的理解。这不仅有助于提升公众的环保意识，也有助于推动全社会形成绿色发展的新格局。三是提升公众保护环境的自主性。环保意识的提高，需要公众自身的行动。因此，我们需要通过绿色旅游，提升公众保护环境的自主性。这不仅有助于推动旅游业的发展，也有助于推动全社会形成绿色发展的新格局。四是加强生态文明宣传教育，增强全民的节约意识、环保意识、生态意识。生态文明宣传教育是推动全社会形成绿色发展的重要手段。通过加强生态文明宣传教育，我们可以增强全民的环保意识，提高全民的环保素质，从而推动全社会形成绿色发展的新格局。五是营造爱护生态环境的良好风气。绿色旅游的发展，需要全社会的共同努力。只有全社会都形成爱护生态环境的良好风气，绿色旅游才能真正实现可持续发展。

（4）加强对旅游环境保护的宏观管理。在旅游地区开发的角度上，我们应坚持"规划优先、保护第一"和可持续发展原则，根据各地的实际情况，科学合理地统筹旅游业的发展。对于周边环境，应进行实地考察，对旅游资源进行划分，并对其进行整合，将民俗、体育、农业等社会资源融入旅游，以提高其附加值。尤其是对于那些不可再生、脆弱的自然和历史文化资源，我们应在"保护第一"的前提下，适度地进行开发和利用，以实现资源的可持续发展。在发展旅游经济的过程中，我们需要坚持开发与保护并重。开发是经济发展的客观需求，而保护是开发的重要前提。只有通过科学合理的开发，才能推动旅游经济的快速发展。只有进行积极有效的保护，才能确保旅游经济的健康发展。

从景区管理的角度来看，我们首先需要研究旅游景区的环境承载力和游客的可容纳阈值。如果即将超出最大限度，我们可以采取提高门票价格、设立不同路线等手段，以实现游客的分流，适当控制景点的人数，以缓解旅游热点景区的冲击。其次，我们需要制定切实可行的景区旅游环境保护措施。例如，可以增设钢网护罩、栅栏栏杆、警示标语等，以满足游客的精神需求，同时保障重点文物和景色的安全。管理者需要制定相应的规定，安排明察暗访、第三方检查等，对景区进行不定期抽查，以切实加强旅游地的生态文明建设。

在中华优秀传统文化与旅游业融合过程中，我们应当以保护为前提，以可持续发展为目标，科学合理地进行旅游开发。只有这样，才能实现旅游业的繁荣发展，同时，也能够保护我们的文化遗产，让它们在现代社会中焕发新的活力。

（六）推进生态文化旅游

生态文化旅游作为一种结合了自然风光和人文景观的新型旅游方式，其发展在我国拥有丰富的资源条件。我国拥有广阔的国土面积，自然景观丰富多样，如山水、湖泊、森林等。此外，我国历史悠久，文化底蕴深厚，拥有众多著名的文化景观和人文景点。这些丰富的资源为生态文化旅游提供了良好的发展基础。然而，生态文化旅游的发展不仅依赖资源的丰富，更依赖对中华优秀传统文化的挖掘与传承。

加强对中华优秀传统文化的挖掘与传承是生态文化旅游发展的首要任务。中华优秀传统文化是中华民族的精神支柱，具有鲜明的民族特色和地域特色。在生态文化旅游中，应充分挖掘和展示中华优秀传统文化，通过讲解、展示、体验等形式，让游客深入了解和感受中华文化的魅力。同时，要注重对传统文化的保护与传承，防止其在旅游开发过程中被过度商业化、娱乐化，从而破坏了其原有的文化价值。

生态文化旅游在保护生态环境、促进地方经济发展和传承优秀传统文化等方面具有积极作用。生态文化旅游不仅可以带动地方经济发展，提高人民生活水平，还可以推动生态文明建设，促进人与自然的和谐共生。此外，生态文化旅游还可以增强游客的民族自豪感和认同感，进一步弘扬中华优秀传统文化。

生态文化旅游的发展并非一帆风顺，需要政府、企业、社会和游客的共同努力。政府应加大对生态文化旅游的扶持力度，出台相关政策，引导和规范生态旅游的发展。企业应注重生态旅游产品的创新和品质，提供优质的服务，满足游客的需求。社会应加强生态旅游的宣传和推广，提高游客的环保意识和生态文明观念。游客应树立正确的生态旅游观念，尊重和保护生态环境，共同推动生态文化旅游的发展。

第六章　中华优秀传统文化传承与发展的其他路径探索

在探索中华优秀传统文化传承与发展的路径时，需要结合时代背景，充分发挥各种途径的优势，推动中华优秀传统文化的传承和发展。本章主要对中华优秀传统文化的教育价值、加强青少年中华优秀传统文化教育、将中华优秀传统文化元素融入艺术设计、坚持中华优秀传统文化的创造性转化和创新性发展的路径、鼓励中华优秀传统文化"走出去"的对策等问题进行探索。

第一节　探索中华优秀传统文化的教育价值

一、中华传统文化中的道德思想

从中华优秀传统文化中发掘道德教育资源是我国教育者需要把握的重点。在我国传统文化中，道德作为一种崇高的人格境界和精神支柱，其有着至高无上的地位与价值，儒家学派创始人孔子认为道德是社会生活中最为重要的一环。孔子个人十分重视道德修养，在其进行教学过程中也极为重视道德教育的推广，儒家的"慎独"思想就是提升道德修养的重要思想源泉。"慎独"作为古代儒者的修德之方，强调的是一个人在独处无人关注时，也要谨慎对待自己的言行，始终能保持在"人前"的道德礼仪规范，其本质是强调个体内在的理性自觉，追求自律。慎独的内涵包括：慎省，就是指认真自省，对自己的言行进行检核，对自身的缺点进行反省。孔子的"见贤思齐焉，见不贤而己内省也"、曾子的"吾日三省吾身"等都是要求人们自我反省、约束自己的言行，自觉反思检验自己思想言行中的不足；慎辨，指的是当一个人处于周围无人的状态时，依然能够根据自己的处事思维对事物进行分辨。明清时期思想家王夫之在其《论语季氏篇》中对"慎辨"思想进行了重点阐释，认为人们想要获得收获，必须谨慎思考，认真辨析所做之事，方可行动；慎欲，就是指人们要正视欲望，并且尽力战胜欲望，不被欲望所左右。《荀子·正名》有言："欲虽不可尽，可以近尽也；欲虽不可去，求可节也。"❶

荀子的这句名言则对欲望本身进行了深刻剖析，认为人的欲望虽然不可能排除干净，但是可以无限趋近于无，而且前进的动力会随着欲望的消退而逐渐枯竭，人的欲望应该寻求办法加以节制；慎言，就是指人们要谨慎言语，即使在独处时也要注意自己的言论和说话方式。中国最早的典籍《诗经·大雅·抑》中提到我们说话时应该谨慎并深思熟虑。孔子以"君子欲讷于言而敏于行"作为有德之士的重要标志，在这里讷言的意思是要说话谨慎。慎微是指从行为的细微之处严格要求自己。朱熹在《中庸章句集注》中提道："隐，暗处也。微，细事也。独者，人所不知而己所独知之地也。"强调君子越是在隐秘细微之处越是要防微杜渐谨小慎微。"慎独"思想充分体现了儒家传统文化中对于个人道德自律意识培养的重视。道家学派的开创者老子对先贤的思想进行了归纳总结，并提出了以"道"为核心的价值体系。我国传统道德观念"勤俭朴素""谦让不争""淡泊名利"等都与道家有关。道家与儒家宣扬的道德观念有所不同。在《庄子》中，有不少否定和批判儒家的"仁""义""礼"的内容，道家认为"道德"是"天德"，是自然的"道德"，并且道家并没有像儒家那样做出任何具体的规范和约束。庄子的道德知识体系中将"大道"排在最高位然后是"德"，"是非""赏罚"则排在末尾，他认为，道德是建立在"道"这一顶层观念的基础上，而不是建立在"道德是非"的内容上；道德行为是由自然的"道德"支配，而不取决于道德的"是非"或"赏罚"；自身对于道德是非内容的认可程度和畏惧惩罚的恐惧并不起决定作用，而自身"道德"才是决定一切的力量。也就是说，道德是非知识并不是道德的基础和必要前提。

❶ 彭岁枫. 荀子的礼法君子思想及其现实启示［D］. 北京：首都师范大学，2008.

所以庄子认为："道固不小行，德固不小识。小识伤德，小行伤道。"
（《庄子·外篇·缮性》）

道德受到来自底层观念的影响很小，且道德水平与底层知识掌握程
度呈负相关，底层知识掌握得越多，道德水平可能越低，因为大多数时
候，我们会按照自己对于是非观念和价值观的理解去判定世上其他人存
在的价值或某件事情的性质，与自己认同的价值观相同的为"是"，与
自己所认可的观念相反即为"非"，至此产生许多道德是非问题。所以
庄子强调个人的主体性和个体性，在道德教育实施过程中，关注个体本
身，通过调节个体本性、减少物欲，得到个体内心的自由。

综上所述，中华传统文化中的道德思想具有较强现实意义与实践价
值，在进行道德教育时公民可从慎省、慎微、慎辨、慎欲、慎言五个方
面领会并践行儒家"慎独"思想的核心精神。并且在进行道德教育时应
以人为本，合乎人性，避免道德教育异化，走向扭曲人性的道路。只要
我们上下一心，不断追求"美好崇高的道德境界"，我们的国家、我们
的民族就永远充满希望。儒家"慎独"思想作为我国优秀的道德教育思
想之一，可以用来加强大学生的道德自律改善当前网络道德失范现状，
提升自身网络道德素养的实践。这既是网络道德教育的目的，也是网络
道德教育的方法。

二、中华优秀传统文化融入高校德育教育的必要性

（一）中华优秀传统文化在大学生德育中的缺失

1. 大学生缺乏对传统文化与德育关系的正确认识

（1）大学生德育缺乏对文化教育的重视。长期以来，我国高校德
育始终存在结构偏失的问题，从课程内容建构上来看，是以政治理论为
主要内容，却严重缺乏文化内容，尤其是缺乏中国传统文化相关教育内
容，这种只重视政治教育忽略文化教育的德育无法充分发挥作用，所以
获得的教育效果也无法持久。近年来，我国高校开始重视优秀传统文化
教育，高校德育发生了一定的变化，但从整体上看，仍然是重政治而轻
文化。在这样的背景下，随着市场经济发展和改革开放程度的加深，西
方文化思潮通过各种渠道涌入我国，对我国高校德育产生了一定的影
响。一方面，这种文化流动可以帮助大学生开拓学术视野，使他们可以

直接对比中西文化，从而吸收其中的精华的部分；另一方面，西方文化对大学生的政治态度、价值观念和道德意识等造成了一定的影响，使大学生在一定程度上对主流思想文化持冷漠态度，还可能排斥接受德育。

（2）大学生德育缺乏对思想教育的重视。市场经济的发展带来了激烈的市场竞争，在这样的环境下，有些高校教育产生了功利性倾向，在课程设置方面将专业技能培养作为重点，忽略了大学生的文化素养培养，也就导致很少有涉及中国传统文化的教育内容。一些高校虽然开设了《大学语文》《中国传统文化概论》等选修课，但是却没有真正将优秀传统文化教育作为一项重要教育内容，没有意识到这项教育的重要性。中华优秀传统文化教育的效果并不会在短时间内显现出来，高校也就不能通过传统文化教育获得眼前利益，这就使高校不重视传统文化教育，在教育制度和课程设置方面均不重视传统文化教育，这就导致和传统文化密切相关的道德观、价值观等的教育都受到了极大的冲击和挑战，高校德育也就出现了重智不重德、重技能轻思想的趋势，导致当前很多高校都缺乏人文思想和人文精神。

2. 大学生缺乏对中国传统文化的正确认识

（1）缺乏对中国传统文化价值的深刻认知。当前我国仍有一部分民众对中国民族文化的价值没有正确的认识或是认识得不够深刻，在西方文化的冲击下，有人开始对中国传统文化失去信心，当然也有不少思想家和学者仍然坚持研究和传承发展中国传统文化。随着我国综合国力不断增强，越来越多的人逐渐意识到传统文化的重要性，逐渐重视传统文化的研究，积极挖掘和探索传统文化，推动优秀传统文化在中国的发展。

（2）缺乏对中国传统美德的继承和发展。在中华民族的历史发展中产生了很多传统文化，中华民族传统美德则是这些传统文化中的精华部分，是中华民族的宝贵历史遗产和财富。随着教育的普及，中国的大学生素质也在逐渐提高。但是仍有少部分大学生不具备这些优秀品德，其言行与身份严重不符。

例如，有人缺乏集体主义精神、公德意识、诚信意识等。一些人过于强调个人，以自我为中心，将社会和集体的利益放在个人利益之后；无法客观地认识和处理物质和精神关系，只顾眼前利益而忽视远大理想。

例如，有人考试作弊、抄袭论文等，甚至谎报特困生申请补助、拖欠银行助学贷款不归还等。而其中最严重的问题在于，有些人并没有意识到这些问题会对其个人发展产生消极影响，认为这些思想观念和行为方式都在正常范畴内，意识不到这些现象严重阻碍了他们的健康成长。

（3）缺乏对中国传统文化内涵的深刻理解。当前一些高校对大学生进行优秀传统文化教育的力度较小，这对中国传统文化的继承与发展造成不利影响。有人曾对某所高校的大学生掌握传统文化状况进行调查，让大学生选择一个除了春节外最重要的节日，大部分大学生都选择了情人节、圣诞节等西方节日，而选择中秋节、端午节等中国传统节日的人比较少，从这项调查也可以看出该所高校缺乏传统文化教育。同时，随着经济全球化推进和改革开放程度的不断加深，各国、各民族的文化进入我国社会，这些"洋文化"在大学生中受到了极大的欢迎，而这又会进一步淡化他们对中华优秀传统文化的关注。

此外，随着就业压力的不断加大，大学生更注重个人专业能力的培养，注重专业知识和技能的学习，却忽略了培养自身的人文素质，没有意识到人文素质对于自身成长和发展的重要意义。

在对一些企业进行调查后发现，他们反映当前我国大学生在工作中表现出很强的专业能力，在计算机和数学应用能力、外语能力等方面都比较出色，但同时还存在缺乏社会责任感和工作责任心的现象。因此，在提高大学生的专业能力的同时应该加强人文素质培养，这就要求我们加强德育，并将传统文化有机地融入其中，以此有效提升大学生的综合素养，实现个人的全面成长和发展。

（二）中华优秀传统文化在大学生德育中缺失的成因

1. 传统文化与现代文化之间存在冲突

（1）不良文化与优秀传统文化的冲突。当前，"黄色""灰色""黑色"等不良文化已成为荼毒青少年的"三色污染"，对青少年的身心健康造成了严重损害。大学生正处于逐渐走向成熟的阶段，对外界的抵御能力较弱，这就导致他们很可能受到这些风气的影响，从而影响他们树立正确的世界观、人生观、价值观，影响他们的健康成长。

（2）西方文化与优秀传统文化的冲突。随着全球化进程推进，人们的思想观念和行为方式发生了巨大变化。在复杂多变的国内外形势下，大学生身边充斥着各种思想观念、价值取向和生活方式等，其中不乏一些腐朽落后、不积极、不健康的内容，这些内容对大学生的健康成长产生了消极影响。

优秀传统文化融入大学生德育，不仅会受到以上不良文化的影响，在教育教学实践中也会出现各种问题。例如，需要进一步加强对中华优秀传统文化教育的重视，中华优秀传统文化教育的内容缺乏系统性、整体性，仍然存在重视知识灌输、轻视精神内涵阐释的情况，缺乏完善的课程体系和教材体系，需要进一步从整体上提高教师队伍的综合素质水平，形成全社会共同参与的教育合力等。而想要切实有效地解决这些问题，就必须进一步完善大学生的中华优秀传统文化教育。

2. 融入工作的体系化水平有待提高

当前我国很多高校已经在德育的过程中加强优秀传统文化的内容建设，但是在具体教学实践中存在一个显著问题，就是没有将中国优秀传统文化教育联系大学生的生活实际，这就导致无法在大学生的日常实践中提升他们的基本素养。

第一，当前的优秀传统文化教育重视课堂教育，却忽略了课堂以外的教育途径。当前的大学生优秀传统文化教育重视在课堂上传授各种理论知识，但是很少有课堂教育以外的途径发挥作用，这就导致了优秀传统文化教育与大学生生活实际的分离，形成了"课上"教育与"课下"教育分离的现象，这种单一教育模式很难对大学生产生持续影响。实际上，应该加强优秀传统文化的"课下"教育，在大学生的生活中融入教育内容，实现潜移默化的文化熏陶，从而有效提升融入教育的实效性。

第二，重视理论教育而忽视实践教育。当前很多德育者仍然单纯地依靠理论教育，没有意识到实践教育的重要性，这就导致教育缺乏层次性，严重影响了优秀传统文化融入大学生德育的效果，无法发挥实践育人的重要作用。这就要求德育者应该意识到在实践层面进行德育的作用，在实践中让大学生意识到优秀传统文化的重要作用，引导他们在实践中运用相关知识解决实际问题，以此实现德育的入脑入心。

3.“说教式”教育方式无法使优秀传统文化教育取得良好效果

中华优秀传统文化随着我国历史发展而产生和发展，在现代社会传承和发展优秀历史文化一定要结合当前的历史背景和社会环境，并根据这些条件选择入情入理的教育方式，只有这样才能充分发挥优秀传统文化的教育功能。

（三）中华优秀传统文化对大学生德育的价值

1. 德育自身发展的内在要求

我们开展德育必须充分汲取中华优秀传统文化的营养，要尊重中国传统文化、行为方式、思维习惯等，并且基于中国发展实际和人民需求创造性地继承和发展具有鲜明民族特色的中国传统文化。这是实现马克思主义中国化的重要基础，只有这样才能推动我国德育事业在马克思主义的指导下不断前进，才能充分发挥德育的作用推动社会发展。我们党通过历史实践总结出，必须将德育当作一项长期持续的事业加以重视，我们开展德育在根本上是为了提高受教育者的思想道德素质，促进人的全面、自由发展，并以此为基础为中国特色社会主义建设提供重要力量，从而最终实现建设共产主义的目标。促使人的全面、自由发展包含了很多内容，其中就包括提高人们的文化素养，因此开展德育工作必须将文化当作一个重要方面。从我国德育的发展现状可以看到，政治性一直是我国德育的重点，文化性在一定程度上被忽略，这也是造成德育资源过于单一、教育形式过于呆板的主要原因，在我国德育发展中忽略了文化要素的丰富性与提升性，这就导致德育普遍表现为政策、文化和说教，但实际上，通过增加德育的文化含量可以丰富其内容和形式。由于我国当前的德育存在文化性缺失的问题，导致教育资源日益减少，同时，还在一定程度上削减了德育的育人功能，这些因素均对我国德育的健康发展造成了阻碍。中国传统文化是一种崇德型文化，这就使其在继承和发展的过程中逐渐形成了“文化化人”和“文化育德”的优良传统，这也是中国传统文化可以成为德育资源的原因。

可以看出，随着文化在国家和社会发展中重要性的不断提升，增强德育的文化性成为必然趋势，这就要求我国德育必须与中华优秀传统文化有机融合，在充分结合中国发展实际的基础上继承和发展中华优秀传统文化。

2.拓宽德育渠道的要求

将传统文化融入德育，不仅补充和丰富了原有的教育内容，还在一定程度上拓宽了德育的渠道。中国传统文化重视人格修养，强调律己修身。在大学生中开展修身教育，可以有效调动他们的自我教育积极性，实现德育的全靠外部力量向内外力量同时发挥作用转变，通过这种方式提升德育的实效性。

（1）省察克治。这里所说的"省察"主要是指自我检查、自我反省。"省察"可以使人们及时发现自身行为和思想中的不足和不良倾向，在此基础上可以做出及时调整和改正；这里所说的"克治"主要是指自我纠正，这是在"省察"基础上实现的自我完善，通过自我检查及时调整思想和行为中的不足和不良倾向。"省察""克治"来源于孔子的思想，由王阳明正式提出并阐明。具体来说，"省察""克治"可以从以下两个方面进行阐释。

①自省："自省"在大学生德育中十分重要，这就是要求大学生要经常在内心反省自己的言行，扫除邪恶的东西，保留善的东西。

②内察：人们在发现错误后应该及时改正错误，而改正错误的关键就是要有勇气，应该用端正的态度对待错误。子曰："过则勿惮改。"这就是说，人们犯错后不应该害怕改正，这就是要求人们正视错误，用端正的态度及时改正错误。"人非圣贤，孰能无过？过而能改，善莫大焉"。人无完人，每个人都会犯错，但是不用正确的态度看待错误，坚持不改正错误那就成为真的错误了。"过而不改，是谓过矣！"孔子曾经称赞颜回"不贰过"，实际上就是说颜回勇于直面错误并及时改正，这样才能从错误中吸取经验教训，做到不犯同样的错误，正视错误、及时改正是提高自我的重要途径。可以看到，用端正的态度看待和改正错误是一种重要的学习方式，以此可以有效提高自身的道德修养。

同时，我们可以从一个人对待自己错误的态度判断这个人的品行。具有优秀品质的人会用端正的态度看待自己的错误，并及时予以改正；品行差的人则会一味地逃避、不承认自己的错误，还会有人坚持不改正自己的错误。子贡曰："君子之过也，如日月之食焉；过也，人皆见之；更也，人皆仰之。"子夏曰："小人之过也必文。"子贡和子夏所说的就是通过人们对待错误的方式评判一个人的个人品质。

（2）慎独。随着社会主义市场经济发展，一些大学生在激烈的市场竞争下将提高专业知识和技能作为最重要的事情，却忽略了对自身道德品质的培养，这种过分强调功利的态度和做法十分不利于他们的健康成长。这就要求大学生从隐蔽处、细微处着手培养自身的道德修养，严于律己，树立正确的价值观，用客观的态度认识和判断是非、善恶、美丑等。

从以上分析可以看出，我国古代有很多德育途径，所以将传统文化融入当代德育可以有效拓宽教育渠道，提供更丰富的教育方式。我国古代先贤有过很多关于道德修养的论述，光儒家在道德修养方面就有十分丰富的论述。文化发展具有历史继承性，在新环境、新形势下，我们需要在符合当前社会要求的基础上，合理地取舍和改造传统文化的修养方法，要将马克思主义作为理论指导，将优秀传统文化与当前社会的道德要求有机地结合在一起，有效地丰富大学生德育教育。

3.在大学生中开展中国梦教育的要求

中国梦是国家的梦，是民族的梦，是人民的梦，它集中体现了近代以来中国人民的理想和夙愿。

首先，中华民族伟大复兴拥有坚实的大众心理基础和基本精神动力，也就是中华民族文化为中华儿女带来的强烈民族自豪感和文化自豪感。

其次，中国梦和中华优秀传统文化均包含了强烈的爱国主义精神。

从中国的历史发展来看，中华民族发展历程中留下了很多壮怀激烈、感人至深的爱国事迹和诗篇。中华优秀传统文化中包含了舍生取义、精忠报国等爱国主义精神信念。

最后，中国梦涉及的很多要素都带有浓厚的中华优秀传统文化气息，中华优秀传统文化的精神气质在中国梦的各个方面都有所体现。中国梦要求人们有自强不息的拼搏精神，要求社会实现公平正义，强调个人理想、前途与民族理想、前途的有机统一，强调国家和社会要实现和平发展、追求合作共赢，而这些精神理念同时也是中华优秀传统文化的重要内容，中华优秀传统文化可以为中国梦的内涵提供重要的内在依据和有力支撑。

可以看出，中国梦在一定意义上继承和发展了中华优秀传统文化，浓缩了中华民族五千多年的优秀文化基因。因此，想要实现中国梦就必须将中华优秀传统文化资源作为重要内涵，加强中华优秀传统文化和社会主义先进文化的有机融合、共同发展，在中国特色社会主义伟大事业的建设中充分发挥中华优秀传统文化的作用，使之成为重要的力量源泉，并将优秀传统文化作为实现中国梦的重要根基。

4. 在大学生中培育和践行社会主义核心价值观的要求

社会主义核心价值观的发展和完善也离不开中华优秀传统文化的作用，社会主义核心价值观是在充分结合现代社会发展实际的基础上对中华优秀传统文化的继承和发展，二者具有内在统一性，只有加强社会主义核心价值观培育和践行，以及中华优秀传统文化弘扬和发展，才能为国家和民族的发展提供重要的精神力量，才能推动中国特色社会主义事业的兴旺发达。

中华民族一直重视"民本"，在我国历史文化长河中，"民本"始终是人们对文化思考的重要方面。人民是一个国家的根本和基础，只有为人民提供良好的生活条件，保障他们的生活富足安康，才能实现国家的安定团结、和谐稳定。而这与社会主义核心价值观所倡导的"富强"和"民主"相契合，都是从人民的利益出发，为人民创造良好的生活条件，只有关注民生问题，为人民解决生存和发展的问题，才能实现国家富强，可以说社会主义核心价值观提倡的"富强""民生"是对中国传统民本思想在现代社会的升华和发展。中华传统文化中蕴含着"天人合一""和而不同"的思想，"天人合一"是指人们在从事各种社会活动时应该遵循自然规律，应该维护人与自然的和谐共处，构建人类社会和自然环境的和谐关系；"和而不同"是指人们在人际交往的过程中应该在坚持自己立场的同时，建立和谐友善的人际关系。也就是说，在与自然相处时应该做到敬畏自然、尊重自然，在与他人相处的过程中应该做到求同存异，与他人建立自由、民主、平等的人际交往关系，从而实现人与自然、人与人的和谐、可持续的发展。而这实际上就是社会主义核心价值观中"和谐"思想的体现。

三、中华优秀传统文化融入高校德育教育的路径

（一）构建基于中华和谐传统的大学生德育目标

德育目标是指通过教育活动使受教育者的思想品德达到社会或社会群体所期望达到的总体规格要求，也即德育活动所期望得到的结果。德育目标从内容上可以划分为观念性目标和指令性目标；从时间上可以划分为短期目标、中期目标、长期目标；从层次上可以划分为广泛性目标和先进性目标。一个社会的德育目标具有历史性、阶级性和民族性。德育目标会随着社会历史的发展而发展，没有一成不变的德育目标。德育目标反映了一个民族的风俗习惯、文化传统、思维方式等。德育目标也具有继承性，中华民族五千多年的历史发展，虽然具体的德育目标不尽相同，但是总有一脉相承的内容，表现为中国传统文化中的"和合伦理"。

1. "人与自然和谐"的德育现实价值

在中国传统文化中，历来强调"天人合一""和合共生"。例如，儒家思想文化中的"天人合一"认为人与自然界是平等共生的，人类不能无序地开发自然界，否则，就会遭到自然界的报复。道家思想强调"道法自然"，认为"道"遵从自然法则，自然界有其运动的规律，是不以人的意志为转移的。中国传统的物质文化、艺术文化、传统节日与习俗、科技文化等都体现了强烈的与自然和谐共处的哲学道理。比如，传统的中医学特别重视自然环境对人的身体素质和健康疾病的影响，中医学认为人与自然和谐关系的破坏，是人生病的主要原因。放眼全球，如埃博拉病毒、猴痘病毒等，都在向我们说明古人把人类健康和自然界联系起来的观点是正确的，这对当今世界具有积极和重大的意义。

2. "个体身心和谐发展"的德育现实价值

中国传统文化历来重视个体的身心和谐发展，注重个人道德修养和人格培养。比如，老子认为"知人者智，自知者明"，儒家思想也特别重视个人身心内外和谐发展，孔子认为每个人应该保持平和、恬淡的良好心态，提高个人修养。孟子认为做人应该"存其心，养其性。修身以之，所以立命"。一个人保存其内心，修养德性，必须学会修养自身，

才能安身立命，保持个人身心和谐发展。因此儒家提出"修身、齐家、治国、平天下"的著名思想。一个人只有先修身养性，才能保持家庭和睦，才能治理国家，平定天下。可见，保持个人身心和谐是做好其他一切事情的前提条件，一个社会想要和谐，必须注重个人道德修养。

除此之外，中国传统文化理论还提出民族与民族，国与国之间的和谐共处，主张"协和万邦"，而非暴力征服，主张国与国之间的关系是平等交往，和平共处。在处理外交关系上，我国历来强调和平共处五项原则，反对霸权，反对以强凌弱、以大欺小，主张平等交往，互惠互利。

（二）完善基于中华传统伦理道德的大学生德育素材

道德是一个民族的灵魂，是一个社会的底色，是国家富强、民族进步的精神动力。五千多年来，中华民族历来重视道德建设，崇尚道德建设，并以实际行动不遗余力地推行道德建设，道德建设贯穿中华优秀传统文化的方方面面。中国共产党成立以来，继承中华优秀传统文化，重视道德建设和道德培养，提出"立德树人，以德为先"的理念。学校德育的主要内容包括四个基本方面：大德教育、公德教育、私德教育、生态道德教育。这里只着重阐述前两个。

1. 大德教育

所谓大德，即大的道德，大的德行。在中华优秀传统文化中，大德一般指具有国家责任，担当国家大任，有先天下之忧而忧、后天下之乐而乐的胸怀。在当代，大德一般指拥护中国共产党领导，热爱社会主义国家，认同中国特色社会主义理论体系，自觉投身中国特色社会主义事业建设，为实现中国特色社会主义共同理想和共产主义远大理想而不懈奋斗。在一个国家的道德建设中，大德是根基，根深才能叶茂。中华传统文化对大德的理解和当代对大德的理解一脉相承，其中都包含着深厚的爱国主义、集体主义、理想主义等。具体来说，大德的内容主要有以下几个方面。

（1）爱国主义。爱国是一个人最基本最深厚的情感。中华民族之所以绵延五千多年，生生不息，一个重要的原因就是爱国主义。爱国主义就像一颗无形的种子，一代又一代的中华儿女将爱国主义深埋心中，在危难时刻将它播撒出去，形成巨大的力量，以保护国家和国家的儿女。

因此，中国人的家国情怀，不论地点，无畏时间，根植于中国人内心，形成强大的意念。自古以来，中国人就具有强烈的历史使命感和社会责任感，勤勉爱国，忧国忧民，为国家为人民甘愿奉献。伟大的爱国诗人屈原与腐朽势力作斗争，宁可投江葬身鱼腹，也不不妥协、不向恶势力低头，他的诗歌充满强烈的爱国主义，成为千古流传。南宋爱国诗人文天祥目睹朝代易主，军民遭屠杀，誓死不投降，留下"人生自古谁无死，留取丹心照汗青"的千古诗句。南宋爱国将领岳飞面对山河破裂，为了驱赶侵略者，保护国土和百姓，维护宋朝统治，奉献自己传奇一生。他们胸怀大义，心系国家，坚持"苟利国家生死以，岂因祸福避趋之"的理念，一生都在为国家、为人民不懈斗争，在他们的人生里，我们可以感受强烈的爱国主义情感。正因为有无数这样爱国人士的存在，在跌宕起伏的朝代，中华民族得以延续，中华文明得以发扬。

中国共产党成立于国家危难之时，各种救国思潮纷纷失败，山河破碎，国人迷茫，中国共产党人主动扛起历史责任，带领中国人民用生命蹚出一条光明大道，革命先辈们不怕牺牲，不畏艰难，英勇奋斗，乐观坚强，带领中国人民站起来。中华人民共和国成立后，面对一穷二白的国家面貌，无数爱国人士勇敢站出来，为国家贡献自己的智慧和力量，为社会主义制度的建立奠定坚实的政治基础和经济基础。但纵观全球，我们与西方国家的差距依然很大，经历过"落后就要挨打"的惨痛教训，以邓小平同志为主要代表的中国共产党人坚定实施改革开放，带领中国人民实现从站起来到富起来的伟大飞跃。百年来，中国共产党人继承古人的爱国主义情怀，始终坚持以人为本的理念，全心全意为人民服务，始终把人民的利益放在第一位，得到广大人民群众的衷心拥护。

现阶段，爱国主义主要表现为拥护中国共产党领导，热爱社会主义伟大祖国，为维护祖国统一、民族团结，实现中华民族伟大复兴贡献力量。

（2）集体主义。集体主义指一切从集体出发，当集体利益和个人利益发生冲突时，个人利益要服从集体利益，必要时牺牲个人利益。集体主义和个人主义相对立，个人主义坚持个人利益至上，为了个人利益不惜牺牲一切。中华民族历来坚持集体主义，反对个人主义。个人主义对于一个国家、一个民族来说是不可取的，如果个人主义盛行，对一个民族来说危害性极大。

集体主义在古代社会表现为民族大义，往往和爱国主义相融合表现为精忠报国、礼义忠信、克己奉公、见利思义等。古人对中华民族和文化具有强烈的归属感、认同感、荣誉感和尊严感。"修身、齐家、治国、平天下",这是他们伟大的历史使命,深深烙印在他们心中。例如,伟大爱国将领戚继光抗击倭寇、郑成功收复台湾等,他们表现出强烈的民族自尊心和自信心,为保卫祖国,捍卫国家主权而献身。当民族危机深重,当国家面临生死存亡时,古人挺身而出,抛却个人利益,把民族集体利益放在个人利益之上,恪守民族气节。

在社会主义社会,集体主义主要表现为当个人利益和集体利益相冲突时,坚持个人利益服从集体利益,为集体、国家和民族牺牲个人利益。社会主义制度的建立,为集体主义实现创造了条件。因为社会主义基本经济制度实行生产资料公有制,基本政治制度实行人民代表大会制度,都坚持人民利益至上,因此,在社会主义条件下,个人、集体、国家的根本利益是一致的。集体利益要以个人利益实现为基础,只有个人利益得到充分的保障,才会激发人民的积极性,为实现集体主义而奋斗。同时,个人利益实现以集体利益实现为保障,只有在集体中,个人才能实现全面、自由的发展。

现阶段,集体主义主要表现为坚持人民利益至上,把人民利益放在第一位,全心全意为人民服务,自觉服从集体利益。

(3)中国特色社会主义共同理想和共产主义。远大理想信念是一个人未来发展的方向,是人生的动力,其中理想是目标,信念是精神支柱。缺乏理想信念,人生就会迷失方向,生活就会毫无意义。中国传统文化中古人的理想信念和当代社会的理想信念虽然具体内容不同,但是,无论是古人还是当代人,都在为实现理想信念而不懈奋斗,这种精神一脉相承,值得学习。

在中国传统文化中,古人志士心怀天下,愿意为心中的理想信念而奋斗终身。春秋战国时期,孔子周游列国,讲学宣政,希望君主能够"以仁治国",虽然处处遭到排挤、诋毁,但是直至去世依然没有放弃对构建社会理想的追求。西汉史学家司马迁虽然遭受宫刑,但是依然忍辱负重,不忘自己的理想信念,最终完成了名传千古的《史记》。北宋改革家王安石、范仲淹致力改革封建社会弊端,以改变宋朝积贫积弱的现状,虽然处处碰壁,但是他们排除万难,依然坚定不移地实施改革,为国家繁荣富强作出了巨大贡献。古代无数志士毕生都在不断地追寻崇高的道德修养和社会理想，他们读万卷书，行万里路，具有自由思想与独立精神，勇于为国家和社会发展提出自己的主张，为国家繁荣和社会安定起了重要作用。

中国共产党成立以后，坚持以马克思主义为指导。马克思主义是由马克思、恩格斯创立，并由后人继承不断发展的学说。马克思、恩格斯的一生也是为理念信念不懈奋斗的历程。马克思、恩格斯出生于富人家庭，本可以一生无忧无虑地生活。但是在早期的社会生活中，马克思、恩格斯胸怀天下，将目光投入穷苦大众身上，并站在无产阶级的立场，抨击当时的统治阶级，遭到多次驱逐。即便如此，马克思、恩格斯也没有放弃自己的理想追求，一方面，揭露资产阶级的基本矛盾，抨击资本主义经济政治的固有弊端；另一方面，站在全人类的角度，为人类自由、全面的发展提出设想，创立科学社会主义理论，认为人类未来的理想社会是共产主义。马克思主义为人类社会发展指明新的方向，俄国十月革命一声炮响，将社会主义理论变为现实。马克思主义传到中国，给党和正处于迷茫困惑的人们带来希望。中国共产党毅然选择马克思主义，在马克思主义指导下，中国发生了翻天覆地的变化。从选择马克思主义开始，无论任何艰难险阻，中国共产党都带领中国人民高举中国特色社会主义伟大旗帜，为中国特色社会主义伟大事业不懈奋斗。未来，我们朝着共产主义远大理想的方向前进，需要一代又一代人，秉承古人追求理想信念的精神，接续奋斗。

2.公德教育

公德从本质上来说，是一个国家和民族，在长期的社会历史发展中，积淀形成的道德准则、思想观念和文化传统等。它表现为公民道德建设、社会公德建设、家庭美德建设、职业道德建设。

（1）公民道德建设。古人十分重视公民道德建设，根据长期的历史积淀，可将其归纳为忠、孝、义、仁、礼、智、信等。比如，有"天下兴亡，匹夫有责"和"大道之行，天下为公"的忠义观。有"慈孝之心，人皆有之"和"老吾老，以及人之老；幼吾幼，以及人之幼"的忠孝观。有"穷则独善其身，达则兼济天下"和"以公灭私，民其允怀"的仁礼观等。古人关于公民道德建设在几千年的发展中不断发扬光大，始终是社会发展的基本伦理道德。在社会主义条件下，公民道德建设在吸收优秀传统文化的基础上，不断发展。

（2）社会公德建设。社会公德具有基础性、全民性、稳定性、简明性和渗透性等特点。它在一个社会道德体系中处于基础地位，是社会全体成员必须遵守的道德规范，它的内涵一般不用过多解释，已经渗透到社会生活的方方面面。社会公德一般相对稳定，几千年来，人们约定俗成，世世代代遵守公共生活中最为一般、最为基础的规则。中华优秀传统文化中有"路不拾遗""夜不闭户"的典故，今天我们有"拾金不昧""国泰民安"的做法。中华优秀传统文化中有"不蔽人之善，不言人之恶"的观点，今天我们有"待人谦逊""文明礼貌"的礼仪传统。因此当前，我们追求的社会公德建设，是对中华民族传统美德的继承，也是结合时代发展赋予的新的内涵。社会公德作为人类社会中最为简单的行为规范，和每个人的切身利益息息相关，每个公民都应该积极践行。社会公德作为社会主义精神文明建设的基础工程，应该进行大力宣传和普及，鼓励人们成为社会的好公民。

（3）家庭美德建设。"家是千万国，国是千万家"，国家是由一个个家庭组成的，家庭美德建设关系国家道德建设的成败，关系社会的安定团结。我国自古以来就倡导尊敬父母、赡养子女，强调长幼有序。比如，"孝有三：大尊尊亲，其次弗辱，其下能养"。古人认为孝顺父母可以分为三个等级，最高的孝顺是充分尊敬父母；其次是使父母不受辱没；最低等级的是仅赡养父母。可见在古人看来，孝敬父母首先必须赡养父母，在当前社会，如果不赡养父母，会被世人唾骂，甚至受到法律的制裁。其次孝敬父母要使父母不以自己为耻。子女在外，要时刻谨记父母的教诲，遵守社会道德规范和法律法规。最后孝敬父母就是要学会尊敬父母。父母给予子女生命并将子女抚养成人，在这个过程中，可能在有意见不一致时，子女应该学会和父母沟通，尊重父母的意见。当然，父母也有义务赡养子女、教导子女。除此之外，家庭美德还表现为男女平等。

在奴隶社会和封建社会时期，男女关系不平等，在封建伦理五常中，有一常即为"夫为妇纲"，认为女子一般是男子的附属品，在家庭中没有地位。当前我们已经抛弃这种落后的思想，提倡男女平等。家庭美德还表现为夫妻相处和睦，俗话说，家和万事兴，夫妻关系是家庭关系的核心，是家庭幸福的前提和保障。夫妻关系影响子女、父母之间的关系，所以夫妻之间应该坚持平等互爱的原则，做到"携手白头""举案齐眉"。

在家庭生活中，还应该坚持勤俭持家。勤俭持家是我国的传统美德。我国自古以来就流传勤俭持家的哲学典故，如诸葛亮的"静以修身、俭以养德"。当前我国的物质财富极为丰富，但是勤俭节约的优良传统并没有过时。邻里关系也是影响家庭和谐的重要因素，因此，家庭美德中提倡邻里和睦。我国劳动人民历来重视邻里团结，比如"远亲不如近邻""孟母三迁"等。

新时代，我们依然需要大力倡导家庭美德建设，使每一个家庭都充满幸福、美满、和谐，应该建立具有真正美德的家庭。

（4）职业道德建设。职业道德是所有员工在职业活动中应遵守的行为准则。良好的职业道德是每一个员工都应该具备的品质。中华优秀传统文化中关于职业道德建设的理论观点虽然没有进行明确的表述，但是仔细研究会发现，古人对于职业道德建设相当重视。比如，"在其位谋其政，任其职尽其责"，言简意赅地向我们说明了不管在什么职位，都应该履职尽责。职业责任感和使命感对于任何岗位来说都相当重要，是从业员工应该具备的最基本品质。只有爱岗敬业的人，才会在自己的岗位上勤勤恳恳，甘于奉献，为国家、为社会作出贡献，才会一丝不苟，精益求精，为行业发展作出贡献。中华优秀传统文化中倡导"货真价实，童叟无欺"，认为"经商欺生，自断财路"。这其实向我们说明了诚实守信的重要性。诚实守信是中华民族传统美德的一个重要内容，先秦时期，就已经开始使用诚信，认为"诚"即诚实，"信"即信守诺言，强调"勿自欺，勿欺人""言必信，行必果"。孔子认为"信"是一个人的立身之本，没有诚信，就失去了做人的基本条件。中国共产党成立以后，进一步加深对诚实守信的认识和理解。当前大学生的诚实守信意识普遍淡薄，应将诚实守信作为社会主义道德建设的重点加以教育。除此之外，职业道德还表现为公平公正、服务群众、贡献社会等。任何职业服务的对象都是人民群众，理应坚持为人民服务的理念，坚持集体主义的观念，贡献社会。

道不可坐论，行不能空谈，要加强道德建设，必须大力倡导公德教育，让坚守公德成为每一个人所具备的基本品质。

第二节　加强青少年中华优秀传统文化教育

中华民族历史悠久，地大物博，有许多璀璨迷人的民族文化和各具特色的民俗文化。对当代青少年进行优秀传统文化教育，必须坚持以学生为主体，适应青少年身心成长的特点和接受能力，坚持贴近实际、贴近生活、贴近未成年人的原则，基于培养现代公民的基本素质，遵循传统文化教育与现代相结合的一般规律，采取适合当代青少年成长需求、为青少年喜闻乐见的形式，深入浅出，寓教于乐，循序渐进。要以课堂教学为主渠道，以家庭和社区为阵地，通过多姿多彩的民族音乐、舞蹈、戏曲、书法、国画、民间工艺制作、中国象棋围棋擂台赛、猜灯谜、猜歇后语、武术体育等各项活动和课堂诵读辅导、文化基地熏陶、课外活动固化、社会展示激励等多种途径，让中华传统文化走进家庭、校园、社区等，走进青少年的内心，引导中小学生培养热爱祖国、热爱传统文化的民族情感，连接起中华民族生生不息、血脉相传的精神纽带，为广大青少年学生的健康成长起到重要的道德支撑作用。

一、在学校教育中开展青少年优秀传统文化教育

学校是传播文化的重要场所，肩负着弘扬传统文化、培养民族精神的重要使命，加强优秀传统文化教育是抓好学校德育和学校文化建设的一项基础性工作。

将传统文化融入课堂教学，可以从以下几个方面着手：

（1）教材内容。在教材中加入传统文化的内容，让学生在学习过程中了解和学习传统文化。在具体教育过程中，力避先入为主地给予，引领学生自主地去体味。通过教育，让青少年在成长中逐渐体味优秀传统文化的魅力。比如，在美术教学中渗透中国画鉴赏，在音乐教学中渗透古典音乐欣赏等。例如，从 2003 年开始，北京大学南宁附属实验学校洪珏先生主持编写了校本教材《蒙学经典选读》，书中精选了《三字经》《百家姓》《千字文》《千家诗》《笠翁对韵》《治家格言》《幼学琼林》《增广贤文》等传统蒙学经典的重点语段，思想内容健康，可读性强，取得了很好的效果。

（2）教学方法。采用传统的教学方法，如讲授、讨论、背诵等，让

学生在学习过程中体验传统的教学方式，感受传统文化的魅力。

（3）课程设置。设置专门的传统文化课程，如书法、国学、古典文学等，让学生系统地学习传统文化。传统文化的核心是以人为本和修身立德，目标是培养君子人格，这也是国民教育最主要的目标。中华民族历史上无数的志士仁人的伟大人格就是传统文化浸润熏陶的成果，也证明了传统文化历久弥新的力量。

（4）传统文化教育主题活动。各地在实施素质教育的过程中，应把传统文化渗透到学生的主题教育活动中，贯穿于学校德育工作。

（5）跨学科学习。将传统文化融入其他学科的教学，让学生在不同学科的学习中感受传统文化的魅力。例如，在地理课上学习古代的地理知识，在历史课上学习古代的历史事件等。

（6）教育技术。利用现代教育技术，如多媒体、网络等，将传统文化资源数字化，让学生在课堂上通过观看视频、听音频等方式学习传统文化。

（7）教师素质。提高教师的传统文化素养，让教师在课堂教学中自然地融入传统文化，引导学生学习和传承传统文化。

通过以上措施，可以有效地将传统文化融入课堂教学，让学生在学习过程中了解和学习传统文化，增强文化自信。

二、社会教育中开展青少年优秀传统文化教育

（1）要依托教育机构和公共设施，开辟青少年传统文化教育阵地。主要做法有以下几个方面：一是强化学校的育人功能。通过以弘扬传统文化为主题的课堂教学、班队活动、课后体验等方式，使学校成为青少年传统文化教育的主阵地。二是进一步发挥家长、学校的作用。引导家长重视传统文化在家教中的作用，进而加强对子女的传统文化教育。三是建立社区青少年服务中心或青少年之家。通过社区青少年服务中心或青少年之家为社区学生开辟第二课堂。青少年的知识积累、娱乐休闲、社交学习、健康锻炼在很大程度上需要在社区内完成。要以学校之外的第二课堂为阵地，开展社区学生传统文化的教育、实践活动。四是充分发挥公共设施的资源优势。利用图书馆、博物馆、展览馆、青少年宫等公共设施的承载、辐射功能，向青少年传播传统文化知识，使这些公共设施成为青少年传统文化教育的又一大阵地。

（2）要加强青少年校外传统文化场馆建设，为青少年提供德育教育基地和健康的校外活动场所。除了注重科技馆、动物园、游乐场所建设外，还应加大传统文化场馆的建设，让青少年全方位地接触传统文化教育。

（3）要组织开展文化遗产日庆祝活动，在未成年人校外活动场所开展非物质文化遗产传承教育活动。非物质文化遗产是各族人民世代相承、与群众生活密切相关的各种传统文化的表现形式和文化空间，是中华民族智慧与文明的结晶。有的地方连续举办了多次文化遗产日庆祝活动。省文化部门精心策划，采取专题展演、展示、公开表彰、向国家级和省级非遗名录保护单位授牌、向学校赠送非物质文化遗产保护相关书籍等方式，扩大对传统民族民间文化保护的宣传，营造全民保护传统文化氛围，效果明显。

（4）要依托文化管理部门、总工会等部门开展系列主题教育活动。在春节、重阳节、中秋节、端午节、清明节等中国传统节日来临之际，以广大人民群众和中小学生喜闻乐见的形式，开展传统文化教育活动和道德体验活动，引导青少年了解中华民族的民族风情和传统美德，感受传统文化的独特魅力。在中小学生中广泛开展优秀传统文化经典导读活动，培养其思想、文化、审美和道德品质。要恢复开展传统民俗活动，文化部门在组织开展非物质文化遗产保护日常工作的同时，应重点扶持恢复民俗活动，营造保护传统民族民间文化的氛围，并加大对东方禅文化内涵的挖掘整理，编印有关书籍，扩大宣传。要丰富传统节日文化活动。例如，在元旦、春节期间，各地各级文化单位可以组织丰富多彩的群众文化活动，如举办丰富多彩的广场文化演出活动和各种专场文化演出。同时，要重视和加大对群众文化社团组织的管理，丰富地域文化内涵，从而为经济的繁荣打好基础。要开展非物质文化遗产传承教育活动或文化遗产日庆祝活动。在各地开展非物质文化遗产保护知识调查、普及活动，或由文化部门精心策划，开展专题展演、展示等活动。

三、家庭教育中开展青少年中华优秀传统文化教育的主要形式

（一）家庭应把青少年优秀传统文化的传承纳于日常生活

中国传统文化影响家庭教育原则的形成，很重视对儿童施行早期

教育，重视社会环境对孩子的影响，重视对做人真诚的教育。古人对子女，既提倡严格管教，又提倡热爱孩子，把爱子和教子结合起来。在教育方法上，古代家庭教育提倡要顺应儿童自然身心发展的特点，在此基础上提出因势利导、分辨善恶等教育方法，提倡身体力行，身教重于言教；德育为先、甄别善恶、学习圣贤。中国传统文化对当前的家庭教育仍有重要的指导意义。我们应该取其精华，去其糟粕，注重对孩子进行品德培养，注重个性化教育，搞好因材施教，注重孩子的发展教育，成长胜过成功。

文化传承问题不是一件机械性、工具性、程序性的事务，不是建几个传统文化教育基地、背几篇古代经典文章就可以传承文化的。文化传承应该是一个"熏"的过程，重点在于一代人与另一代人之间的言传身教。只有这样，"活着的"传统才有传承的生命力。如果传统在上代人身上已经死了，青少年就无从学习和传承；把文化蕴含于日常情态中，成人创造了怎样的传统文化学习环境，青少年就能接受怎样的文化教育。因此，家长对传统文化的认知度，会直接影响青少年对传统文化的态度。家长可通过对民间文学、民间音乐、民间美术、民间舞蹈、传统戏曲与曲艺、传统手工技艺、民俗谚语的欣赏，来增强自己对传统文化的感知与兴趣，通过家庭熏陶，或积极参与学校组织的家长、学校与学生互动活动等，进一步促进教育观念的转变和亲子关系的调适，从而增强家庭对青少年传统文化教育的效果。

（二）家庭开展青少年优秀传统文化教育的理论与实践

韩冰在《将国学慢热精炖——从＜弟子规＞看中国传统文化在现代家庭教育中的运用和发展》中，以《弟子规》为例，从家庭环境、亲子关系、品德修养和生存目标四个方面，具体阐述了中国传统文化在现代家庭教育中的运用和发展，提出了要将国学"慢热精炖"、与时俱进，方能契合现代家庭的结论。叶勤敏在《圣与贤，可驯致》中阐述了自己把对《弟子规》中一些思想精髓的理解融合在子女的教育中，以此来培养孩子的孝心、爱心、自信心和宽容心的体会。胡薇薇在《孔子"仁"的理念在现代家庭教育中的实施》中认为，"仁"是孔子儒学的核心理念，也是孔子倡导的人性结构的理想境界。随着短视化和功利化倾向在家庭教育中的日益突出，忽视孩子的精神成长已成为现代家庭教育的核心问题，传统的"仁"的教育逐渐失落。她提出应从"仁"之五德——"恭、宽、信、敏、惠"五个方面进行家庭教育，并结合案例，探讨了"仁"的理念在现代家庭教育中的实施。崔英英在《荀子"治学"理念与现代家庭教育》一文中总结出《荀子》一书在治学，尤其是教导孩子如何学习，即学习方法上的许多独到的见解：一是善假于物，提高认知水平；二是兼陈中衡，全面认识世界；三是知行合一，修养方法与治学方法共用；四是专心致志，持之以恒，丰富阅历。这些理念都可以创造性地运用在现代家庭教育中。陈光军、范宗富、郑水泉论述了利用家庭训规实施家庭教育问题。郑水泉在《家备雅训，利国利家——谈合理利用中国古代经典家训提升当代家教质量》一文中指出，中国古代经典家训是中华民族传统文化中独树一帜且极其优秀的一个组成部分，要合理利用中国古代经典家训，通过整理、编辑、出版中国古代经典家训书籍，利用各种媒体宣传和弘扬古代经典家训文化，让家长和学校教师了解并尽可能地掌握中国古代经典家训文化，并对下一代实施教育，对于提高当今家庭教育水平具有积极的现实意义。范宗富在《微言大义，润物无声——从家庭训规看民族传统文化的作用》中提出，融合了民族传统文化的家庭训规，体现了民族的精神道德理念。在商品经济空前发达的当今社会，道德品质依旧是人最基本的素质。我们仍然需要秉承传统的文化，接受具体的礼教，恪守道德的规范。在如何有效地对孩子进行道德品质教育这一问题上，古代的家训、家规可以带给我们一些启发。道德的教育不是空洞的口号，而是需要关注孩子生活中的细枝末节，给予正确的引导，以至形成习惯。陈光军在《从家训看中国传统家教对和谐社会建设的指导意义》一文中总结了家训在不同时期的不同作用。在古代社会，家训是指导人们"修身、齐家、治国、平天下"的人生指南。在社会主义和谐社会建设中，许多家训条规，无论是在教育的职责、目的上，抑或是在教育的方法、内容上，对于当代家庭教育仍具有重要的指导意义。我们可以本着古为今用、各取所需的原则，从中发现有益的营养，批判地吸取古代家庭教育的宝贵经验，这对于当今深入开展公民道德建设，特别是进行家庭美德教育，促进青少年健康成长和整个社会稳定和谐发展，都具有重要的现实指导意义。

孝道教育是家庭教育的重要内容。徐长江、张弛、张显燕、孙伟良等对孝道教育从不同角度进行了论述。徐长江、张弛的《现代人的孝道焦虑及其缓解》在分析中国传统文化中孝与孝道概念的基础上，联系我国实际，探讨了现代人孝道焦虑的主要表现及成因，具体包括自主意识与顺从父母间的冲突、现行政策与传统习俗的矛盾、中年危机等，并据此提出了孝道焦虑的缓解对策，包括对孝道观念的传承与扬弃、在全社会形成尊老养老敬老的氛围、行孝形式的多样化、父母与子女加强沟通与理解、积极应对中年危机及孝道教育应从小抓起等。张显燕的《当"感恩父母"遭遇"亲子矛盾"——论当前"孝"文化背景下的亲子关系处理策略》，从我国传统"孝"文化背景出发，立足当前孩子感恩缺位的现状，提出了"感恩父母"与"亲子矛盾"对立而又依存的关系处理策略：加强"孝"文化建设，父母应重视家庭教育，以身作则；注重亲子沟通的艺术，建立和谐的亲子关系；使孩子学会向父母说声"谢谢"，让孩子体会父母的不易，以构建和谐的家庭亲子关系为载体，实现对孩子的感恩父母教育，从而体现当前多元信息时代家庭的"孝"文化。孙伟良在《家庭教育中儿童孝心培育的若干策略》一文中，通过自身实践，提出家庭教育中儿童孝心培育的六条策略：感受美好、理解孝义、阅读经典、孝道讲堂、潜移默化和孝心实践，从而促使孩子养成优秀品质，由内养外实现健康成长。

第三节　将中华优秀传统文化元素融入艺术设计

一、传统文化元素在现代艺术设计中的应用

（一）传统汉字文化在现代艺术设计中的运用

在现代艺术设计中，传统汉字文化具有广泛的应用价值，不仅能够丰富艺术设计的创意和表现力，还能够传递中华文化的独特魅力。例如，可以将传统汉字的形状、结构、笔画等元素融入设计，形成独特的视觉效果，如设计师可以将传统汉字的"鸟"字与动物的形态结合起来，设计出一款具有传统文化特色的现代艺术作品。

传统汉字文化可以通过汉字的组合和变化表达不同的意义和情感。设计师可以将不同的汉字组合在一起，形成新的词语或句子，传达不同的情感和思想。例如，将"福"字与"寿"字组合在一起，可以表达出

对长寿的祝福和愿望。

传统汉字文化可以通过汉字的演变和变形表达现代艺术设计的创新和变革。设计师可以将传统汉字进行演变和变形，创造出新的字形和结构，形成独特的视觉效果。例如，将传统汉字"鱼"字演变成"水"字，可以表达出现代设计中对自然和生命的尊重和追求。

设计师应该注重对传统汉字文化的学习和研究，将其融入现代艺术设计，创造出更多具有传统文化特色的作品。

（二）传统绘画文化在现代艺术设计中的运用

传统绘画的线条和色彩是其独特的艺术语言，具有很强的表现力和感染力。在现代艺术设计中，传统绘画的线条和色彩可以作为一种设计元素，用于装饰、渲染、表现等功能。比如，在服装设计中，可以将传统绘画的线条和色彩运用到服装图案设计中，使服装更加具有文化内涵和艺术价值。

传统绘画的主题和题材是丰富多彩的，涵盖了人物、山水、花鸟、虫鱼、器物等方面。在现代艺术设计中，传统绘画的主题和题材可以作为一种设计元素，用于表现、传达、展示等功能。比如，在平面设计中，可以将传统绘画的主题和题材运用到广告、海报、宣传单等设计中，使设计更加具有文化底蕴和艺术魅力。

传统绘画的构图和布局是其独特的艺术手法，具有很强的空间感和立体感。在现代艺术设计中，传统绘画的构图和布局可以作为一种设计元素，用于组织、安排、展示等功能。比如，在室内设计中，可以将传统绘画的构图和布局运用到空间的布置和装饰中，使空间更加具有文化内涵和艺术价值。

传统绘画文化在现代艺术设计中的应用，不仅为现代艺术设计带来了新的灵感和创意，也为人们提供了更加丰富多彩的艺术体验。

（三）传统图案在现代艺术设计中的运用

传统图案文化作为一种历史悠久的艺术表达方式，其纹样蕴含着丰富的文化内涵，是历史时期社会风貌的生动写照。图案作为文化形式和文化诉求的象征，不仅是中华民族优秀传统文化的典型表现，而且对于传统文化的传承具有深远影响。传统图案不仅是我国独特的文化特色，更是通过传统纹样塑造出一种别具一格的意境。

1. 传统图案形象与现代设计的结合

传统图案的形象经分解之后，不仅可以在传统图案形象之间组合，还可以与现代图形组合，并且可以按照现代设计的构成形式重新组织起来，或分割填充或平衡对称，使之成为现代装饰图案。

2. 传统图案构图与现代设计的结合

（1）平视体、立视体构图形式的结合。平视体是最具有中国特色的艺术手法，它描绘的景物一律平视，形象之间互不重叠，前景不挡后景。画面视点不集中，构图可以向上下或左右无限伸展，可以将不同时间和空间的景物绘于一个画面。立视体是由平视体演化而来，即在平视的形象上画出顶面或侧面，表现物体的立面。然而它又与焦点透视的写实画法不同，而是采取散点或平行透视法，画面景物可以任意透视，不受视点或时空的约束，因此画面可以无限伸展和延长，景物描写不强调近大远小的真实比例，往往人物大于环境，远景与近景同样大小、清晰。平视体与立视体这两种富有装饰性的构成手法，不仅普遍应用在我国古代青铜器、画像石、漆器、陶瓷器，以及民间年画、剪纸、皮影等传统图案中，如汉代画像石的神话传说、历史故事和现实题材三混合，仙人鬼魅、奇禽异兽、历史人物同时并陈。也广泛存在于中国画、壁画等传统绘画之中，如北宋张择端《清明上河图》将汴河上下的北宋补梁十里街景尽收于画幅之中。此外，又如南宋夏圭的《长江万里图》，以及北魏敦煌壁画《九色鹿》《萨埵那太子舍身饲虎》等。可以说，如果不运用平视体或立视体这一中国独特的透视及构图形式，要表现如此庞大的空间场面和复杂丰富的时间、情节是不可能的。

平视体与立视体与其说是一种构图方式，不如说是一种民族的艺术样式，它深深地植根于中国民族艺术之中，广泛应用于绘画、雕塑、工艺美术及其装饰图案等一切造型艺术领域，并且代代相传，延续至今仍被广泛运用。例如，1978年落成的北京国际机场壁画中的《巴山蜀水》《哪吒闹海》《泼水节》《白蛇传》等，无不是这一构成方法应用的典型范例。

在现代图案设计中，特别是在景物较为复杂、场面较大的装饰画、壁挂等图案的设计上，可根据构思的主题内容，运用平视体或立视体的构成方法，将传统图案或现代图形组合起来，创造出超越时空和透视局限的富有浪漫主义色彩和中国民族装饰特色的新图案。

（2）格律体构图形式的结合。格律体即各种规律性的构成格式，在中外传统图案中应用最为广泛，形式也最为丰富。例如，中国传统图案中的九宫格、米字格、图字形、S线形，以及对称形、重复形、适形和共用形等构成格式，应用这些格式产生了许多中国传统图案的纹样程式。例如，以S线形构成的彩陶涡旋纹、汉代卷云纹、唐代唐草纹、明清的缠枝花纹等；运用米字格创造的汉代规矩镜、唐代菱花银盘和宋代的八答晕锦图案等；运用阳字形构成的汉代卷云瓦当、云纹漆盘；运用对称形组成的商代青铜器饕、纹，宋代瓷器喜相逢；以及运用适形和共用形的太极图、唐代敦煌藻井图案的三兔纹等。

上述传统图案的构成格式在现代图案设计中仍然适用，如以类似九宫格的构成格式将民间图案组织起来的装饰构图，如运用适形和共用形的构成手法，将太极、双鱼等图案有机地组合起来构成的双关图案。

（3）组合体构图形式的结合。组合体构图形式是将上述的平视体、立视体和格律体等多种构成方法加以综合运用，同时，又结合分割重构等现代构成手法，图案的构成形式不拘泥于一法。因此，图案的表现形式丰富复杂，图案的题材应用也富于变化，图案具有新奇强烈的装饰效果。

3. 传统图案色彩与现代设计的结合

（1）减弱传统图案色彩的纯度对比。中国传统图案色彩以高艳度、强对比为其特色，喜欢使用高纯度的红、绿、蓝、黄、紫等色，给人以喜庆、热烈、明快的色彩感觉，但同时，也容易造成过度刺激、不和谐的色彩效果。因此，我们在运用中国传统图案色彩进行设计时，可以将其中对比的一方色彩或双方色彩通过加入黑、白、灰任何一色，或加入两色的中间色，或将双方色彩互混，降低一方或双方的色彩纯度，从而减弱了原有对比色的对比强度，色彩更加调和，在保留了传统图案原有的色彩面貌前提下，使之变为符合时代色彩审美标准的新图案。

（2）建立新的色彩秩序。以渐变和推移方法为主的色彩秩序构成，在中国传统图案中叫作退晕或对晕，但它只限于对比色相之间的晕色处理。在传统图案的色彩创新中，我们可以将传统图案的色彩按其色相、明度、纯度进行重新编排，部分或全面推移渐变，使其色彩层次更加分明，更为调和统一，从而形成新的色彩秩序。

（3）加大传统图案色彩面积的差异比例。中国传统图案色彩面积的运用往往比较平均，色彩之间的联系与调和主要依靠金银色或黑白灰无色系的间隔处理。在传统图案的色彩创新中，我们可以将其对比的色彩分离出来，并将双方色彩的面积、分量等差异加大，强化一方减弱另一方，使其中的一方色彩占据画面主要的大部分的面积，成为主色调。而将与之对比的色彩小面积使用，作为陪衬和点缀色，使之形成大调和小对比的组合配色，色彩对比强烈又和谐统一。

（4）运用无色系分隔调和。运用金银色或黑白灰无色系分隔调和是中国传统图案配色的主要方法，也是使对比色调和的行之有效的方法。在传统图案的色彩创新中我们可以借鉴这一方法，但在运用上不限于传统图案的包边线一种手法，而是在对比色之间，或包边处理，或以色带和色块间隔，减弱对比色直接对比的强度，使色彩达到调和。

4.传统图案技法与现代设计的结合

（1）壁画技法的结合。壁画是中外传统美术中重要的表现形式，壁画的表现技法十分注重与墙壁材料的结合。早在旧石器时代的法国拉斯科洞穴壁画和西班牙的阿尔塔米拉洞穴壁画上，彩绘的动物形象就巧妙地利用了岩石的凸凹，根据其阴影的浓淡和轮廓线等自然效果，表现其立体感。欧洲中世纪的教堂装饰盛行马赛克壁画和湿绘壁画，马赛克壁画多以彩色大理石、彩色玻璃等材料镶嵌而成，色彩艳丽，风格装饰；湿绘壁画是在墙体未干时作画，使画面与墙体融为一体，其表现手法及风格则是写实主义的。而中国古代壁画以干壁画为主，表现手法及风格也是色彩晕染与线条勾勒相结合的中国画的形式，富于东方装饰色彩。传统图案的创新可以从中借鉴某些技法，并结合一定的工艺材料，以增加艺术感染力。

（2）拓印技法的结合。拓印法是复印古代碑刻、画像石等石刻艺术品的方法，应用到图案上，其残缺的拓印效果可以通过防涂法和胶雕法等技法做出来。

（3）蜡染技法的结合。蜡染是一种古老的染色工艺，它是以蜡为防染剂，通过染色形成花纹的防染显花法。利用蜡的脆裂性在染色过程中出现自然的蜡纹，成为蜡染艺术的一大特色。现代的图案设计可以仿造蜡染工艺，在高丽纸等薄纸上画好图案后涂蜡浸染，或边画蜡边画颜色，使颜色渗入蜡纹，最后用电熨斗加热去蜡，制成效果逼真的纸蜡染艺术品。

（4）剪纸技法的结合应用。在结合民间剪纸技法时，除了应注重纸张材料与剪刻工艺的特点外，在形象的塑造上还应强调平面化的处理，特别是图案形象大的外形特征的刻画，而在细节刻画上可多运用月牙齿、锯齿等剪刻花纹。在构图上可根据剪纸折叠剪裁的特点，将图案组成对称、重复及自由平衡等形式。图案的配色不限于一色，可多种色彩搭配，在保留民间剪纸艺术特征的基础上有所创新和突破，创造出具有时代特色的新的剪纸图案。

（5）撕纸技法的结合。将描绘好的图案沿轮廓撕下来，使其形成不规则甚至不完整的边缘，然后再按照一定的构图形式将其组织起来构成图案。这种看似不经意偶然出现的图形，具有生动自然、妙趣天成的艺术效果。

（6）丝织技法的结合。丝织图案是我国传统图案中的重要品种之一，丝织图案由于丝线的经纬交织及其结线提花的工艺特点，其图案的表面呈现出长短不一的显花浮线，形成了丝织物的特殊质感。在现代图案设计中，特别是纺织印染图案设计，可以运用长短交错、色彩不一的细线处理图案的轮廓或地纹，创造出具有丝织品的质感纹理效果的图案。

5. 传统图案意境与现代设计的结合

在传统图案的创新中，我们可以借鉴寓意和象征的表现手法，将传统图案按照新的构思主题进行重新组合，创造出具有新的内涵与形式的现代图案。

二、动画与传统文化的结合

（一）传统文化与动画设计相融合的现实要求

传统文化与动画设计的融合必须建立在现实的基础上，因为动画最终通过市场面向观众，同时，还要参与竞争，所以在设计时就要充分考虑大众的需求、市场的反馈及文化的竞争力。这三者缺一不可，尤其是在文化情感方面不能缺失，这是动画的灵魂所在，没有文化情感的动画作品即使能迎合市场获得经济利益，也无法长久地生存下去。故而，要切实地思考传统文化与动画设计之间的关系，在符合现实需求的大前提下展开设计与融合。具体可以从形和意两个方面入手。

首先，从形的表达来说，传统文化的形象表现形式可以多种多样，但要想深入人心，就要深挖与动画主题更相符的表现形式，同时，还要考虑时代需求、观众需求，创新性地加工和制作出来。观察优秀的动画作品可以发现，不仅动画的整体制作十分精良，其动画形象也很有文化和地域特色，使人印象深刻。因此，在动画的形式设计上既要抱有严谨的态度，认真考究画面整体和局部的构图、色彩、情节等构成，也要注意对传统文化元素的合理提取，用最具有文化特色的符号、色彩、情节、形象等唤起人们熟悉的记忆，下意识地联想和定位到某个地域文化。在表达上要满足流畅和戏剧冲突两个要求，千万注意不要为了刺激观众的视听感官而强硬地设计冲突，纳入剧情的发展和人物的性格特点自然派生出的冲突才是符合逻辑的。在遇到迟迟解决不了的问题时可以参考以往的优秀作品设计经验或调查时下热议和广泛讨论的对象，用经验＋建议＋自我优势展开创作。

其次，动画设计中对传统文化的运用不光要得其"形"，最关键的是要有其"神"，"神"就是动画创作中蕴含的传统文化的精髓、思想，就是意的表达。在设计动画时，一是要把握文化深层次的内涵，提取经典的剧情、桥段，用熟知的记忆点拉近与观众的距离，这样做无形中可以增强传统文化的影响力；二是要旧曲新唱，框架和某些重要的点依然可以保留，但要脱离传统思路，换一种形式进行表述，全新的演绎、适当的留白更能增加故事的可读性，也更能引起观众的注意与想象；三是要以情动人，将传统文化的精神内核贴近现实生活，用最质朴的情感和故事引发观众的思考，感悟作品背后的核心思想，这样才能久久回味，铭记于心。

总之，动画设计要形神兼备、形意相随。设计者要立足传统文化和大众需求的角度进行大胆创新，用更为开阔的眼界去探索实践，力求作品思想与画面都富有"深度"，只有这样的动画作品才能影响和感染观众，才能在众多竞争对手中脱颖而出。

（二）中国动画与传统文化思想上的结合

中国几乎每一部动画作品都或直白或隐喻地传达出一些道理、哲思，这些道理和哲思一方面折射出现实社会中部分人的价值观、人生观；另一方面也是对某些传统文化思想的传承和再现。中国动画所传达的思想主要有以下几种。

1. 勇

"勇"字在中国古代的许多文献中都有解释，其含义包括以下三个层次。

首先，"勇"在《说文》《墨子经上》《广韵》等书中被解释为果敢、胆大，指在面对艰难险境时，依旧能面不改色、意志坚定。"知死不避，勇也"就是对这一含义最好的诠释。在中国动画作品中，不乏描写主人公敢作敢当、知难而上的场面。例如，《雪孩子》里的小雪人，为了救自己的好朋友小白兔舍身进入火海，它却化成了水，变成了白云。又如，动画《西柏坡 2·英雄王二小》中一个小小的放牛娃为了掩护八路军伤员和乡亲们尽快转移，独自一人引开敌军向事先埋伏好的圈套走去，最后面对气急的敌人也没有出卖情报，而是用生命换得了百姓和伤员的平安。

其次，"勇"还有勇于承担、负责的意思，能够为自己不好的行为承担后果。这一类含义的动画有《哪吒闹海》《大闹天宫》等，尽管主人公的行为方式可能是鲁莽的、不妥当的，但初心是好的，并且能够用自己的方式化解犯下的过错。

最后，"勇"还可指勇猛、凶猛，但有些情况下"勇"过了头就变成鲁莽、冲动，有书曰"勇，天下之凶德也"就是这个意思。在中国传统文化中，这样的勇是不可取的，除非有一个前提——"慈爱"，慈爱能抵消冲动。有慈爱的"勇"是一种内敛的、谦逊的"勇"。像动画《悍牛与牧童》讲述的故事中，壮汉的"勇"和小牧童的"勇"形成了鲜明的对比，前者生拉硬拽，企图用蛮力驯服悍牛，却屡屡失败，后者看似仅用一棵草就让悍牛变得听话，实际上却是温柔、慈爱起了作用。

2. 公

"公"最早出现于甲骨文中，起先其含义代指祖先，后多用来形容高尚的圣贤品格。"公"分别有公共、公正、无私三种含义，古籍中可以找到相关论述："大道之行，天下为公"❶——公共；"公生明，偏生暗"❷——公正；"政在去私，私不去则公道亡"❸——无私。可以看出，"公"在古代备受推崇，且多用于政府管理当中。为君者以公治国、怀柔天下，才会受到万民敬仰；为官者要秉承公事公办的原则，才会受百姓爱戴。

在中国动画作品中自然也少不了对"公"的体现。譬如，海力布明知吃下红山果后不能将听到的话转述出去，否则就会受到魔法的惩罚，但为帮助全村人躲开洪水依然选择了牺牲自己；又如，动画连续剧《焦裕禄》为观众刻画了一个舍身忘我、甘于奉献，数十年如一日扎根兰考，带领那里的人们治理"三害"谋求幸福生活的好公仆——焦裕禄。焦裕禄同志将个人利益排在了集体利益之后，是新时代对"公"的新注解和新体现，值得我们每一个人学习。

3. 道

"道"是中国传统文化思想中最有意思、也是最耐人寻味的，它是由道家提出的，其含义根据涉及的层面不同而有所区别。例如，"道"可以是道理，是人生智慧，用"道"去发现和验证事物规律；"道"还可以指道路、方向，有"道"就可以保证发展过程中始终朝向初始的目标行进；"道"还有技艺、技能的意思，有一技之长才能安身立命；最后，"道"还有一个内涵，指方法、途径，该内涵在强调方法的基础上更强调解决问题的心态，即要懂得借助外部事物顺其自然、灵活变通地找寻合适的方式方法，不要硬碰硬或消极处理，用类似"以柔克刚"的逆向思维反而会起到好作用。

这些精深玄妙的含义与中国动画结合会产生不一样的火花。像作

---

❶ "大道之行，天下为公"意思是在大道施行时，天下的人们所共有的。该句出自先秦《礼记·礼运篇》。

❷ "公生明，偏生暗"意思是公正才能明察事理，偏私则会昏庸愚昧。该句出自战国时期荀子所著的《荀子·不苟第三》。

❸ "政在去私，私不去则公道亡"意思是在政务上要去除私心，若还留有私心，那么就没有公道可言了。该句出自魏晋时期傅玄所著的《傅子·问政》。

品《不射之射》就是很好的例子，想成为天下第一射手的纪昌为了练习好箭术拜飞卫为师，不仅昼夜不曾眨眼，还将虱子用发丝系在窗前每日观察，数年时光其箭术飞进，可以与师傅比肩，但仍达不到天下第一的目标，心存执念的纪昌又到峨眉山拜师学艺，谁曾想老者不费一弓一箭就射下了大雕，纪昌惊讶之余却也领悟了射箭的奥妙，那就是"不射之射"。最后，他也和老者一样虽拥有高超的箭术，却也不再认识弓箭，而是将自身与弓箭合为一体。作品虽然用了极其夸张的手法，但表现的却是人生的至高境界——"天人合一"。放下执念，不为名利所惑，不由目标驱从，顺其自然或许才是通往成功之路的法宝。

4. 义

有书言："立人之道，曰仁与义"。"义"也是支撑中国动画内涵的传统文化思想之一。它有三个层面的含义，分别是：行为或道理合宜；符合正义、公益、义气；友情、亲情、师徒情等情谊。这三个含义相互之间联系紧密，通常一个含义还富有其他层面的概念。

中国动画中结合了"义"的思想的作品不在少数，如《鹿女》《后羿射日》和《眉间尺》就表现的是"义"的第一层含义，即在面临主流选择或观念时，仍做出了大义的决定，这里的"义"本身并无条框，只是出于当下对大众利益或基于道德、情怀、品质等要素做出的更好的抉择。又如，大型 3D 数字动画《济公》、木偶动画《阿凡提的故事》和剪纸动画《人参娃娃》表现的是"义"的第二层含义，他们有明确的是非观，除恶扬善是为"义"。再如，《哪吒闹海》里的哪吒和《雪孩子》里的雪孩子都是出于对乡亲、伙伴的情谊而"舍生取义"，这表现的就是"义"的第三层含义。

5. 忠

"忠"是从古至今的重要道德规范和行为准则。"忠"就是正直、诚敬、无私、竭尽全力，做好自己的本分，不背叛、不欺人。通常指的是对人、对家庭、对国家的无条件认同，是深化于血脉当中的信念。

"忠"在动画当中往往通过角色对比、挫折或死亡情节的布局来加以体现。例如，动画《秦时明月》中司徒万里就是一个不折不扣的叛徒，他的见利忘义更加衬托出蒙恬、章邯等人的忠贞不二。又如，动画

《西游记》中的三个徒弟即使面对再多艰难险阻也要护送师傅一路向西求取真经，极好地诠释了"忠心"二字。

6. 孝

中国人非常讲究孝道，甚至将其排在了传统文化思想的第一位。生而为人，回报父母对我们的哺育之恩，尽心赡养、尊重和关心父母是每个中国人刻在骨子里的伦理道德观念。况且，在古代对"孝"的考量和要求是很严苛的，从"身体发肤，受之父母，不敢毁伤""父母在，不远游""天下无不是的父母"等谚语可以窥见。

关于"孝"的题材动画有正面讴歌也有反面讽刺，目的都在于教育人们要孝顺、尊敬自己的父母。例如，动画《二十四孝故事之卧冰求鲤》讲述了这样一个故事：王祥自幼丧母，父亲为王祥找了一个继母，继母不慈，时常刁难和数落王祥。一年冬天，继母突然生重病想吃新鲜的鱼，可天寒地冻一时半刻找不到鱼，于是王祥找到一条小河，想凿开冰面捕几条鱼回家，奈何手边没有工具，情急之下王祥脱掉上衣，用自己的体温融化了冰层，顺利捉到了鱼，继母吃到了新鲜的鱼也终于好了起来。其孝行传到了朝廷，王祥因此被皇帝委以重任，加官晋爵。当然，以现代人的眼光来看，很难理解王祥的行为，甚至觉得这是愚孝，但在当时社会，"孝"就是对父母的关爱，所以放在古代也是可以被理解的。

7. 爱

"爱"是亘古不变的话题，无论是爱情、亲情还是更为伟大的仁爱都归属"爱"的范畴。中国动画在"爱"的表现上应有尽有，全面地阐述了爱的定义和理念。

首先，中国动画在对爱情的刻画上是比较含蓄委婉的，通过男女害羞的眼神对视、互换信物、信件往来等小动作隐晦地表现亲密，而且常以男女主人公跨越巨大的身份差距来突出对爱情的坚贞不移。类似的动画有《梁山伯与祝英台》《金色的海螺》《白蛇：缘起》等。

其次，亲情之爱也是中国动画竭力倡导的，兄友弟恭、母慈子孝、天伦之乐无不体现着血浓于水的爱。这样的动画片充满温情，让人心头一暖，如《宝莲灯》《小蝌蚪找妈妈》《猪迪克之蓝海奇缘》等。

最崇高、最伟大的爱要数仁者之爱，即能以此及彼、爱屋及乌，设身处地地爱世间万物。它超越了爱情、亲情，是无疆、宽宏之爱。在动画中具体可以体现为爱国家、爱人民、爱他人等，如《天书奇谭》《九色鹿》《冰上历险》等，这些动画的主角都抱有仁爱之心，可以为了伙伴、民众牺牲小我，无私奉献。

8.智

"智"，本义为聪明的意思，后引申为知识、智慧、计谋等。作为智慧民族，动画中必须有"智"一席之地，这主要从两个角度加以体现。一是与道德、伦理关联，人要有能明辨是非、知善恶的智慧，并且，还能用智慧的方法同邪恶周旋和对抗，如《善良的夏吾冬》《张飞审瓜》《神笔马良》等。二是理论联系实际，着重展现智慧的实用价值，如《曹冲称象》《司马光砸缸》等。

除上述所讲的八大传统文化思想外，中国动画还与礼、信、谦、和、团结等思想内涵有所结合。相关的作品有礼——《中华德育故事：君子礼仪》；信——《狼来了》《一夜富翁》等；谦——《孔融让梨》《争执》《乌鸦为什么是黑的》等；和——《再见雨天》《东方神娃》《神兵小将》等；团结——《我们的家园》《葫芦兄弟》《方脸爷爷和圆脸奶奶》等。

（三）中国动画与传统文化在形式上的结合

动画本身融合了多门艺术形式，其中就有对中国传统文化形式的运用，如美术方面的绘画、工艺等；文学方面的小说、神话、寓言等；还有音乐与舞蹈、文学相结合的戏曲和其他。这些传统的艺术形式在动画中既保存了本体特点，又与其他艺术形式产生化学反应，相互成就，派生出别样的美感。传统文化形式源源不断地提供给中国动画养分，让中国动画更加独特、有张力，民族风格尽显。

1.动画与美术

动画与美术的渊源由来已久，从某种程度上讲，二者其实可以构成亲子关系，美术的兴起和发展为动画的诞生打下了基础。其中，中国传统绘画和工艺对中国动画的影响较大。具体有以下几种形式。

（1）岩画。岩画是用石器凿刻出来的一种介于绘画和雕刻之间的艺术形式，其风格粗犷、简约、质朴，有一种原始狂野的美。岩画是记录原始社会生活内容（如捕猎、采集、简单的农作等）、生产方式，以及祈愿、庆祝等场景。这种别致的线条、肌理和结构可以为中国动画提供形象创作的思路。例如，动画《悍牛与牧童》中就很好地采用了岩画的造型特色，将动物、人物形态极简化地呈现在画面中，二维的线条、粗粝的肌理再现了原始时期的风貌。但遗憾的是，类似这样的动画屈指可数，能够将岩画整体运用在动画中的更是少之又少，这方面的空白还需有人弥补。

（2）画像石。汉代的画像石是一种雕刻的建筑构石，多用于宫殿、墓室、城门等。其题材内容十分丰富，包括神话故事、历史史实、社会生活、战争、娱乐等，风格凝重洗练，构图奇特，具有程式化和符号化的表现特点，在造型上重点突出事物的典型特征并加以运用。独有的散点透视和焦点透视将诸多三维空间的形象汇聚在一个二维的平面中，不可谓不神奇。从艺术形象上来说，汉代画像石有大量可以提取和借鉴的部分，像深圳博物馆中的古代艺术馆就有一块来自曹操墓的画像石，馆内将画像石上面的人物一比一还原，根据雕刻的剧情进行大概推测做出了动画——《七女复仇》，人物形象、故事生动，处处透着古韵，有很好的宣传和教育价值。

（3）壁画。动画的现象早已有之，人们在远古石壁上发现当时的某些壁画就已经在有意无意地表现动态事物了。

中国魏晋时期壁画大为发展，至唐朝时石窟壁画已达巅峰，其艳丽的色彩，宏伟的场面，以及精妙绝伦的绘画技巧无不体现出该艺术形式的伟大。尤其是多姿多彩的敦煌壁画，更是代表了中国史上壁画的最高水平。中国动画创作从造型、线条、气韵等方面再现了细腻辉煌、个性灵动的画风。著名作品有创作于20世纪八九十年代的《九色鹿》《鹿女》《夹子救鹿》等，也有近几年的新作，如《飞天》《丝路行者·鸠摩罗什》等。

（4）水墨写意。传统的动画创作多以"单线平涂"的方式绘制人物、场景，其特点是同一个色块里没有深浅浓淡之分，均匀平涂上色即可。但水墨的出现打破了这一惯用手法，同一颜色叠加、晕染可以产生无数种不一样的效果。这是中国传统美术也是中国动画引以为傲的表现形式。自然的渲染、高雅隽永的气质、留白的余韵让国外动画创作者无不惊叹，即使得其精髓也不敢轻易尝试。

水墨动画很好地结合了水墨画的创作技法和风格，营造出的情景和意境彼此交融，让观众不再执着于客观的角色、物象，心理和视觉都得到了解脱，一心沉浸在动画本身的趣味性和水墨带来的意蕴美中。优秀作品有《山水情》《小蝌蚪找妈妈》《牧笛》等。

除此之外，还有彩墨画，也属于水墨的一种，发端于 20 世纪上半叶，因在水墨画的基础上上色、点彩而得名。代表动画有《小燕子》《兰花花》《熊猫百货商店》等。

（5）工笔重彩。工笔重彩也是中国传统美术中重要的绘画形式之一，造型严谨、色彩瑰丽、细节刻画精致是其特点。它在动画中主要负责背景部分，适合表现细致的形貌和富丽堂皇的场景，较少见有通体使用的动画。类似的中国动画有《天书奇谭》《怕羞的黄鹂》《相思》《一幅壮锦》等。目前，工笔重彩在中国动画中的表现不够出彩，一方面与其设色浓重，在视觉上不好布局有关；另一方面也与动画人自我框定、眼界狭窄有关。因此，在动画发展方向上可以多探究和创作此种类型。

（6）版画。中国的版画历史悠久，有木刻、石板、铜板、石膏板等多种形式。其独特的纹理、古朴的风格与中国动画艺术相结合产生了新的审美视角。例如，《大闹天宫》《好猫咪咪》等作品中就有部分角色造型借鉴了木刻版画。也有整体都采用版画形式的动画作品，如 2013 年国产动画《夏虫国》就是一部由数十吨石膏版画制成的巨作，还有动画《一场革命中还未来得及定义的行为》也是全部由木刻版画完成的。类似这样的作品还有很多。

（7）其他。除去以上形式，在中国动画中常用到的还有剪纸、木偶、皮影、泥塑等民族风格浓郁的特殊美术元素。整体而言，这些工艺形式的融入丰富了中国动画的视觉语汇，彰显了中国动画的文化身份，但也后劲不足，没有形成稳定的、持续的风格和影响，还有待改进。

2. 动画与文学

文学与动画艺术关系甚密，无论是故事题材、人物设定还是情节结构，文学都能为动画剧本的创作提供充足的素材。

中国文学艺术博大精深，形成了以汉族文学为主体，其他多民族文学并存的庞大文学体系。从古典文学到当代文学不乏优秀、经典的作品，有诗词歌赋，也有小说、散文等；有真知灼见、针砭时弊，也有幽默讽刺、感人肺腑的思想和理论等。其内容丰富，题材、风格多样，无不彰显着中华民族的气节和精神。这巨大的精神财富是中国动画取之不尽、用之不竭的创意来源。事实上，中国动画在很早的时候就发现了这一机遇，后续无数由文学作品改编的动画也没有让观众失望，如经典的《铁扇公主》《大闹天宫》《狐狸打猎人》《鹬蚌相争》《螳螂捕蝉》《宝莲灯》《郑和下西洋》《黑猫警长》等。

其中最值得一提的就是 20 世纪 40 年代创作的第一部影院动画《铁扇公主》。当时美国迪士尼刚出了《白雪公主与七个小矮人》，为扬眉吐气，也为使当时深陷苦难的中国人民振奋精神，在万氏四兄弟大胆的改革和创新下，耗时一年多终于将其创作出来。动画《铁扇公主》凭借奇幻的故事情节、水墨盎然的画面、经典的戏曲打斗等诸多中国元素崭露头角，其中采用的动画技术和人物造型风格也是当时中国动画制作少有的。动画一经播出就引起了轰动，甚至影响到后来的动漫之父——手冢治虫，可以说它代表了同时期动画创作的最高水平。

中国动画可以运用的文学素材有很多，如古典文学的精华——民族场景、服饰、成语、神话传说等；古典散文的精华——哲学思想、处世原则、人生价值观等；现当代文学的题材——武侠、科普、科幻、伦理、童话等。就题材来说，民间故事在中国动画中的应用较多，这也和国家倡导发扬民族特色不无关系。民间故事包括神话、传奇、日常生活故事、断案、奇谈等，表现方式较为轻松诙谐，如寓言、笑话、动物拟人等，趣味性较高，改编后适合各个年龄段的人观赏。

总体来说，长期以来中国动画都将受众年龄定位在儿童、青少年阶段，因此无论是武侠也好，还是科普也好，几乎都是以童话形式予以展现。这样做的好处是，童话角色的塑造可以吸引儿童兴趣，拟人化的形象更容易被接受和喜欢；缺点在于被童话化后，原本故事中的人物和情节变得稚嫩，失去了原有的味道，审美层次单一造成风格千篇一律，只博得儿童的喜欢，却丢失了成人动画市场。

3. 动画与戏曲

若论渊源，中国传统戏曲或许才是最接近动画的艺术形式，皮影戏就是最好的证明，它几乎就是现代动画的前身。此外，中国动画作品的很多造型、动作、角色也都得益于传统戏曲，因此，相比美术和文学，动画与传统戏曲的结合有着更深厚的基础。具体体现在以下两点。

（1）"影戏观"对中国动画的影响。就历史发展来看，"影戏观"的出现对中国近现代电影及动画的创作产生了不小的影响。"影戏"最早指的是皮影戏，后将该名称移植在了舶来品——西方电影上。而"影戏观"就是指当时人们对刚传入中国的电影持有的一些主流的、基本的认知与观点。

"影戏观"的由来和古代戏曲的表演、观赏、审美有一定的关系。古代戏曲表演主要在热闹的地方进行，后基本固定在"茶园"。"茶园"早先以贩卖茶水、酒水营利，佐以戏曲表演为乐，之后戏曲声势扩大，逐渐发展为以看戏为主、茶酒兜售为辅的专业"戏园"。据考证，电影首次登场就是在"茶园"，自此戏曲与电影结下了不解之缘。这也是当时的国人未能理性地看待西方电影的原因之一，他们会下意识地联想到戏曲表演，认为电影就是变相的、非即时表演的西洋"戏曲"而已，唯一特别之处仅在于它采用了西洋技术，故而在中国人的思维中没有对电影形成本质的、全面的论断。就连中国第一代著名导演张石川也没能摆脱戏曲观念对电影的影响，他说自己之所以敢不假思索地开始电影拍摄就是因为受到了戏曲表演的"干扰"。抱有这种想法的人还有很多，这是中国人一贯探索新鲜事物的习惯和心理造成的。用旧有的认知和线索覆盖到新的事物上，对其加以解释和归纳，使之成为更贴近我们本土文化形式的注脚。这就是"影戏观"的由来。

"影戏观"对中国动画的影响表现为两方面：

一是没有重视和形成完整的电影语言。即便早在 1924 年就诞生了动画，却也因"影戏观"先入为主的思想没能得到更深层和更广泛的发展。但我们不能因此认定"影戏观"就是造成中国动画语言贫瘠的唯一原因。事实上，中国动画从没停下对电影艺术的探索和研究，并且在创作过程中累积了不少经验，而造成中国动画发展欠缺还包括资金、市场需求、技术水平等，也是我们需要考虑的。只能说"影戏观"是诸多影响因素中最主要的一个。将其放在最主要的位置，是因为"影戏观"延续了传统戏曲的发展逻辑，潜移默化地影响和支配着近现代动画的创作风格和发展方向，强大的惯性力量使中国动画不由自主地参照"影戏观"的理念行进，因此在动画／电影语言的设计上有偏离的倾向。

　　二是强调教化功能。这一点在早期的动画作品和动画人身上体现得淋漓尽致。究其原因,一方面,是因为创作者们对传统伦理、道德、价值观有深刻感悟,希望能通过动画将这些正确的思想传承下去;另一方面,当时的中国面临内忧外患,现实让动画人不由得将光复中华奉为使命,加之"影戏观"的影响让动画在无形之中沿袭了"文以载道"的观念,因此教化功能更成了中国动画的"必须"。有意思的是,早期创作的动画和故事片在教化功能的发挥上有截然不同的表现,前者紧跟时代,强调民族自强、人民觉醒;后者却对现实避而不谈,只注重宣扬惩恶扬善等道德观。中国动画的这一特点在之后很长的一段时间也仍有体现。

　　(2)传统戏曲与中国动画的结合。中国动画除受"影戏观"的影响外,也脱离不了与传统戏曲表现形式的关联。中国动画的角色设计和动作设计分别借鉴了传统戏曲的服饰造型、脸谱和动作。

　　①戏曲服饰、脸谱与中国动画的结合。首先,从戏曲服饰上来说,服饰可以彰显人物性别、地位、年龄、职业、身份、气质等外在属性,有时还能根据服饰装扮分辨出一个人的性格特点。而且戏曲服饰可以呈现出华丽、独特的视觉效果,给观众以视觉美的享受。中国动画与传统戏曲服饰的结合有一个好处在于,动画故事大多是虚构的,不用过于考究时代信息,在服饰借鉴上主要以提示角色身份为主,只要符合角色身份、地位、性别、性格等方面即可。例如,《大闹天宫》里的孙悟空被玉帝"招安"为弼马温时穿着的就是官服,袖口还露出一截白边,这就是借鉴了戏曲中官服的样式。还有天庭中各级官员服饰"混搭",有的是宋朝朝服,有的却是唐朝朝服,正是因为脱离了时代的限制,才造就了这样的视觉盛宴。

　　其次,从戏曲脸谱上来说,脸谱是角色善、恶、美、丑的直观体现。例如,"豆腐块"就是典型的丑角脸谱,红脸代表关公一样正直、忠心;黑脸则会想到包拯,故表示公正无私,等等。戏曲中的脸谱变化万千,不仅每个行当的脸谱都不相同,即使是同一行当的脸谱也会因地位、职业、年龄等有所区别。脸谱为中国动画增色不少,角色的性格特点基本都能从脸谱上窥得一二,人物个性在脸谱上得到了反映。运用戏曲脸谱的动画作品不在少数,如《八百鞭子》里的地主脸谱就是借鉴的丑角;再如《天书奇谭》中三只狐狸的脸部设计就分别借用了老旦、闺门旦和书生的脸谱，而袁公的脸谱与关羽的神韵相通；又如《张飞审瓜》里的张飞就是典型的三花脸等。脸谱与动画的结合不仅赋予了角色鲜明的性格，还使动画更加具有民族特色。

②戏曲动作与中国动画的结合。中国动画在动作设计方面不乏对戏曲动作的吸收和借鉴。戏曲表演的动作有很多，如水袖、甩发、碎步、理髯等。它们来源于生活，具有一定程式化的特点，由手、眼、身、步等基础动作构成，通过各种变化、组合形成了各种符合角色形象的动作表演。例如，在戏曲中常见的"起霸"就是选取的古代将领整顿盔铠、束装备战的生活动作，并将之舞蹈化、节奏化。以动画《骄傲的将军》中的将军为例，其动作设计就十分贴近京剧中的花脸行当的表演，捋髯、护腕、亮相、起霸等动作将将军志在必得的骄傲神情淋漓尽致地表现了出来。还有动画《哪吒闹海》中李靖剑指、抛髯，哪吒自刎等动作也是来源于戏曲。可见，传统戏曲程式化的动作表演也为中国动画设计提供了诸多灵感。

第四节　坚持中华优秀传统文化的创造性转化和创新性发展

一、坚持中华优秀传统文化的创造性转化和创新性发展的必要性

对中华优秀传统文化进行创造性转化与创新性发展，一方面是出于对文化虚无主义、文化复古主义等错误倾向进行批判的现实需要；另一方面则是基于传统文化传承发展的时代要求。

（一）批判文化虚无主义、文化复古主义的现实需要

1. 文化虚无主义数典忘祖

文化虚无主义者认为，现在已是高科技、新媒体、信息化时代了，传统文化早已过时，在今天已失去了存在的价值和意义，甚至认为传统文化对于中国的现代化起负面的、阻碍的作用，因此必须予以否定和摒弃；相反，对待西方文化，却持一味地美化、过度赞誉的态度，甚至主

张"全盘西化"。

历史地看，文化虚无主义其来有自。早在 20 世纪初，为了挽救民族危机，变革图存，一些人反思传统文化存在的各种问题。20 世纪 80 年代以来，随着对外开放和互联网的兴起，西方文化思潮和文化产品大量涌入中国，有些人再次陷入文化迷失的危险境地，批判、否定中国传统文化，盲目追捧西方文化的现象屡见不鲜。

怎样对待本国历史？怎样对待本国传统文化？这是任何国家在实现现代化过程中都必须解决好的问题。我们不是历史虚无主义者，也不是文化虚无主义者，不能数典忘祖、妄自菲薄。

2. 文化复古主义食古不化

与文化虚无主义相反，文化复古主义则认为以儒学为代表的中华传统文化都是好的，只有中国文化才能解决中国及人类面临的一切问题，21 世纪就是中国文化的世纪，等等。一些人还借弘扬传统文化之名大搞复古活动，要求一切按古人的行为方式行事。实际上，以儒学为核心的中华传统文化，既有精华，也有糟粕；既有优良传统，也有不良习惯；即使是优良传统，也因受到历史条件的限制而存在不合时宜、需要扬弃的地方。

所以，对于传统文化，我们应不搞厚古薄今、以古非今，而是要有鉴别地对待，有扬弃地继承，创新传统文化的形式和内涵，使之与当今社会相协调、与现实文化相融通，为当代人所接受、所运用。

3. 文化功利主义败坏社会文化风气

文化功利主义打着弘扬传统文化的旗号，以赚钱营利为根本目的。例如，近年来，由于国家提倡弘扬中华优秀传统文化，社会上又出现了"国学热"，诸如"高端国学班""国学总裁班""国学女德班"等，诸如此类，打着国学的幌子牟取暴利。

总之，对待中华传统文化，既不能采取文化虚无主义的态度，数典忘祖；也不能奉行文化复古主义，食古不化；当然，也不应该以文化复兴的名义，搞文化功利主义，败坏社会文化风气。正确的态度，应该是以辩证唯物主义和历史唯物主义为指导，辩证取舍、推陈出新，摒弃消极因素，继承积极思想，"以古人之规矩，开自己之生面"，实现中华文化的创造性转化和创新性发展。

（二）发展中国特色社会主义文化的需要

中国特色社会主义文化源出中华文化一脉，以中华优秀传统文化为"根"和"魂"，是在中华传统文化的土壤中产生和发展的。

发展中国特色社会主义文化，需要在继承中华优秀传统文化的过程中，根据时代条件的变化和发展，根据解决现实问题的需要，对传统文化中的一些内容和形式进行创造性转化和创新性发展。这是因为，传统文化在其形成和发展过程中，不可避免地会受到当时人们的认识水平、时代条件、社会制度的制约和影响，因而也不可避免地会存在陈旧过时或已成为糟粕的东西。比如，"三从四德""愚忠愚孝""男尊女卑""刑不上大夫，礼不下庶民""劳心者治人，劳力者治于人""唯女子与小人难养也"等。即使是传统文化中一些有价值的内容，也存在一些消极的因素。例如，儒家的仁爱观念、民本思想，表现了人道精神，也包含了等级观念；但儒家的义利观念，强调"义以为上"，反对唯利是图，这对培养崇高的道德节操，在市场经济时代避免利益冲突的激化，维护社会稳定，自然有积极意义，但是也容易过分压抑人的功利意识，弱化社会的竞争活力；儒家的"中庸"观念，固然体现了不偏不倚、允当适中的持中精神，对于社会的和谐稳定有重要的平衡功能，但是有时也难免会变成一种阻碍事物发展变化的保守理论。因此，这就要求人们在学习、研究、应用传统文化时坚持古为今用、推陈出新，结合新的实践和时代要求进行正确取舍，而不能一股脑儿地都拿到今天来照套照用。要坚持古为今用、以古鉴今，坚持有鉴别地对待、有扬弃地继承，而不能搞厚古薄今、以古非今，努力实现传统文化的创造性转化、创新性发展，使之与现实文化相融相通，共同服务以文化人的时代任务。

话虽如此，可是当下我们在传统文化的创造性转化、创新性发展方面还做得很不够，中华优秀传统文化与当代中国文化之间的割裂现象仍时有发生，还未能充分转化为发展中国特色社会主义文化所需要的道德资源、精神动力与智慧宝库。正因如此，我们应倡导努力实现中华传统美德的创造性转化、创新性发展，教育引导人们向往和追求讲道德、尊道德、守道德的生活，形成向上的力量、向善的力量，让十四亿人的每一分子都成为传播中华美德、中华文化的主体。

二、坚持中华优秀传统文化的创造性转化和创新性发展的路径

（一）深化文化学术研究，夯实理论基础

中华优秀传统文化是中华民族的精神家园，是中华文明的智慧结晶和精华所在。其深厚的历史底蕴，不仅凝聚了中华民族最深沉的精神追求，也展现了我国在世界文化激荡中站稳脚跟的突出优势。

推动中华优秀传统文化实现创造性转化、创新性发展，首先需要多学科联合攻关，强化对中华文明起源的探索研究。面对我国古代历史的许多未知领域，我们需要加强统筹规划和科学布局，团结凝聚广大历史研究工作者的力量，实施好"中华文明起源与早期发展综合研究""考古中国"等重大项目。同时，我们要把考古探索、文献研究同自然科学技术手段有机结合起来，密切考古学和历史学、人文科学和自然科学的联合攻关，拓宽研究时空范围和覆盖领域，进一步回答好中华文明起源、形成、发展的基本图景、内在机制及各区域文明演进路径等重大问题。其次，我们需要深化对中华文明特质和形态的挖掘整理与研究阐释。这需要我们深入挖掘中华文明的独特性，挖掘其深厚的文化底蕴，挖掘其丰富的内涵，挖掘其独特的价值体系。我们要以科学的态度，深入研究中华文明的起源、发展、演变，深入挖掘中华文明的智慧，深入理解中华文明的精神实质。此外，我们还要积极推动中华优秀传统文化的国际传播，增强中华文明的国际影响力。我们要以开放的心态，积极吸收世界各国的优秀文化成果，同时，也要积极向世界展示中华文明的魅力和价值。我们要以创新的精神，将中华文明与现代文明相结合，创造出新的文化形式，为世界文化的多样性和发展作出贡献。

在五千多年的漫长文明发展历程中，中国人民创造了璀璨夺目的中华文明，为人类文明进步事业作出了重大贡献。因此，我们需要将中华文明特质和形态等重大问题研究与中华文明起源研究紧密结合起来，深入分析中华文明起源所昭示的中华民族共同体发展路径和中华民族多元一体演进格局。这有助于揭示中华文明讲仁爱、重民本、守诚信、崇正义、尚和合、求大同的精神特质和发展形态，从而阐明中国道路的深厚文化底蕴。通过强化相关领域的学理研究，为中华优秀传统文化的创造性转化、创新性发展奠定坚实的理论基础。这将为中华民族共同体凝聚起共同的文化认同，进一步促进中华民族多元一体演进格局的形成。

同时，这也有助于增强民族文化自信，为全球文明多样性发展作出积极贡献。

（二）回应人民精神需求，提升文化供给

中华优秀传统文化是中华民族的精神瑰宝，蕴含着丰富的哲学思想、人文精神、价值理念和道德规范，具有永恒的魅力和时代价值。深入挖掘其价值，将其更好地服务于新时代中国特色社会主义事业，是推动中华优秀传统文化实现创造性转化和创新性发展的关键。当前，我国社会的主要矛盾是人民日益增长的美好生活需要和不平衡、不充分的发展之间的矛盾。因此，推动中华优秀传统文化的创造性转化和创新性发展，需要充分结合时代特点和社会关切，积极回应广大人民群众在精神文化生活方面的新期待，提供高质量的文化产品供给。

一方面，我们需要深入探究中华优秀传统文化与社会主义核心价值体系之间的内在逻辑关联，找到弘扬中华优秀传统文化与发展社会主义文化事业之间的契合点。中华优秀传统文化对社会主义核心价值观的涵养功能和对社会主义文化事业的推动作用，可以有效地提高公共文化服务水平，让广大人民群众享有更加充实、更为丰富、更高质量的精神文化生活。

另一方面，我们需要充分发掘中华优秀传统文化的经济价值，推动中华优秀传统文化与新型文化业态有机衔接。根据中华优秀传统文化的要素特点和文化产业的发展规律，我们可以依托"传统文化＋旅游业""传统文化＋数字产业"等路径，开发出既能满足人民文化需求，又能增强人民精神力量的文化产品。

（三）加强文明交流互鉴，善于吸收转化

中华文明的历史变迁已有五千多年，其历程充满了与其他文明的交流与互动，这为中华文明的发展注入了丰富的营养。同时，中华文明也为人类文明的进步作出了重要贡献。推动中华优秀传统文化的创造性转化和创新性发展，交流互鉴无疑是最重要的路径。

在新的历史征程中，我们需要继续推动中华优秀传统文化实现创造性转化和创新性发展。这需要我们在文明交流互鉴的顶层设计和分层对接上加强工作，并深入开展形式多样的人文交流活动。同时，我们也需要充分发挥政府、企业、社会组织和个人等多主体的交往能动性，进一步完善文化交流机制，打造文化交流活动品牌。

一方面，我们需要善于吸收外来文化的精华。中华文明具有突出的包容性，这从根本上决定了中华文化对世界文明兼收并蓄的开放胸怀。我们需要继续秉持开放包容的态度，坚持取长补短、择善而从，去粗取精、去伪存真，积极借鉴人类文明的优秀成果，注重从不同文明中寻求智慧、汲取营养，在实践探索中不断提升中华优秀传统文化的当代价值。

另一方面，我们需要有效推动外来文化的建设性转化。在吸收异质文化中的有益因素时，我们需要坚持以马克思主义的立场、观点和方法为指导，坚持从本国本民族实际出发，积极推动外来文化本土化，使其与中华优秀传统文化相适应、与中国现代社会发展相协调。

第五节　鼓励中华优秀传统文化"走出去"

一、鼓励中华优秀传统文化"走出去"的意义

推动文化"走出去"，提升中国特色社会主义文化的国际影响力，是一篇大文章。它对于建立国际文化新秩序、推动文化强国建设、提升我国国际地位和打造人类"文化"命运共同体具有重要意义。

（一）有利于建立国际文化新秩序

国际文化秩序，指的是国际社会主要文化行为主体为了维护自身利益、达成一定目标，根据一定的原则规范和体制机制而形成的相对稳定的国际文化关系。国家利益、国际格局、国际道德是影响和制约国际文化秩序的三个主要因素。国际文化秩序需要文化行为主体依据一定的规则来维系，判断一种国际文化秩序的性质，关键看谁是游戏规则的制定者、制定什么样的游戏规则以及谁是游戏规则的受益者。当前国际文化秩序的现状亟须改善，以美国为首的西方文化居于强势、占据主导，而中华文化、拉美文化、非洲文化等其他文化，则处于弱势和相对被动的地位。总体来说，资本主义的文化，发达国家的文化居于强势地位，社会主义的文化、发展中国家的文化属于弱势文化，国际文化秩序处于西强东弱的态势和一种不公平、不合理、不平衡的状态。

新的国际文化秩序应该是一个多元文化平等交流、互学互鉴、共存共荣的秩序。人类文明数千年的历史，就是多元文化不断生息和繁衍的历史。汤因比在《历史研究》中，把人类文明划分为 26 种文明，并列举了几种历经发展演变后传承下来的较为重要的文明。亨廷顿则认为，当代的主要文明有 8 种，即中华文明、日本文明、印度文明、伊斯兰文明、西方文明、东正教文明、拉丁美洲文明，以及可能存在的非洲文明。随着经济全球化、政治多极化的深入发展，文化多元化趋势日益明显。在新的时代背景下，要强调每一种文化的积极意义和价值，坚持不同文化的平等地位，互相理解和尊重，开展对话和交流，以利于解决问题与分歧。平等交流是互学互补的前提，坚持平等交流有利于做到互学互补。整个人类发展的历史，都表明了各种文化相互交流融合、相互学习促进、相互补充发展的过程。正如罗素指出的："不同文化的接触曾是人类进步的路标。"❶ 只有坚持平等交流、互学互补，反对倚强凌弱、互相排斥，才能在多元文化的合作与竞争中实现共存共荣、不断发展进步。

推动中国文化"走出去"，有利于建立国际文化新秩序。一是主张各国走符合自身的文化发展道路。中国基于自身独特的历史背景、文化传统和现实需要，选择适合自身国情的文化发展道路。中国特色社会主义文化发展道路，就是中国人民自主选择的文化发展道路。推动文化"走出去"，展现我们的精神世界和精神风貌，传播当代中国的价值理念，在文化和文明的对话中增进相互了解，是在尊重世界文明多样性和差异性基础上的平等对话。我们主张各国无论文化实力强弱、文化发展能力大小，都有自主选择文化发展道路的权利，这一选择文化发展道路的权利属于一国主权和内政，不容他国干涉。中国在文化"走出去"的过程中秉持尊重多样、平等交往、求同存异的原则进行平等对话和交流。二是反对文化霸权主义。"冷战"结束后，以美国为首的西方国家，凭借经济上的强大、科技上的先进、军事上和信息上的优势到处宣扬和推销自己的文化。这种行径的实质，是对外进行文化的侵蚀与渗透，企图实现其"和平演变"的阴谋。西方的"文化霸权"是旧的国际文化秩序的主导因素，是建立新的国际文化秩序的主要障碍。在文化"走出去"的过程中反对文化霸权主义，有利于破除旧的国际文化秩序，彰显国际正

---

❶ 罗素. 一个自由人的崇拜［M］. 胡品清，译. 北京：时代文艺出版社，1988：8.

义，并能够赢得国际社会的认同与支持。三是致力提升国际文化话语权。提升国际文化话语权，旨在为中国特色社会主义事业的发展营造良好的外部环境。中国需要加强与相关国家的联合，共同致力于反对文化霸权主义和不合理的国际文化秩序，在国际社会更多地发出自己的声音，共同维护文化权益，推动国际文化秩序向着公正、合理的方向发展。

（二）有利于推动建设文化强国

当前，推动社会主义文化繁荣兴盛、建设文化强国，面临一些矛盾和问题。尤其是文化"走出去"较为薄弱，中华文化国际影响力需要进一步增强。近年来，文化"走出去"面临不少问题与困境，主要表现在以下几个方面。一是文化服务贸易存在一定的逆差。二是对外文化交流不平衡。由于我国文化传播渠道相对单一、资源整合不够、国际化人才缺乏等原因，造成在一定程度上存在文化失语和文化误读的状况。三是文化"走出去"总体上层次不高。近年来，我国文化"走出去"的内容主要集中在器物和行为文化方面，主导价值"走出去"不够彰显，对当代中国的文化精神和价值理念传播不够。四是中国传媒缺乏国际影响力。由于中国媒体传播能力不够强大，在世界传播体系中处于弱势地位，造成中国话语权不够强大。

推动文化"走出去"，提升国际影响力，是提升中国文化软实力的重要组成部分，是推动文化繁荣兴盛、建设文化强国的重要内容。推动文化"走出去"，与推动文化繁荣兴盛密不可分，有机统一。只有着力解决上述这些主要问题与困境，提升中华文化国际影响力，才能真正实现建设社会主义文化强国的宏伟目标。

（三）有利于提升我国国际地位

文化是一国软实力的重要组成部分，是一国综合国力的重要支撑，是实现中华民族伟大复兴中国梦的价值支撑和精神动力。当前，增强国家文化软实力、中华文化国际影响力的要求较为紧迫。苏欧剧变以及近年来"颜色革命"的事例证明，文化软实力关乎国家兴亡、民族兴衰、政党安危。联合国教科文组织在《文化政策促进发展行动计划》中甚至指出："发展最终应以文化概念来定义，文化的繁荣是发展的最高目标。"

文化复兴支撑国家强盛，影响着一国的国际地位。约瑟夫·奈认为："在当今世界，倘若一个国家的文化处于中心地位，别国就会自动地向它靠拢。"❶近年来，中国文化"走出去"发展迅速，中华文化的国际影响力大幅提升。但与欧美发达国家相比，依然存在较大的差距。推动文化"走出去"，在与世界先进文化的交流交融中提升国际影响力，提升我国综合国力，从而能够在日益频繁而密切的国际竞争与合作中占据主导地位，有利于提升我国的国际地位。

（四）有利于打造人类"文化"命运共同体

当今世界，各国相互联系、相互依存日益密切，人类越来越成为你中有我、我中有你的命运共同体。

每一种文化都有其产生的根据和存在的价值，文化多样性是世界文化发展的基本规律、现实状态和未来趋势。尤其在当今全球化时代，每一种文化都不应该封闭保守，而应该以宽阔的视野开展对话，学习借鉴异文化的优点，从中汲取自我更新和发展的动力。世界各个国家和民族的文化之间，既有冲突和矛盾，又有交流和共识。各国应该搁置和避免矛盾与冲突，加强交流和对话，寻求和达成共识。新中国成立以来，特别是改革开放以来，高举"和平、发展、合作、共赢、包容"的旗帜，坚持相互借鉴、求同存异，尊重世界文明多样性，主张共同促进人类文化繁荣进步，赢得了国际社会的广泛认可和尊重，为中国文化"走出去"奠定了良好的认同基础。新时期，在对外文化交往，以及推动文化"走出去"的过程中，我们将继续坚持相互借鉴、求同存异，坚持人类文明的多样发展，促进人类文明的共同繁荣。将通过建立、利用双边和多边、区域性和全球性的相关合作组织，维护我国文化发展权益，宣扬、保护和倡导本国文化。将进一步支持联合国及相关所属组织、上海合作组织、金砖国家等发挥积极作用，推动国际文化秩序向公正、合理的方向发展。在文化"走出去"的过程中，中国需要把"和平、合作、和谐"理念传播出去，坚持与各国文化的共生、共处、共赢、共荣，为国际关系发展营造良好氛围，为构建人类命运共同体奠定文化基础。

---

❶中国社会科学院"世界文明"课题组. 国际文化思潮评论［M］. 北京：中国社会科学出版社，1999：6.

二、中华优秀传统文化"走出去"的对策建议

（一）完善中华优秀传统文化"走出去"的机制建设

中华优秀传统文化"走出去"是一项涉及多元利益主体、多重战略关系和多种促进手段的复杂系统工程，需要建立高效运转的交流合作机制。具体来说，可以从以下五个方面进行深化和拓展。

（1）构建双多边高层磋商机制。这一机制可以有效利用现有的多边合作平台，如"一带一路"、G20、上海合作组织、中国和东盟（10+1）、中阿合作论坛等，以及其他常设性或临时性的国际次区域论坛、博展会、商洽会等。在这些平台上，我们可以着重强化文化领域的交流与对话，将文化交流视为高层磋商的常设议题。在对话、沟通、磋商的基础上，我们可以通过联合公报、宣言、谅解备忘录等形式，使中华优秀传统文化"走出去"常态化和机制化。

（2）建立各级别的人文对话与智库合作机制。这一机制可以在双多边高层磋商机制的基础上，进一步深化、系统、灵活地开展各类形式的文化交流活动和机制。以国家间智库交流合作为例，各部委和地方政府间可以开展有利于文化传播的交流活动和政策沟通，形成层层有承接的文化"走出去"合作推进机制。

（3）构建交流合作与资源整合机制。这一机制可以在整体合作机制构架下，各政府部门、地方政府及相关机构建立有关部门、组织、机构的会商制度，为文化"走出去"提供协同指导。同时，整合政府和市场的各自优势，增强聚合效应和互动作用，为中华优秀传统文化的"走出去"提供有力的支持。

（4）通过设立文化使者计划，选拔和培养一批具有国际视野、精通外语、熟悉国际规则的文化使者。他们可以在国际舞台上，以自己的实际行动，向外界展示中华优秀传统文化的魅力，推动中华优秀传统文化"走"向世界。

（5）设立文化交流基金，支持中华优秀传统文化在海外的传播和推广，为中华优秀传统文化的"走出去"提供经济支持。

此外，还可以通过建立中华优秀传统文化"走出去"的数据库，对中华优秀传统文化的"走出去"进行全面监测和评估，为中华优秀传统文化"走出去"提供决策支持。

（二）丰富中华优秀传统文化"走出去"的载体建设

推动中华优秀传统文化"走出去"是我国文化产业发展的重要任务，也是构建人类命运共同体的重要途径。为实现这一目标，需要从以下五个方面进行深入研究和实践。

（1）加强与世界各国文化交流合作的基础设施及产业发展平台建设。应该加快文化传播与交流合作的基础设施建设，把握新一轮互联网建设机会，重点向"一带一路"合作伙伴推广技术标准和示范规则，促进有关国家创意研发、文化艺术品市场交易、遗产保护与应用等平台载体建设。这不仅有助于提升我国文化的国际影响力，也能够推动我国文化产业与全球文化产业的合作与发展。

（2）加快文化"走出去"企业和品牌建设与创新。应该鼓励文化创意产业企业"走出去"加快发展，打造一批影视、图书、音乐、动漫、网游、文博等业态的国际型企业和国际知名品牌。这不仅可以提升我国文化产业的国际竞争力，也能够推动我国文化产业与其他国家的文化产业的合作与交流。

（3）做大、做强国际传播媒体。应该加快国际传播主流媒体硬件建设，通过增强"本土化"文化传播内容、市场化运作文化传播方式等途径，推进海外机构和队伍建设，推进海外节目落地，全面提升国际传播主流媒体的传播能力、经营能力、制播能力等。这不仅有助于提升我国文化的影响力，也能够推动我国文化产业与其他国家的文化产业的合作与交流。

（4）加强电影产业合作，促进国内影视文化作品的国际传播。我们应该加强与港澳台地区的电影产业合作，健全完善中国影视产品进入国际市场的营销体系，在目标市场举办中国电影、电视作品展，开拓海外市场。这不仅有助于提升我国电影产业的国际竞争力，也能够推动我国电影产业与其他国家电影产业的合作与交流。

（5）进一步办好孔子学院，深化汉语文化国际传播和推广。我们应该探索拓展孔子学院在提供中国教育、文化、经济和社会相关信息咨询服务，以及开展中国文化传播工作的功能定位，优化地理布局，提高师资配置，提升教学质量。这不仅有助于提升我国文化的国际影响力，也能够推动我国文化产业与其他国家的文化产业的合作与交流。

（三）优化中华优秀传统文化"走出去"的保障措施

中华优秀传统文化是我国的瑰宝，如何使其"走出去"，向世界展示我国的文化软实力，是我国文化事业发展的重要课题。为此，我们需要从以下四个方面进行深入研究和探讨，提出切实可行的对策和建议。

（1）完善政策体系。政策是推动中华优秀传统文化"走出去"的重要保障。我们需要围绕中华优秀传统文化"走出去"的目标要求，制定相应的政策法规，规范对外传播与交流合作行为。这不仅需要明确中华优秀传统文化"走出去"的方向和目标，还需要对可能遇到的风险和挑战进行预警和应对。此外，我们还需要加强国家层面的政治、法律、社会、人文等各领域的风险提示，降低文化企业"走出去"的风险。

（2）强化人才保障。人才是中华优秀传统文化"走出去"的关键。我们需要加强文化交流传播相关领域的人才队伍建设，使相关人员更加熟悉各国国情、国际惯例，能够更好地传播和交流中华优秀传统文化。此外，我们还需要加大对外向型文化传播人才的培养力度，提高他们的专业素质和跨文化交际能力。

（3）加强民间交流。民间交流是中华优秀传统文化"走出去"的重要途径。我们需要充分发挥社会组织、科研机构、高校、企业、个人的力量，开展范围更为广泛、形式更加多样的民间文化交流，如中医养生、中华美食、武术健身等。这不仅能够增进各国人民对中华优秀传统文化的理解和认同，还能够提升我国文化软实力。

（4）发挥华侨华人的作用。华侨华人在世界范围内有广泛的影响力和传播力，他们是中华优秀传统文化"走出去"的重要桥梁和纽带。我们需要减少或消除对象国对中国文化"走出去"和"走进去"的担忧，鼓励华侨华人积极参与居住地的文化活动和公共事务，传播灿烂的中华优秀传统文化。

参考文献

[1] 李璠. 弘扬中华优秀传统文化与中国社会发展研究 [M]. 北京：北京工业大学出版社，2023.

[2] 刘恋. 文化自信视域下中华优秀传统文化的传承与发展 [M]. 长沙：湖南师范大学出版社，2022.

[3] 彭翠. 中华传统文化在新时代的传播与传承 [M]. 北京：中国传媒大学出版社，2022.

[4] 单丽. 新时代的中华优秀传统文化与文化自信的建立研究 [M]. 北京：中国纺织出版社，2021.

[5] 杜昀芳，李莉，孙孟军. 中华优秀传统文化 [M]. 北京：新华出版社，2021.

[6] 从云飞. 中华优秀传统文化 [M]. 北京：华文出版社，2021.

[7] 费君清，刘家思，朱小农. 中华优秀传统文化论丛 [M]. 杭州：浙江工商大学出版社，2020.

[8] 张岂之. 中华优秀传统文化经典要义 [M]. 西安：太白文艺出版社，2021.

[9] 秦海燕. 优秀传统文化的传承与创新 [M]. 长春：吉林出版集团股份有限公司，2018.

[10] 董兰，陈旭远. 基于优秀传统文化传承与创新的现代学校变革 [M]. 长春：东北师范大学出版社，2016.

[11] 刘辉，张军龙. 利用新媒体拓展传统文化传承和创新的路径 [J]. 中州学刊，2021（8）：83-88.

[12] 纪德君，刘庆华，温小军. 转化与创新：中华优秀传统文化研究

［M］．北京：社会科学文献出版社·政法传媒分社，2020．

［13］雷武逵．感悟中华优秀传统文化［M］．北京：北京师范大学出版社，2020．

［14］陈引驰，王希明．传统文化与人生［M］．上海：华东师范大学出版社，2019．

［15］叶碧，魏俊杰，刘小成．中国优秀传统文化概论［M］．杭州：浙江大学出版社，2017．

［16］过常宝．中华优秀传统文化读本［M］．北京：北京师范大学出版社，2017．

［17］尤根地，张寿奎，王永成．中华优秀传统文化［M］．北京：中国人民大学出版社，2019．

［18］胡恒庆．中国传统文化［M］．北京：中国人民大学出版社，2017．

［19］汪受宽，屈直敏．中华优秀传统文化精要［M］．兰州：甘肃人民出版社，2018．

［20］王江琳．新时代实现中华优秀传统文化创新性发展的路径探索［J］．中国民族博览，2023（4）：28-30．

［21］蔡影．中国乡村旅游景观设计中传统文化的传承与创新［J］．农村实用技术，2019（1）：116-117．

［22］曹文，聂飞，张国强．基于新媒体环境下的传统文化传承与创新实践研究［J］．现代职业教育，2019（5）：66-67．

［23］陈春生．中国梦视域下中华优秀传统文化的传承与创新［J］．共产党员（河北），2022（10）：56．

［24］陈来．中华优秀传统文化的传承和创新［J］．中国民族博览，2022（8）：20-24．

［25］陈云玲．社会主义核心价值观与优秀传统文化传承与创新研究［J］．吉林工程技术师范学院学报，2020，36（1）：3．

［26］葛爱冬．中华优秀传统文化转化创新应把握的原则［J］．山东社会科学，2022（5）：174-179．

［27］胡晶晶．中华优秀传统文化涵养创新文化的价值意蕴与路径研究［J］．中国文化与管理，2022（1）：53-62，226．

［28］李冰．新媒体背景下传统文化的传承与创新［J］．新闻传播，2019

（7）：117-118.

[29] 阮春晖. 中华优秀传统文化传承创新的理论视域 [J]. 邵阳学院学报（社会科学版），2021，20（4）：13-19.

[30] 王萌. 受众参与视角下传统文化的传承与创新性发展 [J]. 文化创新比较研究，2022，6（19）：92-95.

[31] 徐维明. 试论传承与创新中华传统文化 [J]. 参花（上），2021（12）：147-148.

[32] 许嘉琛，刘旺余，杨翘楚. 中华传统文化的创新传承与价值影响 [J]. 产业与科技论坛，2022，21（7）：83-85.

[33] 张祝平. 互联网时代下传统文化产业传承与创新发展问题研究 [J]. 职大学报，2019（2）：63-70.

[34] 王春林. 构建中国文化多途径协同走出去的大格局 [J]. 桂海论丛，2017，33（5）：103-107.

[35] 杨通俊. "一带一路"背景下中国文化传播体系的构建 [J]. 人民论坛，2017（22）：140-141.

[36] 钟天娥. 习近平新时代中国特色社会主义思想对中华优秀传统文化的传承与创新 [J]. 思想政治课研究，2022（1）：37-45.

[37] 梁皓，崔丽. 中华优秀传统文化何以"走出去"[J]. 人民论坛，2018（28）：138-139.

[38] 张学中，何汉霞. "一带一路"：共绘充满活力新愿景——中国化马克思主义发展思想研究 [J]. 生产力研究，2016（6）：6-9.